教师第一

张胜辉　主　编

郭遇巧　副主编

中原出版传媒集团
中原传媒股份公司

大象出版社
·郑州·

图书在版编目(CIP)数据

教师第一 / 张胜辉主编. — 郑州：大象出版社，
2018.5
("爱育精彩"丛书)
ISBN 978-7-5347-9781-1

Ⅰ.①教… Ⅱ.①张… Ⅲ.①小学教师—师资培养
Ⅳ.①G625.1

中国版本图书馆 CIP 数据核字(2018)第 089040 号

教师第一
JIAOSHI DIYI

张胜辉　主编

出 版 人	王刘纯
责任编辑	梁金蓝
责任校对	牛志远　裴红燕　李婧慧
装帧设计	王晶晶

出版发行	大象出版社(郑州市开元路 16 号　邮政编码 450044)
	发行科 0371-63863551　总编室 0371-65597936
网　　址	www.daxiang.cn
印　　刷	洛阳和众印刷有限公司
经　　销	各地新华书店经销
开　　本	787mm×1092mm　1/16
印　　张	23.5
字　　数	316 千字
版　　次	2018 年 5 月第 1 版　2018 年 5 月第 1 次印刷
定　　价	48.00 元

若发现印、装质量问题，影响阅读，请与承印厂联系调换。
印厂地址　洛阳市高新区丰华路三号
邮政编码　471003　电话　0379-64606268

我们塑造什么样的教师文化（序一）

百年大计，教育为本；教育大计，教师为本。党的十九大对我国社会主要矛盾进行了科学论断，提出中国特色社会主义进入新时代，我国社会主要矛盾已经转化为人民日益增长的美好生活需要和不平衡不充分的发展之间的矛盾。就教育而言，人民群众对公平而有质量的教育更加迫切向往。作为教育的管理者、参与者，我们也深刻认识到，实现基本均衡只是教育公平和发展的初级阶段，要加快教育现代化，建设教育强国，办好人民满意的教育，还需要不断推进教育的优质均衡发展。优质均衡表面上是硬件均衡，深层次却是人才资源的均衡，教师是教育发展的第一资源。

今天，我们倡导教师向专业化方向发展，本身就说明我们的职业身份与职业要求之间存在一定的差异。随着经济社会的不断发展，做好新时代的教育工作，对所有教育工作者提出了更高的要求。党和国家把教育工作摆在民生事业的首位，社会各界对教育的期望越来越高，这些期望直接或间接地转嫁于每一位教师身上。新时代教育诠释的"四有好教师"标准，更加迫切地要求广大教师必须不断更新观念并提升素养。

北京第二实验小学洛阳分校是在原洛阳市洛龙区第二实验小学的基础上新建的一所有品质的学校，虽然成立时间不长，但有着深厚的底蕴。我很高兴地看到,在教师专业化成长方面,学校已经涌现出一大批有思想的校长和教师,提前走上教师专业化成长的道路。他们多少年来的静心阅读、潜心钻研、真心奉献,成就了《教师第一》这本书。从这本书中,我们能够看到青年教师成长中的心路历程,感受到他们成长中的酸甜苦辣,体会到他们成长中的精彩幸福。在不断的学习探究中,他们找到了符合教育规律和时代要求的教育理念及专业精神。在对教育实践的不断反思中,他们表现出对教育规律的深刻把握,对教育价值的深刻洞悉。

15年前,还在从事教育教研工作的我,见证了张胜辉校长提出的"把教师的发展放在第一位"的办学思想。一路走来,正是秉承这一办学思想,学校在锤炼师德、发展业务、和谐团队等方面形成了独有的教师文化,带动了学校的内涵发展。师德是教师的灵魂,就如同学校的办学理念"以爱育爱,爱育精彩"一样,"爱"是高尚师德的具体体现。从每位教师的字里行间,我们的确能感受到学校教师的职业责任感和道德模范性。教师是一个专业化非常强的职业,教师教育是培养教师的关键环节,是教师队伍建设的源头活水。学校提出的教师阶梯式发展策略研究,正吻合了国家提出的教师综合素质、专业化水平和创新能力大幅提升的要求。读书学习、教师磨课、教学反思、校本教研、平台历练、外出交流、以老带新等多元化教师成长策略,是实现从骨干教师迈向卓越教师,进而成长为教育家型教师的最有效途径,也是教师成长的必由之路。成为教育家型教师,是全体教师的梦想和追求。

一群优秀的教师,能够让一所学校快速发展并得到群众和社会的广泛认可。一所好学校形成的浓厚氛围和强大磁场,能够让更多的年轻教师迅速成长,成为教书育人的骨干力量。北京第二实验小学洛阳分校正是走上了这条良性发展的道路,在这里工作的教师们,真正实现了岗位上有幸福感、事业上有成就感、社会上有荣誉感。

国将兴,必贵师而重傅。中共中央、国务院日前印发的《关于全面深化新时代教师队伍建设改革的意见》，是新中国成立以来国家出台的首个专门面向教师队伍建设的文件，具有里程碑意义。从尊师重教到尊师敬教，更加体现了党对教育的高度重视，对教师的深切关怀。让教师成为让人羡慕的职业，这是党中央、国务院对教育和教师的特殊关爱，需要各级党委、政府的多方努力，也需要学校的支持、引领和教师的自我发展。

华东师范大学叶澜教授在其著作《教师角色与教师发展新探》一书中的导言中说：在学校中，没有教师的发展，难有学生的发展；没有教师的解放，难有学生的解放；没有教师的创造，难有学生的创造。学生中心、学生主体地位是靠教师去实现的，所以说，"把教师的发展放在第一位"是教育的理性和管理的智慧。

洛阳市洛龙区教育局局长　吉崇惠

守望星河（序二）

浩瀚夜空，繁星点点，一道银河横贯。仰望星空，我相信，梦并不远，只要你踮起脚尖；我相信，有一根线，将梦想与现实相连；我相信，一切从那一天开始改变……低首思索：哪颗星是自己？哪些星是我的挚爱亲朋？又有哪些星是我的同事同伴？星光闪烁，或闪亮夺目，或羞涩暗淡，每颗星都在装点夜空。当每一颗星努力划破黑暗，在夜空中闪烁时，我知道，这每一颗星的闪亮都要经过浴火的涅槃。

我是一颗星

1989年，我从洛阳市第一师范学校毕业后分配到郊区李楼乡潘寨小学做了一名数学老师。多年的坚守付出，让我在珠心算教学及研究方面取得一些成绩：学生参加省珠心算大赛获得第一名，参加中南五省珠心算大赛获得冠军。他们保持的速算纪录至今无人超越，我也被评为"国家级优秀珠心算教师"也是教师成长的必由之路。

1995年，25岁的我全票当选为李楼乡桃园小学校长。此后，全省珠心算教学现场会在我校召开，各地学习者蜂拥而至，一所名不见经传的乡村小学走出洛阳，走向全国。

星星之火可以燎原！如果我是一颗星，我就做最亮的那一颗，燃亮更多的星星，装扮更美的夜空；如果我是一颗星，我就做最暗的那一颗，为我校的老师们提供更大的舞台……

群星闪耀

2003年，我接任洛龙区第二实验小学校长。桃园小学的改变，让我更加明确了自己要走的路。我立志要把洛龙区第二实验小学办成一所农村的城市化小学。我知道，大学之大，不在于高楼大厦，而是大师。一所小学的发展，显现的是教师的综合素质，我提出：把教师的发展放在第一位。我始终坚持，教师水平决定着学校发展的高度，只有一流的教师才能教出一流的学生，从而带动学校发展。后来，这种信念逐渐转变为办学理念——"发展教师，成就学生"。

郭遇巧，1995年我到桃园小学当校长时，她刚参加工作一年。我看到了她的韧劲，鼓励她参加洛阳市首届青年教师基本功大赛。她一个暑假没有休息，坚持在进修学校练习，最后进入前五名，被市政府表彰为洛阳市优秀教师，那年她19岁。之后，我尽全力支持她参加河南省优质课大赛，最终她荣获一等奖，那年她22岁。其间，因为工作的需要，她到洛龙区第二实验小学、第一实验小学、龙城双语小学，最后又回到北京第二实验小学洛阳分校。她经历了每一所学校的建校之难，并与之共同奋斗、壮大的过程。从原点回到原点，她见证着洛龙教育的发展过程，我见证着她成长的每一步。

叶峰亮，一位貌不惊人、言语不多的语文老师。当他走进学校时，我对他提出要求：多读书、多练功，争取早日走向市赛舞台。渐渐地，在和峰亮的交流中，我发现他的言谈越来越有内涵；听课中，我发现他的粉笔字越来越漂亮，对教材的理解把握越来越有见地……现在，他已经走出洛阳市，走进省赛课堂，走上全国交流课的舞台。他早已成为河南省学术技术带头人，省骨干教师、名师……

潘超超，我一直叫他"阿超"，最初他是学校的一名会开车的老师。2000年时，会开车的老师不多，学校越来越多的事务、活动，让他逐渐成了专职司机。但是我深知，教师的主阵地是课堂，教师的本职工作是教学。我要求阿超必须立足教学，扎根课堂。只有沉下心，向下扎根，才能向上长，枝繁叶茂。很快，阿超的教学能力有了迅速提高。从自学制作课件到区级电脑优质课、区级语文优质课再到市级语文优质课、市级作文研讨课。当阿超悄然发生着转变时，学生的综合素质也有了质的飞跃：他带领的年级组"超能陆战队"，用智慧、真情，用"一直被模仿，从未被超越"的信念，创造性地解决了各种各样的问题，赢得家长的一致好评。

学校的"夫妻搭档"珠联璧合：宗卫东老师，英语口语流利，课堂活跃，获全国英语大奖赛一等奖；宋彦辉老师，教学灵动，获河南省语文优质课比赛一等奖。贾利强老师，沉稳干练，常年坚守六年级毕业班教学；刘英老师，温文尔雅，一年级语文教学稳中有创新……他们琴瑟和鸣，比翼双飞。

当初的"黄金搭档"——张艳芬和张红利，如今一个成为洛龙区第二实验小学校长，一个任洛龙区教研室数学教研员。当初的综合学科教师孙佳婷和王涛，如今一个从事区体育局行政工作，一个任街道办事处主任……聚是一团火，散是满天星。无论走在哪里，只要身上烙着二实小的印记，就是最美的新星。

"把教师的发展放在第一位，让教师的发展促进学生的发展，带动团队的发展，提升学校的品质。"就是这样的管理目标，使洛龙区二实小这所偏僻的农村小学培养出特级教师3人、省级学科带头人3人、河南名师3人、洛阳名师6人、省市级骨干教师20余人，先后有26名教师30余次在省优质课大赛中获一等奖。

苍茫黑夜，因群星闪耀而异彩纷呈。哪一颗星是我？我不在乎，我只愿融入这星空，默默守望。

星河璀璨

2013年10月，洛阳市政府引进北京优质教育资源，成立北京第二实验小学洛阳分校，我又一次挑战自己，应聘为校长，挑起这所新建学校的担子，进一步实践和完善"教师第一"。

学校提出"爱育精彩"的办学理念，旨在培育精彩学生，成就精彩教师，引领精彩家长，并以这三个主体的相融去孕育无限精彩。而这三者怎样才能美丽相融？精彩的源头在哪里？尤其是从各县区引进的骨干教师、名师，如何融入现在的教师团队，找到新的方向与定位？新入职教师较多，怎样使他们尽快进入角色，快速成长？于是，我把教师专业成长作为一项课题来研究，探索教师专业化成长的新途径，把学校发展、课程管理与教师成长融为一体，激活教师自主发展、自我提升的愿望。

根据教师年龄和素质差异等，我们搭建了不同层次的展示和成长平台：组内展示课、行政听课、"成长"杯赛课、国培班学员观摩课、新教师过关课、学科研讨和课堂文化交流课、省市区优质课、集团大爱杯比赛、教育年会交流课、智慧课堂展示课、与专家同台上课、五校联盟研讨课、青年教师展示课……如此多的教学活动，分别让年轻教师、发展中教师、骨干教师、名师走上小讲台和大讲台，在创造着一个又一个的精彩中实现教师职业价值与生命价值的统一，让新教师像老教师一样教，让老教师像新教师一样学，使不一样的教师同样精彩。

马晓莹，洛阳市语文名师，从孟津县引进学校后任教导主任，负责数学学科，她也由此转学科成为数学教师。学校成立四年来，她钻研教材教法，在一次次教研活动中磨炼成长。2017年，马晓莹老师拿到洛阳市数学优质课比赛一等奖；2018年3月，在重重选拔后，又以第一名的成绩代表洛阳市参加河南省数学优质课大赛。

王聪聪，中小学高级教师，2015年9月引进的教科研专家型教师，有着丰富的课题研究和课程改革经验。短短两年多时间，她负责主持了四个省级课题、四个市级课题、10余个区级课题，100多位教师在课题研究中成长，从教学走向教研，促进了自身专业素质的提高。

还有很多很多……

我相信，群星闪耀必将点亮整个星河。我们就是彼此相依、平凡而不平庸的繁星。

教师个体的成长，促使整个团队在各项赛课中共同提升。洛阳分校成立4年多来，8人次获得"一师一优课"部级优课，11人次获省级优课。李新惠、杨静、藏君丽先后荣获河南省语文优质课比赛一等奖，22人次荣获洛阳市各学科优质课比赛一等奖，另有多人荣获省市级骨干教师、优秀教师、名师等荣誉称号。

让教师投身教学，还要解决教师的后顾之忧。让学校管理团队深入教师中，了解每一位教师的家庭情况，帮助教师解决生活中所需；让学校后勤整理出教师宿舍，照顾那些远离父母、在这里独自工作的教师；了解每一位教师的工作能力，把教师安排在最适合的工作岗位；清楚每一位教师最关心的职称评定所需，提前为教师创造评定职称的必备条件……努力让每一位教师在学校"幸福工作、快乐生活"，是校长的使命，更是教育的智慧。

回首望，昔日稚嫩青涩的小丫头、小伙子纷纷成为洛龙教育的骨干力量，校长、副校长、教研员、名师、骨干教师……每一位教师的成长历程都充满着酸甜苦辣，慢慢品尝，细细咀嚼，哦，那就是幸福的滋味，那就是百炼成钢的精神。

我有幸，和家人一起走过，一起经历，便下决心出版一书来记载成长。书中，36位老师倾情讲述他们在学科教学及班级管理上的艰难跋涉旅程，同时分享关于教学的精彩课例及对教育的深入思考。他们用自己的成长，诠释了我做校长23年来的办学主张——做教育，学生第一；做校长，教师第一。

徐志摩在《再别康桥》中说："寻梦？撑一支长篙，向青草更青处漫溯；满载一船星辉，在星辉斑斓里放歌。"这诗情画意之美就呈现在北京第二实验小学洛阳分校这个大家庭里。我们陶醉其中，互称家人，互相勉励，一起行走在充满光明的道路上。

抬头仰望星空，低首凝视脚下。暗夜星河中，颗颗璀璨闪烁的星，是你，是我，是他！坎坷成长路上，点点晶莹剔透的露，折射着你、我、他，我们匆忙而坚实的身影。成长永不停歇！

让我们在教育天地中，脚踏实地，守望星河吧！

北京第二实验小学洛阳分校校长　张胜辉

目 录

追求	张胜辉	1
做幸福的语文老师	叶峰亮	15
看到最好的自己	潘超超	25
不忘初心,安辔而行	宋彦辉	34
做一名幸福的老师	曹园园	44
梅花香自苦寒来	王聪聪	55
实践中学习,探究中成长	雷 明	68
不为金玉贵,甘当孩子王	李新惠	80
幸福着我的幸福	杨 静	89
思索中前行,磨砺中成长	臧君丽	98
爱相随	张文晓	106
梧桐生矣,于彼朝阳	付俊祎	116
美丽的修行	黄利花	125
用爱演绎教育的精彩	郭遇巧	136
跟着感觉走的美丽人生	李丽文	149
一路走来	白晓丽	158

用心教书，成就更好的自己	李　洁	166
倾情教育，无悔选择	马晓莹	179
业精于勤，行成于思	毛香利	189
心向太阳，简单就好	王曼利	199
成长，永不停歇	王　芳	210
用平凡谱写亮丽的青春	司马会鸽	217
为梦想扬帆远航	赵方方	228
青春四重奏	赵洪涛	238
做最好的自己	陈惠芳	248
收获幸福	陈　燕	258
爱在心里成长	白亚平	267
努力成为一棵树	郭欣欣	276
在经历中成长	陈向珍	285
We are a big family	陈聪聪	296
爱，让教育更美好	陈向芳	304
精心育桃李，润物细无声	曹淑云	313
严中有爱，爱中有严	李文燕	322
出发	马　青	332
不登高山，不知天之高也	任海娟	341
结缘书法，书写精彩人生	齐明明	351

追 求

◎ 张胜辉

拒绝平庸

1989年师范毕业,我放弃留校机会,回到了生我养我的家乡——李楼。如今,我在小学语文教师这个岗位上已经28年了。28年前,很多人不喜欢教师这个职业,尤其是男性。我也犹豫过,最终还是选择了这个职业,我认为:既然你改变不了自己的职业,何不改变自己的心态呢?做教师虽然物质生活比较清贫,但是你完全可以拥有丰富的精神生活。没有那么复杂的社交,读书、学习的时间便富裕许多。或许,这就是我一生的追求——做一名平凡但不平庸的老师,做最好的自己。

在平凡中执着前行,追求事业的高度

20岁的自己,立志当一名优秀的老师,便定下"教师素质十能"作为自我发展的目标。

能做到思想比业务更重要。

能讲一口标准流利的普通话。

能写一手好字。

能写一篇有分量的教学论文。

能备一份有价值的教案。

能胜任一门特长课。

能讲好一节优质课。

能练就一副好身架。

能带好一个班集体。

能独立承担教改实验。

作为语文教师的我，扎根农村，开展了国家级课题"珠心算与儿童智力发展"研究，获得成功。由于学生多、训练强度大，我的嗓子哑了，甚至几度失声，并再也没有好过，至今仍是这般的沙哑。不过，我感觉这样低沉的嗓音更有魅力。看到学生在全国珠心算大赛中为河南实现金牌零的突破，便是我最大的欣慰。

我常说自己是混在数学教师队伍中的语文教师。在业余开展珠心算教学的同时，我也从没有停止过语文教学的研究。语文教学中最难啃的骨头是作文教学，作为一名语文教师，面对学生味同嚼蜡的作文，我自己的心里有一种深深的挫败感，于是我开始探索属于自己的作文教学之路。我不再将教科书上的作文教学当作不折不扣的圣旨执行，不再将作文教学弄成口干舌燥的说教，尝试着把一个个小游戏搬进教室，引导学生观察，引导学生述说。我带着孩子们到田野里，观察春风中的串串槐花，观察秋风中披着霞光的小树林……就这样，在玩闹中，在自由自在的述说中，学生的作文活泼起来。他们开始拿起笔书写自己的生活，书写自己的感受；他们开始用文章与人沟通，用文章表现真情。

凭借珠心算和作文教学的研究，我先后荣获了"洛阳市中小学十佳青年教师""洛阳市十大杰出青年"等荣誉称号，并成为最年轻的洛阳市专业技术拔尖人才。

事业上的点滴成功并不能让我停下追求的脚步，1999年，担任了4年李楼乡桃园小学校长的我选择了新的挑战，到新成立的洛龙区第二实验小学担任教学副校长，那一年，我29岁。人们都说三十而立，而即将30岁的我选择了从零开始，选择了为成为名师而努力，为成就名校而奋斗的路子。

因为，我相信，舍与得之间能平衡自在，才是智慧的闪现！

在逆境中迎接挑战，追求理想的宽度

30岁的自己，做名师、成就师生是我追求的目标。我不断学习，促使自己不断成长，坚持做到"四个一点"，督促自己逐步迈向名师的行列。

学习勤一点，从学以致用做起；

反思深一点，从举一反三做起；

研究实一点，从解决问题做起；

创新多一点，从精益求精做起。

作为一名语文教师，我得让自己的眼睛紧盯课堂。2001年我获得国家级骨干教师荣誉，被国家教育发展中心聘任"中国西部教育顾问"；2004年获得河南省优秀教师、河南省教育专家、河南名师、河南省学科技术带头人等荣誉称号，讲授的优质课《鹬蚌相争》获国家级一等奖；2007年被评为河南省特级教师；2008年破格晋升为中学高级教师。其间，通过自学获得北京师范大学研究生学历。我深深感受到，追求理想是幸福的，当理想变为现实，更是幸福的。

作为一名校长，我得着眼全校。我和我的团队提出"把教师发展为完整的人"，而语文教师更要发展为完整的人。何谓"完整的人"？我们的定义是：身心健康，有一定的学习能力，能不断提升专业水平，懂得感恩，会合作，懂生活，有一定的艺术修养……

在成长中孜孜以求,收获人生的厚度

40岁进入不惑之年,我又有了新的目标,那就是做"专家型"教师。

40岁进入不惑之年,我的团队也在经历了初期的高速发展后进入深度发展的瓶颈时期。

我想:专家型教师在学校是一种高度,是老师追求的目标,他们身上背负着很多人的期望。近年来,我始终笔耕不辍,先后在《人民教育》《小学语文教学》《基础教育参考》《教育教学研究》《小学语文教师》等核心期刊上发表论文20余篇,参与主编和编写专著10余部。作为洛阳特级名师,享受政府特别津贴的市管专家,我知道身上肩负着培养年轻教师、提升学校教育教学质量的责任。

我想:一所有思想、有执行力的学校才能有永久的生命力。因此,我们提出教师阶梯式发展策略及方案:

不做庸师——不做庸师是底线。

做平凡的教师——平凡的教师是学校发展的中坚力量。

做优秀的教师——优秀的教师是大家前进的榜样。

做名师型教师——名师是引领。

做专家型教师——专家型教师是方向。

阶梯式教师队伍发展,成就教师的同时成就了学生,也成就了学校。

12年中,学校培养出3名特级教师、6名国家级骨干教师、3名河南省名师、6名洛阳市名师。指导张艳芬、张红利、叶峰亮等20余名教师在全国、全省优质课大赛中获得30多节次一等奖。

教师专业的发展带动的是学校教学质量的提高。2008年,洛阳二外前三十名学生学费全免,我校占13名,我校报考二外的学生中有65%被录取。之后每年录取比例都在50%以上。

每每面对一个个由平凡走向优秀、由优秀走向卓越的教师，每每面对一个个稚嫩的学生，我都觉得自豪，同时，一种由衷的使命感也油然而生。

因为我懂得：一个人为自己而奋斗是自强，一个人为一群人努力是使命。

在成功中不断奋进，追求境界的深度

如果说收获是一种幸福，那么放弃也是幸福的一种：母校洛阳一师的盛情相邀，区政府的提拔调动，北师大青岛附小有车有房以及20万年薪的聘请，厦门海沧附小30万年薪的承诺……作为一个平常人，面对这些我也动摇过。曾记得，第一次调动，区教委主任说："郊区的老师谁都可以走，唯独你张胜辉不能走！"——那一刻，我明白了，我明白了自己的价值，更懂得了自己的责任：以上种种，别人可以有，我张胜辉不可以有。但别人没有的，我却拥有。我拥有领导的信任，我拥有教师的支持，我拥有一方施展自己才华的天空。

古人说：有舍必有得。我舍弃的是机遇，收获的却是更大的发展。

2010年上海世博会校长高峰论坛上，作为特邀嘉宾，我做了"以水为镜、引领发展"的主题发言；2011年作为全国一百所"非遗文化进校园"实验学校的校长，我先后两次走进人民大会堂参会并发言；2011年我被中国教育学会确定为全国30名"成长中的教育家"培养对象，赴美国哥伦比亚大学进修交流；2012年在国宾楼参加"面向未来小学教育的使命"国际教育论坛并发言。2007年以来，先后受教育部、中国教育学会、国家体育总局指派，出访美、英、韩国及中国香港、台湾等地区。

"孤帆远影碧空尽，惟见长江天际流。"28年来，从教师到校长，变的是职位，不变的是真情。当我走出洛阳，走出河南，走向全国，走向更广阔的空间时，太多的鲜花和掌声让我懂得，我已不属于我自己，我是一个团队的缩影，我是一个符号的代表。

28年来，我深深感受到：追求梦想让人心怀希望，执着前行让人幸福充实。尽管身上笼罩着很多耀眼的光环，尽管身上担负着更多教育的重任，但是我始终不忘：我是一名小学语文教师，我愿自己永远是一名小学语文教师。

在洛龙区二实小整整14年，经历了创业时的艰辛，发展中的拼搏，并享受着成长带来的喜悦。但是在我事业将要达到高潮的时候，在二实小不断迈向新的辉煌的时候，我又一次选择了从"零"开始。2013年10月，在洛阳市政府的牵头下，洛龙区政府引进了百年名校——北京第二实验小学，在洛阳成立了"北京第二实验小学洛阳分校"。经过层层选拔和考核，我最终被李烈校长选中，被市政府任命为北京第二实验小学洛阳分校的第一任校长，同时也成为李烈校长的爱徒。

很多朋友都劝我说，你在洛龙区二实小奋斗了14年，把一个偏僻的农村小学带成了全省名校，自己作为特级教师、国家级骨干教师、教育专家、河南名师，可谓是功成名就，为什么还要选择从头开始？我说：我担负的是市、区领导的信任，我承载的是全区、全市教育人的梦想，我为教育而生，这是我的追梦人生！

2015年4月16日，李烈校长带领的北京第二实验小学教育集团对洛阳分校进行了全面考察，李烈校长对洛阳分校一年多的发展给予了高度的赞扬，她说这是一所让她惊讶的学校，惊讶于学校的快速发展，惊讶于写在教师和学生脸上的自信与幸福。华应龙校长听了我们的课后评价说，这不就是北京的课堂嘛！30所分校的校长也为我们呈现的精彩纷纷点赞。

一年半的时间，我和我的团队在学校"爱育精彩"办学理念指引下，用汗水写下拼搏，用智慧点亮生命，用爱一起行走在这条幸福的教育之路上，因为我们心中都有一个追求，那就是做最好的教育，用爱点亮孩子们的精彩人生。

今天，回望来时路，我依然信心满怀，激情涌动，因为有梦，我会不懈追求！

| 名 师 档 案 |

> 张胜辉，男，中共党员，北京师范大学研究生学历，1970年出生。中小学高级教师、河南省特级教师、国家级骨干教师、全国优秀珠心算教练、中国西部教育顾问、中国当代特色学校优秀校长、成长中的教育家；河南省优秀教师、河南省教育专家、河南省学术技术带头人、河南名师、河南省第二批名校长、中原名师培养对象、洛阳市十大杰出青年、洛阳市中小学十佳青年教师、洛阳市专业技术拔尖人才、洛阳市师德标兵。2015年被评为洛阳市智慧教师第一人！

| 教 育 随 笔 |

用爱书写撇捺人生

——写给六年级毕业生

孩子们，在你们即将离开小学，展开新篇章的美好时刻，我想和你们谈一谈人生。

刚劲优美的一撇一捺，相互扶持就形成了一个"人"字，而爱是它的支撑点。人的一生，就是要书写一个大大的"人"字。"人"字只有两笔，一撇一捺，却内涵丰富，意味深长，有一笔写不好，便是人生败笔！

"人"字一撇一捺，一撇是感恩，一捺是自爱。"羊有跪乳之恩，鸦有反哺之义。"在这6年的时光里，你们学会了感恩。父母用心血给予你们生命，老师用知识滋养你们心灵。老师和父母与你们日夜相伴，言传身教，在你们的心田播下爱的种子，帮助你们成为最好的自己。"淡看世事去如烟，铭记恩情存如血。"常怀感恩之心，书写好自己的人生。然而，父母、老师不可能永远陪伴着你。这时候你们就必须学会自己修剪枝叶、浇水施肥，成长为一棵参天大树。学会爱自己，是让你们在面对困难的时候，给自己一个灿烂的笑脸，然后，怀着对美好未来的憧憬坚强地走下去。只有爱自己的人，才能真正懂得爱这个世界。

"人"字一撇一捺，一撇是付出，一捺是收获。"青青园中葵，朝露待日晞。"6年来，我见证着你们从无忧无虑的孩童成长为意气风发的少年。犹记得刚刚步入校门的你们，稚嫩的小手握着粗粗的铅笔，在米字格上艰难地"爬行"；犹记得小小的你们，一字一顿、"奶声奶气"地诵读课文；我还看到你们的成长，一次次在课堂，在校园，在赛场尽情挥洒激情……"花有重开日，人无再少年"，你们曾经幼稚过，曾经懵懂过，但是在这里，你们开始懂得为人处世的道理，开始懂得如何面对困难与挫折，也开始懂得享受生活……

"人"字一撇一捺，一撇是责任，一捺是担当。"骨曰切，象曰磋，玉曰琢，石曰磨；切磋琢磨，乃成宝器。"在我们学校，每个学生都是学校的主人，爱学校是一种责任和担当。你们认真写好的每一个字是责任，你们升国旗时的肃立敬礼是责任，你们弯腰捡起的每片纸屑是责任……一个没有责任心、没有勇气担当的人，只能在梦想与现实之间徘徊不定，踌躇不前，结果只会是梦醒了而自己却还在床上。一个有责任心、勇于担当的人，才能将梦想变成现实。

"人"字一撇一捺，一撇是过去，一捺是未来。"忆得旧时携手处，如今水远山长。"回顾过去，往日的美好近在眼前，却又似乎离我们那么遥远；感叹未来那么遥远，但它却又近在眼前。春去秋来，时间平缓地从你们课堂上的激烈争论和奋笔疾书中,从你们在校园各个角落里静静翻起的书页间,轻轻划过……沉笔写"人"字,点点墨痕,都是你们成长的足迹。人立世间,仰望明天,期待你们在未来书写一个端端正正的"人"字,书写出一个光明的未来。

"长风破浪会有时,直挂云帆济沧海。"将来的路要靠你们自己去走,唯有自尊、自爱、自信、自强,学会做最好的自己,才能把爱传递下去。请你们莫忘初衷,勤耕耘,常鞭策,善学习,以爱书写壮丽的"撇捺人生"。

获奖课例

西风胡杨

教学内容

语文S版五年级上册《西风胡杨》。

教学过程

师:这节课我们继续学习第九课《西风胡杨》。(教师板书课文题目)来,齐读课文题目。

师:通过上节课的学习,我们知道了胡杨,是秋天最美的树。今天,让我们跟随作者走进文本,去感悟胡杨身上的一种精神。请同学们快速浏览课文第二、三、四自然段,看在作者的笔下,胡杨是一种怎样的树?(学生快速浏览课文)

师:大家不约而同地找到了这几句话(大屏幕展示),我们一起来读一读。

师:我们来看,这三句话都在这几段的开头,找到这几句话,整段的意思就明白了,这样的句子在文中叫什么呀?

师:对了,找到中心句就会很快理解段落意思,这是一种很好的学习方法。我们来设想一下，作者在写这几句话时，对胡杨怀着一种什么样的情感呢？这位同学请你讲一下。

师：是呀，那就让我们带着赞美，怀揣敬佩，齐读这三句话。

师：接下来，我们就走进文本，请你从第二、三、四自然段中选取一段，认真读书，用心体会，等一会儿老师请你来读一段话，就用你的朗读来告诉大家，胡杨就是最坚韧、最无私、最悲壮的树，开始。

师：你要读怎样的胡杨？

师：可以，开始吧。（教师板书"坚韧"）

师：读得通顺流利，有几处地方很难读也读得很准确，不错。同学们，你在读这一段话的时候，有没有几个词语在告诉你胡杨在沙漠里生存的样子？你讲。

师：你们同意吗？（有学生认可，有学生不置可否）

师面对生1：那你能不能讲讲"耸立"和"挺拔"的意思？

师：那挺拔呢？有没有人能补充？

师：其实，"耸立"和"挺拔"的意思一样，都指的是高高的直立，挺拔的站立。同学们闭上眼想象一下胡杨在沙漠里耸立、挺拔的样子。（生闭目想象）

师：我们再看（出示课文第二自然段），胡杨能在怎样的气候中耸立？一起说。

师：胡杨能在怎样的气候中挺拔？

师：胡杨还要面对怎样的环境？

师：看到了胡杨在沙漠里生存的样子，你心情怎样？

师：你们感悟得真好！谁能怀着敬佩来赞美坚韧的胡杨。

师：是的，面对恶劣的气候，面对艰苦的环境，胡杨没有害怕，更没有退缩，毅然在茫茫沙海中耸立和挺拔。让我们一起来赞美坚韧的胡杨，读……

师：这就是身处逆境、遇强则强的胡杨，读……

师：这就是一息尚存、绝不放弃的胡杨，再读……

师：同学们，看看这段话，为什么胡杨能在这样的环境中生存呢？你讲。

师：对呀，因为它有这样的生理条件。在这一段中，作者先讲胡杨的生理条件——根茎很长，再讲它在沙漠里生存的样子，就让我们看到了最坚韧的胡杨。好，我们继续学习，谁还想读？

师：你要读怎样的胡杨？

师：好，开始吧。（教师板书"无私"）

师：读得字正腔圆，很有感情。作者说胡杨是最无私的树，那你在读书时是从哪些地方读懂了胡杨的"无私"呢？

师：你读了书上的一句话，说说你的理解。

师：哦，你觉得为人们挡住风沙就是无私，我觉得还不够完整。谁有补充？

师：你的理解更深一层。你知道什么叫"芸芸众生"吗？

师（惊奇地）：你是怎么知道的？

师：哦，查字典，好方法。在佛家的思想里，"芸芸众生"就泛指一切有生命的东西。胡杨为芸芸众生遮挡风沙，但芸芸众生不了解胡杨，胡杨怎么办？

师：是的，不在乎，根本没放在心上，它只顾给芸芸众生遮挡风沙。此时，你怎样理解无私？

师：说得真好！谁还从哪些地方读懂了胡杨的无私？

师：你又读了一句课文，我们想听一听你的理解。

师：你从这几个"让给了"读懂了无私。"浮华虚名"指什么？你讲。

师：我明白了，把名誉、利益留给别人，把风沙留给自己。这是什么样的胡杨？

师：说得太好了，胡杨心里只有芸芸众生，没有它自己，这就是无私的胡杨。让我们一起来高声赞美它，读……

师：我们看，在这一段里，作者怎样表现胡杨的无私？你讲。

师：怎样对比的？

师：你真行，你不但会发现问题，还会思考问题。没错，身前是沙漠，身后是芸芸众生；把虚名让给奇花异草，把风沙留给自己。作者就是在前后的对比中表现了胡杨的无私。好，我们继续学习，谁还想读？

师：你要读怎样的胡杨？

师：好，不过，要读好这一段，我们先要理解"悲壮"这个词。（板书"悲壮"）你知道什么意思吗？

师：对，悲惨而壮丽，就应该带着这样的感觉去读。

师：你读得掷地有声，震撼人心。同学们，你在读这一段时，有没有哪句话，它就像一把锤子，每读一次敲击一下你的内心？

师：的确如此，每读到此，我也会被深深震撼。如果说，千年不死表现了胡杨顽强的生命力，那么千年不倒、千年不朽，则昭示了胡杨身上的一种凛然的气节，一种铮铮的风骨。我们在读这句话时，就要读出你内心的不平静。来，一起读这句话。

师：让我们一起去看一看这千年胡杨吧！（播放胡杨图片，配背景音乐）这就是耸立挺拔、千年不死的胡杨；这就是背倚黄沙、千年不倒的胡杨；这就是傲视沙漠、千年不朽的胡杨。此时此刻，胡杨在你的心里还仅仅是一棵树吗？

师：那是什么？

师：那你又对胡杨怀揣怎样的情感呢？

师：来，就让我们带着敬佩，怀揣感激，用我们的朗读来赞美这千年胡杨，读……

师：这一棵棵倒下去的胡杨，宁死不屈，紧握双拳；他们让战友落泪，他们让敌人敬畏……

师：然而，有谁能够想到，这样坚韧、这样无私、这样悲壮的胡杨，也有流泪的时候。（板书"流泪"）为什么胡杨会流泪呢？请大家自己读一读课文的第五、六自然段。

师：老师给大家带来了一段资料。（出示文字资料，介绍胡杨近几十年的生存状况）

师：为了让大家对胡杨流泪有更深刻、更真实的认识，我想和同学们进行一次对话，你来做胡杨，好吗？

师：谁是第一棵胡杨？

师：（指一生）你曾经是那样坚韧，那样无私，那样悲壮，然而今天你为什么流泪了？

师：（又指一生）你曾经是那样坚韧，那样无私，那样悲壮，然而今天你为什么流泪了？

师：你真是无私的胡杨，此时你还在为人类的前途而担忧。你看，因为没有水，因为拓荒，因为征战，因为太多人为的原因，胡杨流泪了。（板书"无水、拓荒、征战"）

师：那样坚韧，那样无私，那样悲壮的胡杨流泪一定深深刺痛了你的内心。作者来到新疆，看到成片倒下的胡杨林，心里发出这一段祈求。

（教师范读）"我站在这孑然凄立的胡杨林中，祈求上苍的泪，哪怕仅仅一滴；我祈求胡杨，请它们再坚持一会儿，哪怕几十年；我祈求所有饱食终日的人们背着行囊在大漠中静静地走走，哪怕就三天。"

师：什么叫"祈求"？（板书"祈求"）

师：作者祈求上苍是为了什么？

师：是呀，上苍的一滴泪，胡杨就能生存几十年。

师：作者祈求人们什么呢？

师：看来，作者祈求上苍，祈求胡杨，祈求人们，都是为了保护胡杨，让胡杨永存。

师：告诉大家，无数人已经开始觉醒，开始认识到胡杨的作用，开始保护胡杨，如今，在新疆已经建成了数个胡杨林自然保护区，我们有理由相信，不久的将来，这千年胡杨一定会重现他们昔日的辉煌。在我们作者的心中也始终有一个坚定的信念，读……

师：直到某日，被感动的上苍猛然看到这一大片美丽忠直、遍体鳞伤的树种，问：你们是谁？猎猎西风中有无数声音回答……

生齐读：我们是胡杨！

（本节课荣获录像课国家级一等奖）

| 好 书 推 荐 |

《给教师的100条建议》

苏霍姆林斯基是著名的教育家，他当过三十多年的小学、中学教师，坚持在第一线进行日常教学，更难得的是坚持教育科研，撰写教育文章，还带领学生参与社会实践，他倡导的教育理念对于我们今天同样有深远的意义。书中给教师提出了建议，没有深奥的教育理论，也没有枯燥的说教，而是深入浅出地道出了我们在教育教学中遇到的绝大多数困惑，有登高望远而豁然开朗的感觉。此书为教师专业化成长道路上必读、必备书目。

做幸福的语文老师

◎ 叶峰亮

1998年8月,带着满腔的热情,我走上讲台,成为一名小学教师。两年后走进二实小,看到身边的同事那样敬业地工作、快乐地工作,我的心开始平静下来,喜欢并逐渐享受这份工作带来的快乐。

走近名师,找到方向

面对新的工作环境,面对一个个业务水平过硬的同事,我的心里没底,能胜任这里的工作吗?现实是残酷的。第一次语文教研组常规听课活动,我执教三年级课文《你们想错了》,面对十多位同事和学校领导,心里十分紧张。我觉得学生是那样不配合,课下生动鲜活的面容不见了,流利的话语没有了,课堂上仿佛只有自己一个人在表演。我真不知当时自己是怎么上完后半节课的。上不好课,误人子弟,不配做一名教师。怎么办?唯有奋起直追,提高自身素质。

很快,校长拿了一本杂志来到我的办公室:"这上面有你前一段讲的一课,看看。"我拿起它——《小学语文教师》,飞快地读完了。我发现,这正是我最需要的。从此,我成为学校图书馆的常客。在这里,一些专业书籍报刊直接指引着我的课堂教学。我从书中认识了孙双金、窦桂梅等一大批全国名师。因为读书，我越发感到自己专业知识的匮乏，所以，我要求自己努力工作。

2004年12月，我有幸到南京市北京东路小学参观学习，见到了自己仰慕已久的名师——孙双金校长，心情无比激动。我有备而来，请孙老师听课指导。他的话让我永远难忘："教师语言要有激情，要让学生从教师的语言中受到感染，得到启示。""语文课要有语文味。"……啊！我明白了教好语文的真谛。如果教师连文本都不理解，怎么钻研教材，何谈挖掘教材，又怎么给学生讲明白？只有提高自己的文化素养，才能提高课堂效率；只有提升文化底蕴，才能在课堂上与学生对话时游刃有余。

潜心学习，修炼内功

读书是业务提高的法宝。轻轻地翻动着一页页教育论著，时时会感受到一股股清新的空气迎面扑来，哦，原来课堂教学还可以用这种方式进行。细细地品味着一位位教育名家的课堂实录，时时会有一阵阵暖流从心底涌起，哦，原来引导学生对课文的阅读和感悟有着比雕塑更细腻的手法。深深地沉入一本本文学名著，时时会有一种豁然开朗的快慰，哦，原来《将相和》的"和"具有如此强大的生命力，原来巴金的《海上日出》从乌云背后透射出的不仅仅是阳光，更是对中国革命必胜的信心。读书让萦绕在心头的问题有了眉目，读书让烦乱的思绪得到了梳理，读书让浮躁的心平静了下来，读书使教学找到了对学生生命关怀的方向。

钻研教艺，不断成长

每一次磨课的过程都是最令人难忘的。记得2006年上《满山的灯笼火把》

一课时,我已经试教了几次,还是没有找到一个满意的教学思路。当时我的压力很大,内心焦急万分。从未失眠的我失眠了,觉睡不好,饭也吃不香,对自己几乎失去了信心。就在我感到最迷茫的时候,教研室吉老师来到学校,和校长一起加班,利用难得的双休日时间为我听课、评课、修改教案。我们一起备课,一起说课,一起讨论课件制作,研究板书设计,设置课堂预设,反复试教,不断改进。从教学内容到教师语言,一招一式,一言一行,甚至哪个字怎样写都精心雕琢。同事们给我鼓励,帮我减压。为了把课件做精美,我和潘超超老师想了很多办法,一遍遍做,一次次改。考虑到赛课时要到市里的学校上课,学校领导更是通过各种途径带我到市实验小学试教。领导的支持,同事的鼓励,给了我力量,我只有一往无前,把课上成功才是对大家的回报。最后,我没有辜负大家,《满山的灯笼火把》一课获得全国录像课评比一等奖。2008年10月,我代表洛阳市参加河南省第七届小学语文阅读教学优质课比赛,我再次经历磨课的洗礼,不知多少个夜晚坐在电脑前修改教学设计,不知多少次双休日去拜请名师,不知多少次面对星空苦苦思索,《西风胡杨》的课文背得滚瓜烂熟,直到读得字字锥心……最后,我再次获得了一等奖。

且行且思,形成特色

一路走来,从洛龙区优质课一等奖、洛阳市优质课一等奖、河南省优质课一等奖到全国录像课评比一等奖,我每一次上课都投入最大的热情,收获了一张又一张获奖证书。然而,一次次备课、上课的过程中,从最初模仿名家上课,到敢于自己创新课堂教学设计,再到现在对语文课堂有一些自己的想法,我对语文教学的思索才是最有价值的财富。我觉得,作为一名语文老师,我是幸福的。

我深深懂得,教语文就是要落实八个字:字词句篇,听说读写。前四个字指的是语文基础知识,后四个字指的是语文基本能力。"读"是核心,只有读得流畅，才可能说得清楚，写得明白。阅读课必须留足够的时间让学生读书。整体感知要靠读，有所感悟要靠读，培养语感要靠读，情感熏陶也主要靠读，积累更需要读，读书是对语言、情感、思想、生活的积累。因此，我的每节课堂上都能听到学生的琅琅书声。我紧紧围绕读书展开教学，精心设计训练点，激发学生学习兴趣，引领学生真正在读书中走个来回。

名师档案

叶峰亮，男，1980年出生，本科学历，中小学一级教师。多次获得洛龙区优质课比赛一等奖，2007年获得洛阳市优质课比赛一等奖，2008年获得河南省第七届小学语文优质课比赛一等奖，获得全国新课程优秀录像课评比一等奖，参与国家"十一五"重点课题"小学生语文能力评价研究"并获奖。任教期间，他先后荣获河南省优秀班主任、河南省骨干教师、河南省名师、洛阳市名师、洛阳市优秀教师、洛阳市十佳少先队辅导员等称号。

教育随笔

腹有诗书气自华

——听孙双金老师执教《春联》

2016年4月6日至10日，浙江杭州，千课万人，大家云集，异彩纷呈。每天的活动都安排得满满的，观摩展示课，互动点评，专家报告，真正体现出"千课万人"活动的大容量、大视野，活动的广度与深度可想而知。

4月10日上午，我聆听了一代小语大师孙双金老师执教的《春联》。情智课堂的魅力征服了在场的每一位听课老师，课堂上学生小脸通红，小眼放光，小手直举，小口常开。

上课伊始，孙老师就巧妙地通过谈话讲述文化的差异是民族、国家之间的根本差异。紧接着，体会文化差异，发现中国贴春联的习俗，继而展开春联的学习，顺理成章，水到渠成。

孙老师引领孩子们通过观察、对比一副春联，一步步引导他们总结出春联的四大特点：词性相当、字数相等、内容相关和平仄相对。之后，根据学生爱听故事的特点，他精彩讲述解缙智斗财主、巧改春联的故事，带着孩子们妙改春联。在孙老师的课堂上，他从来不吝啬对学生的真诚赞美，只要能够积极举手回答问题的孩子，孙老师都要使劲表扬，他总是带着一顶顶"高帽子"走进课堂，孩子们的自信心大大增强。于是，一个个小才子、小神女就这样诞生了，孩子们的思维被激活，课堂上妙语惊人。

孙老师趁热打铁，引入一段《笠翁对韵》，反复诵读，气氛高涨，进而引入对联的学习。几副天下名联的赏析后，进入本节课的高潮。孙老师设计给"大肚能容　容天下难容之事"对下联。孙老师智慧的评价，高超的点拨，全方位打开学生思维，发掘孩子潜能。在短短几分钟里，妙对横生，精彩连连："大口能讲　讲世间难讲之言"，"大口能念　念天下难念之经"，"大脚善走　走天下难走之路"……孩子们恐怕早已经爱上这妙趣横生、充满思维挑战的语文课，台下听课的老师们更是被孙老师高超的课堂艺术所折服。

临近下课，孙老师带领孩子们为"夏商周"这个名字对下联。孩子们的思维被引爆，金木土、元明清、花草木、陆海空……巧对纷至沓来！看大家兴趣浓厚，孙老师布置作业，和爸爸妈妈一起为各自的名字找"另一半"，对好后到学校交给自己的老师，评出最有文化的家庭。课堂虽已结束，但孩子们的学习活动一定会继续。

整节课匠心独运，浑然天成。我不由想到孙老师之前的《走进李白》《李白与酒》《李白与月亮》一系列课程，他已经站在更高的层面整合课程，跳出一篇篇课文，把语文的工具性与人文性完美结合，课堂直指运用，教学生学语文，教孩子传承文化。

课后，大家戏言："课设计好了，就像老师带孩子玩儿语文一样！"可是，同样的设计，我们在课堂玩得转吗？未必。大家能在课堂游刃有余，是因为他们具备丰富的学养、深厚的底蕴！

获奖课例

山海关

教学内容

语文S版六年级上册第二单元《山海关》。

教学过程

（前略）

师：有人说，世界上的海滨有很多，有长城的只有一处；长城的关隘有很多，有海滨的只有一处。作者登临这举世无双的山海关，产生了怎样的感受呢？请你来读第6自然段。

…………

师：谁来说说作者产生了怎样的感受？

生1：作者的精神感到异常振奋。

生2：作者的心胸倍加开阔。

师：我们看这段话写山海关了吗？

生：没有。

师：那这段话写的是什么呢？你看这几个词语（我真想，我又想，我还想），你有什么发现？

生1：写的是作者的联想。

（出示长城地图）

师：（指地图）作者登临山海关，真想大踏步向西北走去。（学生看图说出喜峰口、古北口、居庸关、雁门关、嘉峪关）你看这一路行经辽宁、河北、北京、天津、山西、内蒙古、陕西、宁夏、甘肃诸多地方，行程万里，通过这一段联想让我们感受到什么？

生1：我感受到长城很长。

生2：我感受到长城的壮观。

师：此时此刻，作者身在哪里？

生3：山海关。

师：但是，作者在一瞬间带着我们穿越江河，跨越关山，畅游了广阔的自然空间，这一切是通过什么做到的？

生：（齐答）联想。

师：那你说，联想是怎样的？

生1：奇妙的。

生2：神奇的。

生3：美妙的。

师：你看，作者登临山海关，想到了祖国的大好河山，（指长城地图）如果占据山海关，向北可以驰骋于广袤无垠的塞外草原，向南可以直达中原腹地，通过这段联想，你又感受到了什么？

生4：山海关地形的险要。

师：来，让我们一起读一读这一段美妙的文字。（师生对读第6自然段）

师：作者还穿越时空，回忆历史，仿佛自己也成为一个戍守边疆的战士，请你用心朗读课文第7、8自然段,体会作者内心有一种什么样的情感。

(生自读第7、8自然段)

生1:作者心里有一种慷慨悲歌的感受。

师:什么是慷慨悲歌?

生1:悲伤的感觉。

师:仅仅是悲伤还不够准确,应该是悲壮。你在读哪些句子的时候,有慷慨悲歌的感觉?

生2:"在我们那古老的中华民族的伟大历史上,在那些干戈扰攘、征战频仍的岁月里,这雄关巍然屹立于华夏的大地之上,山海之间,咽喉要地,一次又一次地抵御着异族的入侵,捍卫着神圣的祖国疆土。"我读这一句话时有一种慷慨悲歌的感觉。

师:你读这文字想到了什么?

生2:想到了山海关的历史。

师:你的脑海中出现了什么样的画面?

生2:出现了山海关外打仗的场面。

师:山海关一次次抵御着异族的入侵,你对它怀有什么样的情感?

生2:敬佩。

生3:感激。

师:是呀,这感激、敬佩就是慷慨悲歌的感觉。

师:(再请一学生)你读着哪些文字有慷慨悲歌的感觉?

生1:"这高耸云天的坚固城墙上的一块块砖石,哪一处没洒落过我们英雄祖先的殷红热血?这雄关外面的乱石纵横、野草丛生的一片片土地,哪一处没埋葬过入侵者的累累白骨?"读到这里,我也感到内心有一种慷慨悲歌的感觉。

师:你的脑海中有没有出现什么样的画面?

生1:我仿佛看到很多人为了保卫祖国流尽了最后一滴血。

师：那你看到无数英雄流血牺牲，你觉得这场面怎样？

生1：很悲壮。

师：是啊，这种感觉也是慷慨悲歌。

生2：我仿佛看到敌人纷纷倒在山海关外。

师：是的，看到敌人失败，疆土未失，你感觉怎样？

生2：很高兴。

师：是的，这也是慷慨悲歌的感觉。此时此刻，如果我们国家的疆土受到威胁，你会怎么办？

生3：拿起武器，保卫国家。

师：说得好，这国家兴亡、匹夫有责的决心也是慷慨悲歌的感觉。这段铿锵有力的文字，字字动人心魄，足以说明在中华民族历史上，这雄关所发生的巨大作用。老师还带了一些资料。（大屏幕展示榆关抗战的资料，师范读）

师：此时此刻，山海关在你的心里还只是一处古代建筑吗？

（生纷纷摇头）

师：他是什么？

生1：是战士。

生2：是一位英雄好汉。

生3：是历史的见证人。

师：山海关走过了六百多年的历史，它一次又一次地抵御着异族的入侵，捍卫着神圣的祖国疆土。所以作者从心底里发出这样的声音，读……

生：（齐读）"啊，雄关，它就是我们伟大民族的英雄历史的见证人，它本身就是一个热血沸腾、顶天立地的英雄好汉！"

师：这高耸云天的坚固城墙上的一块块砖石见证了，读……

（生齐读）

师：这雄关外面的乱石纵横、野草丛生的一片片土地见证了，读……

（生齐读）

师：作者通过几段文字的联想，回忆历史，不但丰富了文章的内容，而且让我们感受到山海关那忠贞的灵魂，深化了文章的主题。

（出示最后一段话）

师：岁月流逝，如今的山海关已失去它昔日战略防御的作用，它在每个国人心中已不仅仅只是一座雄关，而是一个饱经沧桑的民族在历经了种种磨难后却依然奋进的民族精神的象征！这段饱含深情的文字，是诗人峻青登临山海关时由衷的歌颂，读……

（生齐读最后一段）

师：这饱含深情的文字，更是每一个热爱山海关，热爱祖国的中华儿女共同的心声，再读……

（生再次齐读最后一段）

（本节课荣获河南省小学语文优质课大赛一等奖，有删节）

好书推荐

《支玉恒老师教语文》

支老师被誉为小语界"四大天王"之一。他开了小学语文"以读代讲"之风，创立了"自主发展 点拨启导"式教学。这本书会带领你发现名师教学背后的秘密，让你感受到支老师课堂的教学观、学生观和教师观。

看到最好的自己

◎ 潘超超

2008年年初,由于多位老师休产假,学校缺少一位语文老师。校长找我谈话:"你的专业是语文,你能成为一名专业的语文教师,才算合格。""好啊,我正想干我的老本行——教语文。"我爽快地答应了。校长说:"我相信,一个努力的人,只要找对了方向,不远处等待他的一定是成功。"这一次,我放弃了游刃有余的信息技术课,放弃了如鱼得水的综合学科,放弃了三年努力换来的所有荣誉,重新走向语文课堂。

2009年送走第一届毕业生后,我就有一个梦想:让我的学生爱上作文,当他们提笔为文时,能想起我,能想起语文的味道。朝着这个简单的梦想,我摸索着,徘徊着……

我无意中发现一位叫管建刚的特级教师。他钻研作文教学,打破常规,掀起了作文教学的革命。他风趣幽默,深得学生喜爱,被称作"管大"。他生过大病,做过商人,教过村小……他的故事就像传奇。于是,《我的作文教学革命》系列成为我的最爱。全新的教学视角,系统的教学方法,智慧的教学故事……原来,作文可以这样有趣!顿时,我佩服得五体投地。作文教学不仅仅需要激情,更需要方法。此刻,我需要静下心来做专业,把专业做到像"管大"一样让人望尘莫及,梦想才能成真!"管大"就是我的男神!我追逐着"管大"的每一本著作,尝试着,改变着,反思着……

2016年春,开学伊始,五校联盟教研活动邀请到了特级教师管建刚,安排联盟学校教师现场说课。我一直相信,压力就是逼迫自己成长的动力。感谢校长,总在我最需要的时候,给我动力。为了引起"管大"的注意,我放弃"欣赏、挑刺、训练"的方案,把自己的教学尝试做一梳理、整合——与"管大"相反的思路,从读者角度审视文章之美,从读者视角评价作文。"用形态之美让人易读,用点睛之美让人想读,用语言之美让人共鸣,用改变之美让人思变。"明明知道会被批评,我还是这么做!暴露弱点,被男神批评,方能得到真传……

两天的活动眼看接近尾声,校长问:"我请'管大'收你为徒,咋样?"这可是我想都没想过的。校长拉着我,走到管老师面前,我的心都跳到嗓子眼儿。"可以啊!咱们是兄弟!"管老师爽快地答应了。

我不敢相信,"管大"是我师傅!直到握住"管大"的手,直到"管大"给我电话号码……我才确信,我的师傅是"管大"!

拜"管大"为师,不仅是一份荣耀,而且是一份新的动力。未来,唯有努力前行,做师傅一样睿智的教育者,才能不负师傅之名,不负校长之心!

于是,新学期,崭新的作文教学活动开始了,凝聚班级智慧与真情的作文周报《写吧》诞生了。从"为新书穿新衣"开始,到"父亲节特别活动"结束,不知不觉,《写吧》共出版14期,电子版3期,《生活导报》专版5期,共计25万余字,500余篇优秀文章……这样一组惊人的数字,包含着54个孩子的智慧与汗水。写吧,写吧!上《写吧》,扬美名!是五(2)班每个人的梦想。14期《写吧》凝聚了54个家庭的力量,塑造了30多位小作家。班级生活、家庭琐事都成了孩子们的写作素材。一件小事儿,不同的角度,或搞怪,或多情,或哲理,在交融与碰撞中,整体提升孩子们的写作能力。

不想让未来的自己讨厌现在的自己,那就变成最好的自己,更加出色,更有活力。

名师档案

潘超超,中小学一级教师,市级骨干教师,洛阳市优秀教师,洛龙区名师,洛龙区优秀班主任。1998年从教以来坚持求真务实的工作作风和无私奉献的精神。坚信:做最好的自己,就是最好的教育。教科研方面,有多篇文章在省级、市级论文评选活动中荣获一等奖。先后参与国家级课题"小学生语文能力评价实验研究""小学儿童科学课教育评价模式研究"的研究,并顺利结题。

教育随笔

以学生为镜

"以铜为镜,可以正衣冠;以人为镜,可以明是非;以史为镜,可以知兴替。"唐太宗的三面镜子,实际是一种换位思考。在日常生活中,三面镜子必不可少。

作文课上,我安排学生讨论并模仿身边的一个人,注意人物的动作、神态、语言方面特点。作文中人物细节描写最难把握,也最难描写。今天安排这个模仿秀,重点就在于通过较夸张的举止模仿,引导学生发现抓人物特点的方法。至于悟出更深刻的为人处事的道理,就全凭自己了,不做灌输。

"哪一组先来?"一片沉寂中,大伙东张西望。我正要宣布奖励办法,重奖之下必有勇夫嘛!陈嘉欣举手。只见她使了个眼色,薛宇浩就蹦了出来。我突然有一种莫名的"忧虑"。

"我们先表演上课时的他。"陈嘉欣笑哈哈发号施令。薛宇浩左手挠头，右手向前伸着，食指更是指指点点，结结巴巴："那……那……那谁……"教室里顿时爆笑如雷，随即是整齐的、节奏感十足的呐喊："潘老师！潘老师！"是呀，这确实是我！虽然在一起好几个月了，但是，课堂上稍一着急，就会叫不出学生的名字来，感谢大家的另类提醒，我一定努力改正。

还没缓过神，精彩又继续上演了。"这是他迷惑不解时的样子。"只见薛宇浩瞪着眼，忽左忽右摇着脑袋。我不由跟着他做起这个陌生的动作。我什么时候是这个样子呢？我一边寻思着，一边轻轻摇头。"快看，就是这样子。"不知是谁喊了一声，不仅引得全班同学注意我，更引起一阵哄笑。哦，我终于想起了这个自己极不注意的、陌生的动作。我忍不住笑了，笑得自然、开怀。

"那谁，给我出去！"薛宇浩突然底气十足地大喝一声，这一声颇有男人的阳刚之气。再看，他眼睛瞪得像灯笼，还呼哧呼哧喘着气。教室里先是一静，随之就是笑成一片，笑得前仰后合，笑得变了调、岔了气。而我却像重重地挨了一记耳光，脸上火辣辣的，心里扑通扑通的。是啊，虽然不止一次提醒自己，带着愉悦的心情走进教室，不要被个别情况改变自己的初衷，冷静，冷静……但是，总是控制不住，我都怀疑自己的眼睛有问题。总能轻易发现个别问题，总想视而不见，却总是忍不住吼上一嗓子。

览镜自照，是美，是丑，心中自知。

认真剖析自己，我觉得自己还不是一个勤奋的教师，我的知识还不丰厚全面，我的语言还不精美流畅，我的思维还不敏捷。其实今天的不足并不可怕，只要勇于面对，每天进步一点点，我的梦想就会在不久的将来成为现实。以学生为镜，令我羞愧，令我欣慰，令我成长。感谢我可爱的学生们。

获奖课例

小魔术

教学内容

五年级自选材料作文。

教学过程

（前略）

师：今天我来给大家表演一个压箱底的魔术，你们可是有眼福啦！

（生反应不一，师抓住典型）

师：咦！你，为什么这副表情？

生：老师，我觉得你不会表演魔术。所以——

师：所以怀疑我，对吗？谁有不同看法？

生：老师，我相信你一定能表演一个好看的魔术。因为我觉得老师个个都身怀绝技。

师：谢谢你的鼓励。接下来就是见证奇迹的时刻！

（出示道具：绿色塑料纸）

师：你看到一个什么样的道具呢？谁能描述一下。

生1：上面有许多白色花纹。啊，是一朵花。

生2：这是一块长方形的塑料纸。

生3：老师，我可以摸一摸吗？

师：当然可以。观察并不是单靠眼睛，闻一闻，摸一摸，听一听……调动我们的每一个器官，观察才能全面。

生3：这是一块摸起来硬硬的，折起来会发出声音的绿色塑料纸，纸上有白色花纹。

师：你看，他比大家多动了手，观察的结果就不同了。看来，你一定是生活中善于观察的好孩子，相信你今天的收获一定与众不同。

生4：老师，我觉得这块塑料纸是从较大的物品上剪下来的，而且你裁剪得还不够仔细，所以这块长方形的塑料纸的边都是歪歪扭扭的。

师：我想先把掌声送给你。你懂得用心观察，联想推理，说话有理有据，有科学家的潜质哟！

生4：谢谢老师。

师：我们调动各种器官，仔细观察了道具，大家的发言都很精彩。可是，要想让别人知道你看到的是什么，还必须按照一定的顺序介绍。同桌之间互相说一说，比一比谁说得最清楚。注意互相学习啊！

师：同学们，你们在互相描述道具的过程中，心里有没有问题？

生1：我更加怀疑老师。这么一张普通的塑料纸，怎么可能表演精彩的魔术？

生2：我反对。我觉得，越是看似简单的东西，往往包含着更大的奇迹。老师快开始吧！

师：别急，请用一句话记录此时此刻的心情。

（生写句子练习）

师：谁来和大家交流自己的练笔？

生1：魔术是我的最爱！今天潘老师居然要给我们表演魔术，大伙欢呼雀跃，还有人猴急猴急的，吵着赶紧开始。可我觉得老师肯定有阴谋！你瞧，他拿的道具是一张普通的塑料纸，这怎么可能表演精彩的魔术呢？

师：我只能对你说，相信我没错的！还有不同的吗？

生2：看着老师手里的塑料纸，我充满期待。老师究竟会用它变出什么呢？要是能变只小鸟，那该多好啊！

师：同学们，敢想敢说，已经进入了写作状态，真是可喜可贺！现在我要考考大家：知道"推敲"这个词的由来吗？

生：知道！推敲就是写文章时琢磨怎样用词。

师：其实，我倒觉得，当你搞不清楚该如何描述一个动作时，可以自己动手试一试，这样就能找到一个准确的词，同时把过程写完整。接下来，咱们一起来试试吧！

（慢动作折叠道具，同时引导学生体会"折、捏、拎、揉、托……"等动作）

师：经过咱们的共同努力，塑料纸变成了这个样子。你觉得它在手中像什么？

生1：我觉得像汉堡包。

师：看来你饿了！人的想法往往和内心需要相联系。

生2：我觉得像包子。

师：难道大伙都饿了吗？待会儿我请客。

生3：我觉得它像一块翡翠。

师：哇哦，我顿时觉得手上沉甸甸的！汉语真奇妙啊，居然有化腐朽为神奇的力量。你感受到了吗？

生：感受到了！

师：接下来——

生：就是见证奇迹的时刻！

师：大家太着急了！按照惯例，接下来，我需要一位同学帮我——

生：吹气！

师：奇怪了！我没有说话，你怎么知道我要找同学吹气呢？

生：我看到你噘起嘴，对着塑料纸吹气的动作。

师：你观察细致入微，能捕捉到细节。真是火眼金睛，厉害啊！我们把掌声送给他。

师：谁来帮我这个忙？

（生争先恐后）

师：我们挑咱班最强壮的同学吧！有请——

师：同学们，他来吹气，你们来干什么呢？

生：观察他吹气的样子。

师：怎样观察，才能发现精彩之处呢？

生：细致观察，捕捉细节。

师：我们心中有方法，一定收获颇丰！来睁大眼睛，开始啦！

（观察学生吹气）

师：请用一段话描述你的发现、你的收获。

（巡视指导，安排交流分享）

生1：老师果然厉害，一眼就发现我们班的大力士。他虎背熊腰，平时说话底气十足，像是打雷。"咚咚——"你听听，这脚步声多有力度。"来准备——"老师一声令下，他立马铆足了劲儿，腮帮子鼓得溜圆，大嘴巴也缩成了小樱桃。"吹！"天哪，龙卷风来了！老师手里的"翡翠"哪儿经受得住，立刻像棉花糖一样飞了！大家顿时惊叫起来。他不好意思，红着脸跑回座位。我趁机瞄了一眼落在地上的塑料纸。里面好像有东西！

师：这就叫有声有色的语言。我为你鼓掌。

生2：老师一会儿揉塑料纸，一会儿又拿着纸团问像啥，一会儿找同学吹气……魔术却迟迟不见开始。眼看就要下课了，老师肯定是在忽悠我们。如果真是这样的话，我可要……

师：就是啊，魔术还没表演，谜底还没揭开呢！接下来，就是——

生：见证奇迹的时刻！

师：睁大你们好奇的眼睛，3——2——1！

（在吸引所有人的注意后，展开空塑料纸团。捕捉典型学生，准备即兴发

言,表达此时真实感受)

师:同学们,请你看看板书,想想过程,我真的是在逗你玩吗?

生:老师,我知道了变魔术只是表面,你实际是在教我们写作文的方法。

师:你们学到了什么方法?

生1:黑板上的每一个字都是心字旁,都和心情有关,也就是说要抓住事情发展过程中自己的心情变化,才能把文章写好。

生2:还有观察的方法。

生3:老师,我明白你的良苦用心了。谢谢你!

师:谁说天下知音难觅?你们都是我的知音啊。相信自己善于观察,能捕捉到情感变化的节点,就可以让文章一波三折,扣人心弦。

(本节课荣获洛阳市小学语文优质课大赛一等奖,有删节)

好书推荐

《班主任兵法》

《班主任兵法》是一本教育反思集,记述了作者在担任班主任期间与学生之间"斗智斗勇"的教育故事。我读《班主任兵法》最大的启示就是:作为教师,我们要学会反思,乐于写作,做一个有内涵、有智慧、有方法的班主任。耐心工作,用心反思,静心写作,每一位老师都会是幸福的,每一个学生也能从中获得真正的幸福。

不忘初心，安辔而行

◎ 宋彦辉

一直以来，我向往并追求着以水为师、以泉为镜，在岁月的叠加中沉淀积累，在日月的交替里成长绽放，在每一个平凡的日日夜夜里，不忘初心，安辔而行。

工作——给予我热情

带着满腔的自豪，我第一次踏上讲台。上课，批改作业，处理班级事务，解决家校问题……我就像一个开足马力的马达，不知疲倦地奔忙着。那时，生命中闪现着美好的前景，心中燃烧着理想。直到自己焦头烂额、心力交瘁时，才恍然明白：没有方向的热情就是一团散乱的火焰，虽然看起来光芒四射，却无法给人温暖与力量。

失败——给予我方向

调入洛龙区第二实验小学，我才知道什么叫"人外有人，天外有天"。听别人上课，各有各的风格：或幽默，或深邃，或深入浅出，或举重若轻……而我,却仿佛什么也不懂,什么也不会,那团热情的火焰渐渐熄灭。"我是谁?我会什么?我能行吗?"我一遍遍追问自己,又一次次地否定自己。不知不觉中,我与自己的理想渐行渐远……直到那一天,上课铃刚响,校长竟然推门而入,我的心"咯噔"一沉:坏了,校长来推门听课了!我胆战心惊地讲了新课——《一只贝》,在这样的心境中上课,效果自然可想而知。终于挨到下课,校长语重心长地说:"其实,你就是文中的那只贝,你也在孕育着那颗属于你的珍珠,只是在这漫长的过程中,你必须经历并忍受一粒甚至许多粒沙子的反复折磨。"面对校长的鼓励,我无言以对,只在心中默默告诉自己:我不能就这样沉沦下去,现在的压力不算什么,哪怕它是一座山,只要我一点点地向上攀登,总有登上顶峰的一天。

书籍——给予我智慧

不是每一个老师都愿意做勤勉的读书人,但要想做优秀的老师,却无论如何离不开读书,离不开学习。要想登上山顶,从哪里做起?答案毋庸置疑——读书。唯有读书,才能充实自己;唯有学习,才能改变自己。真正明白了这一点,我便把书籍作为自己成长的土壤。《给教师的一百条建议》一书让我明白:要想教育出好学生,就必须先锤炼自己。教育学生要从改变自己开始。读了《给教师的一百条新建议》,我知道,"教师要善于思考,只有先成为一名教育思想者,才能真正超越于琐碎的工作,而将站讲台、批作业、写反思提升为一生的事业"。《民主与教育》告诉我们:从学生中来,到学生中去,学生永远都是我们人生舞台中最重要的主角!不是学生不开窍,而是因为我们正用"旧钥匙"开"新锁",我们要跟上学生的步伐。而《在爱中行走——特蕾莎修女传》一书中那平实得没有一丝造作的语言又让我深深感动。正如特蕾莎修女用大爱做的小事一般,平淡如水,却沁人心脾。作为老师的我们更应该接受这爱的沐浴，因为只有爱才能唤起爱。

我品尝着读书的乐趣，同时把这份乐趣带给学生。和学生一起读书，是一段幸福温暖的旅程。我们一起进行经典诵读：诵童谣、诵童诗、诵唐诗、诵《论语》……我们开展各种各样的班级读书会，探索班级读书会的类型：大声读给孩子听、绘本阅读、名著导读、阅读交流会、读物推荐会……

磨课——给予我历练

于映潮老师说："我要一直向前走——让梦想牵扯着生命的脚步，一路跋涉；让生命成为一架云梯，一直延伸到梦想成真的那一刻。"是啊，作为一名语文老师，我常常觉得我们就是一群努力前行的追梦人：或许不是最出色的，但一定是最努力的。2011年，我有幸代表洛阳市参加了河南省第九届小学语文优质课大赛。赛前，我一次次试讲，一次次找名师指导。曾经彻夜不眠，曾经流过多少次眼泪连自己也记不清了。困惑过，伤心过，也退缩过，但作为一名教师，如果连一节课都上不好，还能做什么呢？曾听人说过："讲课就像蝉蜕，过程虽然艰难，但结果却会让你受益匪浅，一节课讲完，你会完成一次飞跃。"几次下来，一节课的教案写了足足三本。最终，我在这次比赛中脱颖而出，并获得了省一等奖的好成绩。一次次上课，一次次收获，虽然过程很辛苦、很漫长，但我很欣慰，因为每一次上课都是一次成长的过程。在不知不觉中，我仿佛找到了一双"登山的鞋子"——左脚坚韧，右脚执着。在左右脚的交替前行中，我收获着属于自己的那份自信和喜悦：河南省骨干教师、洛阳市名师、洛阳市优秀教师、洛阳市优秀班主任、洛阳市五一劳动奖章获得者……面对这些荣誉，我清醒地知道：困难与成绩都是沿途的风景，欣赏过后须前行。

学生——给予我力量

十几年的时间,我送走了一批又一批的毕业生,这些学生就像亲人一样嵌入了我的生命里。我希望我的学生 "亲其师而信其道";我希望我现在的学生能每天进步一点点;我希望我的学生在回眸童年生活时,有许多快乐值得回味;我更希望他们提笔为文时,心中仍会对语文保有一份温情的怀念。正是这些美好的愿望,给了我追寻的勇气和坚守的力量。我知道:他们就像含苞欲放的花骨朵,我唯有用心地呵护,静静地等待,才能聆听到那世间最为美妙的花开的声音。一转眼,十七年过去了。我似乎还是原来的我,似乎又不是,那是因为教育已经浸入了我生命的泉里。我追求着如水一般的教育生活:像水一样有德行,奔流不息,哺育一切生灵;像水一样有情义,流必向下,和顺温柔;像水一样有志向,穿山岩,凿石壁,从无惧色;像水一样善施教化,滋养万物……

名 师 档 案

宋彦辉,女,1983年出生,本科学历,小学高级教师。曾获得河南省骨干教师、洛阳市名师、洛阳市优秀教师、洛阳市优秀班主任等荣誉称号,并荣获洛阳市五一劳动奖章。多次获得国家级、省级优质课比赛一等奖,多次辅导学生在作文大赛、书法大赛中获得省市级奖励。

|教育随笔|

初心不改，静候花开

一直以来，我都很喜欢带有"初"字的词语，总觉得它包含的是纯洁和丰盈，从一眼凝眸的初见，到执着无悔的初心，每一个字眼都隐含着美，每一个韵脚里都蕴含着情。

虽然初为人师的感受早已远去，但初为师傅的忐忑却一次次从心底浮起，直到此时，我才真真切切地感受到了差距——从前做别人的徒弟，再艰难再煎熬也不觉得恐惧，因为有那么多师傅在身后给我强有力的支持，遇到解决不了的难题，只要师傅一出马，总能想个法儿、支个招儿，立马就有了"柳暗花明又一村"的峰回路转；如今自己做师傅，捉襟见肘，抓耳挠腮，半天憋不出什么真材实料，只剩下满眼的着急，满心的羞惭。不过，也正是有了这第一次，实实在在参与徒弟备课、试讲、磨课、展示的全过程，才真真切切明白了"弟子不必不如师，师不必贤于弟子"的道理。

在我眼里，碧贞老师一直是个平和淡定的人，静静的，稳稳的，踏踏实实走好生命的每一段旅程。而陪伴她参加了青年教师展示课活动之后，我对她的认识更进一步，不但感受到了她的细致认真，更见识了她的热情坚韧。从接到通知的那一刻起，她就表现出了超乎寻常的冷静。第一次试讲，教学设计较为稳妥，但课堂气氛略微沉闷，课后反思，大家一致感觉她对教学的起点把握不准，导致学生对教学内容的兴趣和热情并没有被激发出来。于是，尝试颠覆按部就班的问答式分析，换由学生提问，学生回答，这样，在提问时能培养孩子们的有效质疑，释疑时又能训练他们的口语表达，一举两得。主意似乎不错，但操作起来难度不小，因为一旦放开手脚让学生质疑，教师对课堂的操控力将大大削弱，因为你完全不能确定孩子们的小脑瓜里会冒出什么稀奇古怪的问题，而老师又该怎样面对质疑见招拆招。我还有些担心，碧贞老师平静地说："那我试一试吧！不试一试，永远不知道结果。"第二天一大早，她就请大家再去听她的课。到了质疑环节，我们竖起耳朵仔细记录孩子们的问题。等记录完毕，我们大家相视一笑，每个人眼睛里都充满了激动与欣喜——我们成功了！孩子们不但能针对课文内容提问，还能针对作者心情提问；不但问出了老师想问的所有问题，还能比较完整地回答问题。更为重要的是，在整个过程中，他们热情高涨，思维活跃，似乎正在享受着思考探究的乐趣。这样的结果，大大出乎了我们的预料，让我们兴奋的同时又增强了信心。此后，一次次试讲，一次次修正，碧贞老师从来没有一丝气馁，一点抱怨。

张校长常说：青年教师只要敢于站上舞台展示自己，就是一种成功。想到自己也曾不止一次得到这样的鼓励，心中满是温暖与感动。今后，我也将像我的师傅们一样，有计划、有目标地跟徒弟一起努力，不忘初心，安辔而行。在无限可能的偶然中，我们相伴；在无限精彩的生命里，我们同行。如此，便是彼此生命中最美的一场花开。

| 获 奖 课 例 |

猫

教学内容

语文S版五年级下册第二单元精读课文。

教学过程

一、读懂猫的性格特点

（前略）

师：既老实又贪玩，既贪玩又尽职，既温柔可亲又自以为是，既胆小又勇猛。这么多的矛盾集于一身，难怪作者说"猫的性格实在有些古怪"。我们就以第一段为例，读出猫的古怪。

（生齐读）

师：作者不说"猫的性格古怪"，也不说"猫的性格有些古怪"，而说"猫的性格实在有些古怪"，开篇就抒发这样的感慨，猫的古怪可见一斑。请大家想想：作者是怎样把猫的特点写得这样具体的呢？

生1：他对猫有细致的观察。

生2：他善于抓住生活中的每一个细节。

生3：他十分喜爱猫，才能写得这么具体。

师：是啊，老舍先生在意着猫的每一个细节，在意着猫的一举一动，才能把猫写得这样栩栩如生。从中你体会到作者对它会是一种怎样的情感呢？

生1：喜欢。

生2：喜爱。

二、读懂老舍先生对猫的喜爱

师：作者是有多喜欢猫呢，我们接着来讨论第二个话题：先生心里的猫。在交流之前，建议你这样读课文：请耐心、细致地默读课文，一边读，一边简单做批注：你是从哪句话、哪个词甚至哪个字里读出了老舍先生对猫的喜爱？

生1：我觉得"蹭"这个字里有老舍先生对猫的喜爱。

生2：我从"踩印几朵小梅花"读出了老舍先生对猫的喜爱。因为一般猫踩上去的都是脏脚印，但在老舍看来却像小梅花一样美丽。

生3：我从"丰富多腔"这个词里读出了喜爱，因为猫的叫声有时候并不好听，但作者却称赞它的叫声"丰富多腔"。

生4：我觉得"解闷"这个词很有意思，让小猫咕噜咕噜的叫声变得十分有趣。

生5：我觉得"撞疼了也不哭"这句话里有作者对小猫的喜爱，因为在作者笔下，小猫就像小孩一样可爱了。

师：一个"蹭"字，蹭出了猫对主人的亲昵依恋；一个"印"字，印出了主人对猫的疼爱怜惜；"丰富多腔"的背后，是人对猫的欣赏；"解闷"则是猫给人带来的情趣。大家很会发现，从关键字词里品味出了先生对猫的情感。除了这些关键字词，请大家读读，这些语气词有没有作用呢？

（出示："说它贪玩儿吧，的确是啊，要不怎么会一天一夜不回家呢？"）

师：这句话中一连用了三个语气词，我们把这三个语气词去掉，读读是什么感觉？

生：感觉没那么亲切了。

师：你瞧，简简单单的语气词里也隐藏着情感。

（出示：它是那样生气勃勃，天真可爱！）

师：再看这些标点，读一读，有没有藏着对猫的喜爱？

生：没想到小小的标点符号也在诉说着情感。

师：此时，我们不难发现，这篇课文通俗易懂，却又耐人寻味。语言大师用最简单的字词，却达到了每个字每句话都站立起来的效果。乍一看去，全文471个字中没有一处直接写作者"喜爱""喜欢"之类的字眼；但细细品味，文中的每句话，甚至每一个字里都蕴含着作者对猫的情感。这也正体现了老舍先生的语言特点——情真意切。此时此刻，请你再看这个字（师指课题），在老舍先生心里，它还仅仅是猫吗？

生1：我觉得老舍先生把猫当孩子了。

生2：小猫是老舍先生的朋友。

生3：我觉得他们更像是亲人。

师：是朋友，是玩伴，更像是亲人、是孩子。作者正是用这种拟人化的手法描写猫的动作、神态等，才把这份爱猫之情表现得淋漓尽致！带着这样的理解，我们来读读课文第四段，读出这份情感。

三、体会老舍先生对生活的热爱

（出示《养花》片段，生自读）

师：请看大屏幕，这是老舍先生另一篇散文《养花》中的一些句子，请你读一读，从中你能读出什么？

生：我觉得有点儿矛盾，作者一会儿说爱猫，一会儿说爱花。

师：从《猫》这篇文章中，我们读出了作者对猫的喜爱，从《养花》一文中，我们又读出了他对花的情感。那么，老舍先生到底是更爱猫呢，还是更爱花？

生1：我觉得他更爱猫。因为文章中说猫在花盆里摔跤，抱着花枝打秋千，所过之处，枝折花落。可是老舍先生见了，也不会责打它，还说"它是那样生气勃勃，天真可爱"。

生2：我认为他更爱花。因为在《养花》这篇文章里，作者说："在我的小院中，到夏天，满是花草，小猫儿们只好上房去玩耍，地上没有它们的运动场。"

师：作者写《猫》，写《养花》，仅仅是因为他爱猫、爱花吗？

生1：他爱的是大自然。

生2：他爱一切生命。

生3：他爱美好的生活。

师：作者写猫，写花，其实是在写生活。老舍爱猫，也爱花，归根结底，是因为他爱生命、爱生活。这也正是我们今天的最后一个话题：我们眼中的先生。

（本节课荣获"一师一优课"部级优课，有删节）

好书推荐

《我与地坛》

《我与地坛》是中国当代五十本经典著作之一，是20世纪中国杰出的作品，是读了以后忍不住想流泪感激上苍的文字，春华秋实，一草一木，陌生的情侣，古老的地坛……一切有生命的无生命的，在史铁生的笔下，在他的心目中都是那样温和而有触感，他温情而不滥情地用纸笔来描述他眷恋着的世界。作者在历尽苦难折磨之后突然进入了一个明朗的境界，用一种拷问的方式面对自己的心灵，几乎在绝境中找到了存在的理由与生命的可贵。

做一名幸福的老师

◎ 曹园园

"我,坐在斜阳浅照的石阶上,望着这个眼睛清亮的小孩专心地做一件事,我愿意等上一辈子的时间,让这个孩子从从容容地把那个蝴蝶结扎好,用他五岁的手指。"这是龙应台《孩子,你慢慢来》里的句子,每每读起,眼前总会浮现那美好的画面,心中更是溢满深深的感动!孩子的心灵是那样的纯真美好,而能够时常与他们相伴是多么幸福!

历练中的成长是一种幸福

从2001年踏上三尺讲台,到如今成为北京第二实验小学洛阳分校的一员,不知不觉生命中十几个年头匆匆飞逝,然而时间可以带走容颜,却带不走我挥洒汗水的记忆和历练。这十几年来自己就如同一只慢慢行走的蜗牛,虽然缓慢,虽然艰辛,但我一直在努力,一直在成长。

最让我铭心刻骨的是2011年参加省里的技能大赛,要同时准备好三节课,比赛时临时抽课,从接到通知开始,山呼海啸般的压力从四面八方蜂拥而至,让原本就柔弱的我几乎招架不住。那段时间,我脸上的表情只剩下了一种——愁,常常是才下眉头却上心头,为了一个环节的设计,我也曾绞尽脑汁，辗转反侧，熬至深夜12点还无法入眠；有时三节课的困惑一同袭来，我也曾迷茫无助，苦不堪言，可还要强逼自己，静下心来，逐一攻克。清晨，揉揉干涩的眼，我告诉自己，今天是一个新的开始，首先上好课，然后抓住一切可利用的时间继续磨课。夜晚，一个人对着电脑屏幕，或静思默想，或疾速击键……直到临近比赛的前两周，教研室刘老师请来王向春老师和王辉老师又一次审稿，又一次修改，我开始不眠不休背稿子，三篇稿子有时串在一起，背着背着就混了，于是，我一句一句地写着背，一段一段地对比着背，走路时背，吃饭时背……苦心人，天不负，最终我在河南省技能大赛中获得了第一名！

那段艰难而又充实的日子，那些流过的泪水，那些领导曾说过的谆谆话语，那些痛苦的磨砺，都让我刻骨铭心！今天再回头看时，它们都成了我心中最宝贵的财富。

最难忘的是2014年参加"牡丹之春"语文优质课比赛，当时由于临时换课，只剩一周多的准备时间，面对三年级的这篇《山村的早晨》我无从下手，因为对于这样的现代诗歌，自己之前没有经验，还记得当时的自己焦头烂额，眼看时间一天天过去，自己却茫然不知所措，但是我告诉自己，不用怕，我的背后还有一个强大的团队。还记得市教研室的刘老师一遍一遍地听课、评课、帮我修改教案，峰亮主任也常常加班帮我一遍遍改进，同事们的鼓励如同三月的春风，带给我无限的温暖和勇气，渐渐地，我找到了思路，开始变得从容，最终顺利完成了这节课，这中间有自己的汗水，更有家人们的帮助和鼓励……

在一次次的历练中我收获着，进步着，虽然过程是艰辛的，但也是幸福的，这是一种成长的幸福！

收获爱的回报是一种幸福

从2001年参加工作，我一直担任班主任工作，我深深地懂得，"爱"是我们走进孩子们心灵的最佳桥梁，我们只有用爱，用真情，才能走进孩子的内心，才能使他们在爱的阳光和雨露中茁壮成长！

还记得我师范毕业的第一年是在李楼乡五郎小学担任二年级的语文、数学、思想品德、音乐兼班主任工作。这是一所乡村小学，因为学校老师少，所以每个老师都是身兼数职，而我每天的课都是满满的。于是，我不需要办公室了，教室就是办公室，我和这群可爱的孩子们真的是"朝夕相处"，我把自己的工作热情毫无保留地奉献给了孩子们。课前用心地准备每一节课，把自己的教案和想法向有经验的老师请教；课堂上，认真倾听孩子的每一次发言，并毫不吝啬地给予他们鼓励。还记得当时的学校设备落后，没有多媒体，而自己面对的是低年级的学生，为了激发学生的学习兴趣，我就利用课余时间自己动手做教具。临近复习考试，为了辅导班里几个学习有困难的学生，我又利用放学时间给他们补课，这一补就忘记了时间，常常一抬头，窗外已经"星光闪耀"。虽然疲惫，但我却是幸福的。考试成绩一出来，这几个孩子都在原来的基础上进步了一大截，看到孩子们欢欣雀跃的样子，听到家长对我的肯定，那一刻，我真切地体会到了幸福的滋味。还记得那年冬天，因为天气太冷，我中午就留在学校，自己做饭，孩子们知道了，纷纷把自家种的菜带到了学校，有的带蒜苗，有的拿白菜……看到他们稚嫩的小手捧着新鲜的蔬菜，我的心又一次被感动了，热泪不由自主地滚落下来……我想，能用什么样的词汇来描述当时的心情呢，唯有幸福！

后来，因为工作上的调动，我来到了洛龙二实小，这是一个寄宿制的学校，孩子一周只有周末两天在家，其余五天都在学校。所以，这里的老师有了多重身份：老师、妈妈、朋友、医护……平时，除了认真完成教学工作，也需要老师在生活中细致入微地关心、照顾学生。天冷了，我会提醒学生多穿衣服；天气干燥，我提醒学生多喝水；头发长了，我提醒学生理发；学生身体不舒服，我督促学生吃药，提醒学生多休息；学生闷闷不乐时，和他聊天，帮他分忧……渐渐地，学生们感受到了老师的爱，他们也会趁我不备时给我爱的小惊喜：当我嗓子不舒服时，我会看到讲桌上不知是谁已经接好了一杯热茶；当我课间坐在教室里批改作业时，不知是谁悄悄站在身后给我捶背……每每这时，都会有一种幸福感在我的心中升腾涌动。

学习路上且行且思是一种幸福

而今天，在北京第二实验小学洛阳分校这个大家庭里，我接触到了更多教育上的先进理念，我懂得了"以爱育爱"，对"爱"这个字有了更深层的了解，我明白了教师要以自己爱的情感、爱的行为、爱的艺术培育学生的爱心，使他们体验爱，并学会如何去爱。学习北二分的课堂文化，我知道了在课堂上教师要勇敢地退，适时地进，把课堂更多地还给学生，倾听孩子的心声，尊重孩子的独特体验。

在这个优秀的团队中，名师就在身边，专家就在眼前，我如饥似渴地学习新的教育教学理念，不断反思自己的不足之处，努力提升自己的专业素养，而在这个过程中，我也品尝到了学习带给我的幸福！

名师档案

曹园园，1982年出生，中小学一级教师。洛阳市骨干教师，洛阳市教学标兵，洛龙区优秀教师，洛龙区优秀班主任。曾获洛阳市小学语文教师技能大赛一等奖、洛阳市小学语文优质课一等奖、河南省小学语文优质课一等奖、河南省品德优质课一等奖、河南省农村教师技能大赛一等奖。参与国家"十一五"重点课题"小学生语文能力评价实验研究"。辅导的学生在省市级作文大赛、步步高书法大赛、演讲比赛中多次获奖。

|教育随笔|

洒一路歌声，采一路春光

花儿在春光中露出明媚的笑脸，柳枝在晨风中摇曳出阵阵清新，在早春的清晨，朝气蓬勃的六年级学生在老师的带领下踏出了校门，开始了他们本年度的毕业季——长途拉练活动！

孩子们排着整齐的队伍，行走在洛浦公园的堤岸上，一路欢笑一路歌。一片片美景映在孩子们明亮的眸子里，于是，一个个小诗人诞生了！

"那黄色的是迎春花吗？"

"不是迎春，是连翘！明艳的黄配上鲜嫩的绿，真是美绝了！"

"咦，这树真奇怪，没有一片叶子，从树枝到树梢，密密麻麻开满了一树的小紫花，一朵挨一朵，多像一株珊瑚树啊！"

…………

笑靥如花的学生被眼前的春光陶醉了，沉浸其中，兴奋不已！

洒下一路歌声，欣赏一路美景，不知不觉我们就达到了目的地——国花园。我再次强调安全和纪律，随着一声"解散"，孩子们便像小鸟一般投入大自然的怀抱。放眼望去，草地上打滚的，树下聊天的，花丛边赏花的，跑着放风筝的……这一刻，孩子们自由地、率性地、畅快地享受着春光的美好！

回去的路上，吴景琪主动接过麻浩然手中的旗："你歇会吧，我来举！"体型较胖的李陈博开始有些体力不支，旁边的李统一看见了，二话不说，挽起了他的胳膊，两人相视一笑，继续前行。"老师，我来替你背相机吧！"麻浩然抢过我肩上的照相机，挎在自己身上。"王振宇，走得动吗？"组长的脸上显出几分担心。"没问题，远足拉练不就是要锻炼我们的意志吗？"他扬起通红的脸，自信地说。

显然，此时的孩子们没有了来时的轻松与兴奋，但是没有一个人喊累，没有一个人掉队，从他们身上，我看到更多的是坚韧，是担当，是互助，是勇于挑战！18公里的路程，他们用双脚去丈量，用意志去坚持！他们在汗水中磨砺自我，在困难中学会坚强，在挑战中获得成长！

获奖课例

j q x

教学内容

语文S版一年级上册看图说话学拼音6。

教学过程

一、设置游戏，巩固旧知（略）

二、在游戏中学习字母 j、q、x

（课件展示课本上小鸡做游戏的插图）

师：亲爱的小朋友，有人给这幅图配了一首儿歌呢！我们一起来读读吧！同学们，这首儿歌中的"鸡""戏""七"这三个音节中可藏着我们要认识的三个字母朋友呢，你发现了吗？

生：j、q、x！

师：没错，你们的眼睛可真亮！我们先来看声母j，跟着老师来发这个音，看看谁发的音最标准。（教师指导发音方法，并示范发音，生跟着读）

师：谁愿意当小老师，带着大家读一读？（生领读）

师：小朋友们，我们来玩一个游戏，老师说"小鸡叫"，你们来接"j、j、

j"，现在你们都是一群可爱的小鸡，听老师的要求，你们来做，比比谁做得最好。

师：小鸡早上起来，特别精神，请你们精神抖擞地叫。

（学生精神饱满地接读j、j、j）

师：小鸡中午饿着肚皮叫。

（学生有气无力地接读j、j、j）

师：小鸡晚上在睡梦中甜甜地叫。

（学生面带微笑轻轻地接读j、j、j）

小朋友们，我们刚才认识了一个新朋友"j"，你们有什么好方法能牢牢地记住它吗？

生1：i字加钩j、j、j。

生2：墙上钉钩子，就像声母j、j、j。

师：你们的顺口溜编得真形象，让我一下子就记住了它的样子，了不起！同学们，还有一个字母朋友藏在"七"的音节里，是谁呢？

（生齐说q）

（引导学生认读声母q，指导发音方法。发q时，方法与j大致相同，只是气流较强些。师做示范领读，生认真观察、模仿、跟读）

师：同桌互相读一读，读得好的给他竖个大拇指，夸夸他；读得不标准的帮帮他。

师：接下来，我们要进行一个游戏——小组比赛采蘑菇，读对的同学可以采到蘑菇。比比哪组同学读得又快又准，采到蘑菇最多的一组为获胜组。

（小组比赛读）

师：同学们，你们有什么好办法记住q吗？

生1：一个9字q、q、q。

生2：p一转身q、q、q。

生3：气球带线q、q、q。

师：你们的顺口溜编得真好，请你们带着大家说一说吧！

同学们，你们看，p和q是一对孪生兄弟。谁有办法分清它俩？

生：左上半圆 q、q、q，右上半圆p、p、p。

师：这个办法不错，我们还可以用铅笔和手来摆一摆，清楚地区分p和q。

（生动手摆p和q）

师：同学们，还有个字母宝宝也迫不及待地想和你们认识呢！它藏在"戏"的音节里。

（认读声母x，强调发音方法，师示范发音方法，学生跟读）

师：同学们，我们怎么来记声母x呢？

生1：西瓜西瓜x、x、x。

生2：一个大叉x、x、x。

师：你们可真聪明！

师：接下来，我们来玩一个游戏，请一名学生带上我们今天学的三个字母卡片，边唱《找朋友》的歌，边在教室里找朋友，叫到的同学需要读他出示的字母，读对的同学就能成为他的好朋友。

（学生在玩游戏中复习j、q、x三个声母）

小朋友们，刚才我们在智慧王国认识了三个新朋友j、q、x，现在这三个朋友玩累了，让我们送它们回家吧！它们在四线格里住哪几层呢？

（生通过观察说字母的笔顺、位置，教师范写，学生书写）

（学生描红、书写，教师巡视辅导，注意学生的写字姿势）

三、学习j、q、x和韵母i的拼读

师：小朋友们，咱们刚刚认识了三个好朋友j、q、x，你瞧，它们和咱们玩捉迷藏呢，藏到这首儿歌里了，赶快找找吧！

生：它们藏在ji、qi、xi这三个音节里。

师：你有一双会发现问题的眼睛，请你当小老师，带着大家读读这三个音节吧！

（生领读音节ji、qi、xi）

师：大家还记得声母和韵母的拼读规则吗？

生：前音轻短后音重，两音相连猛一碰。

师：你们真棒！谁能直呼ji、qi、xi的四声？

（生练习直呼音节ji、qi、xi的四声）

四、学习j、q、x和韵母ü的拼读

师：小朋友们，看到你们刚才学习热情那么高，老师想奖励一个故事给你们听，想听吗？

生：想！

师一边讲故事一边放动画课件：

小ü是一个非常爱美的小姑娘，她特别喜欢打扮。有一次，她过生日，妈妈特地送她一顶可爱的小帽子。她高兴极了，就戴着自己漂亮的帽子出门玩。这时，她看见了自己的好朋友j、q、x，飞快地跑过去，准备和好朋友握手，忽然，她想起了戴着帽子和别人握手是不礼貌的，于是她赶快脱掉帽子和j、q、x握手，他们四个在一起玩得可开心了！从此，小ü一见到好朋友j、q、x就脱掉帽子再敬礼。

师：同学们，从这个故事中，你懂得了什么？

生1：音节ju、qu、xu中j、q、x后面跟的是ü，不是u，不能认错了。

生2：小ü小ü有礼貌，见到j、q、x，帽子就脱掉。

师：你还能编顺口溜帮助记忆呢，比老师还厉害！

师：谁能直呼音节ju、qu、xu的四声？同桌合作练一练。

师：我们开火车来读一读，看看哪列火车开得又快又稳。（生开火车直呼音节ju、qu、xu的四声）

你们可真厉害，老师还有一个更难的想考考你们，敢挑战吗？

生：敢！

师出示 j—（ ）→ju　x—ü→（ ）　　n—（ ）→nu

请大家在学习单上完成这个小练习。

师：谁愿意到前面展示自己的小练习，并说说为什么这么填？

（生上台展示，并说明理由）

五、学习文中的音节词和会认字

师：j、q、x除了ü这个朋友，它们还交了其他的好朋友，你看（出示音节词），这次，谁会读？

师：这么多同学都想读，我们一起来读一读吧！

师：音节会读了，那你能从中选择一个音节词说句子吗？

生：xià qí，我和爷爷坐在树荫下全神贯注地下棋。

师：多么悠闲的一个画面呀！

生：xī guā，西瓜地里一个个西瓜又大又圆，真诱人呀！

师：听你一说，我也馋了，真想尝一口呀！

师：刚才我们说到了西瓜、下棋，这里面有几个字是我们今天要学习的会认字，（生读会认字）说说你是怎么认识的。

生：我在电视上认识的。

生：我在读绘本时认识的。

师：同学们，只要我们留心，生活中我们其实可以学到很多，比如大街上、公园里、报纸书刊上等，只要我们善于观察，勤于学习，就会发现生活是个大课堂！

六、指导书写会写字

师：会认字大家都会读了，接下来，我们来写会写字。请同学们观察每一个笔画在田字格中的位置，看看你有什么发现。

生1："一"要写在横中线上。

师：你观察得很仔细，写的时候要注意起笔低，收笔略高一些。

（师示范写，生练写）

生2：我发现"二"字两横长短的不同，第一横短，第二横长。

师：你有双火眼金睛，真了不起！跟老师来写写这个字。

生3：我发现"三"的中间一横最短。

师：没错，这个字三横的长短都不同，我们一起来写写。

（师巡视指导，对学生的书写给出评价）

（本节课荣获洛阳市语文优质课大赛一等奖，有删节）

好书推荐

《做最好的老师》

《做最好的老师》是教育家李镇西老师25年的教育教学思想和智慧的精华荟萃，书中全方位地阐述了李老师的教育观、学生观、班级管理、学生心理健康、学生思想教育及语文教学的理念和实践。在他的语言中，他并没有把自己当作"专家"，更没有所谓专家的那种说教。语言朴实而富有诗意，形象而充满激情，字里行间流露的是李老师发自内心的感悟，用自己从教25年的亲身经历，告诉我们怎样做一个"最好的老师"。

梅花香自苦寒来

◎ 王聪聪

1994年8月,我从洛阳第二师范学校毕业后到白马小学任教。1994年至2005年,担任语文、思想品德学科教学及班主任工作;2005年9月至2010年7月,任副教导主任兼语文、思想品德学科教师;2010年9月至今,任教导主任兼语文、思想品德学科教师。2015年9月,调至北京第二实验小学洛阳分校工作,现任学校教科室主任。

加强班级建设,用集体的力量完善学生人格

1.建立规则意识,完善班级管理

一个优秀的班集体都会有一套相应完善的班级制度来管理,为此,我充分发扬民主精神,调动全体同学的积极性,共同制定了《安全公约》《节约公约》《班级日常行为规范细则》《班级责任岗分工细则》等一系列班级制度,督促同学们学习,做好各项常规工作,为班级工作的开展打下了坚实的基础。

2.加强家校联系,促进和谐发展

作为班主任,我深知家校联系的重要性,注重利用校信通为家校联系构建沟通、交流的新平台。认识到微信的强大功能后,我组织学生家长建了微

信群，将学生在校时的课堂表现、活动中的精彩瞬间、优秀的作业都及时拍照上传，使家长随时了解学生情况；并将有关教育类精彩文章进行转发，引导家长能理性关注孩子成长。这些有效沟通促进了学校、老师与家长之间的和谐相处。

探索教改之路，让教育的理念促进自己成长

自参加工作以来，我始终不忘要做一名优秀教师就要终身学习这句话。英语专科、汉语言文学本科学历的取得使我既能教语文，又能教英语；这样的专业知识也使我成为教导处主任分管语文、英语教学时，能够更好地与两门学科教师进行沟通交流。

通过学习新课标及多次参加区教体局组织的"心课堂"培训，我能深刻认识到课堂应该是生态的、生活的、民主的、自由的。我认真钻研杜郎口及杨思中学教学模式，在实践摸索中，结合学校"先学后教，当堂达标"的教学改革，使自己的课堂有了巨大的转变；通过共同制订学习目标，经过课前预习，课堂小组交流、展示、分享，学生学会了主动学习，整个课堂达到文情、师情、学情，"三情共振"；教师、学生、文本三者之间不断产生心灵的碰撞。

探寻教育高度，促教师的发展前景更加广阔

2005年9月至2010年7月，我开始任学校副教导主任；2010年9月至今任教导处主任，主要负责学校语文、英语学科教学，课程改革，课题研究，教师专业化成长，学生大阅读活动，校本课程开发等工作。走上教导主任的工作岗位后，我的视野不再局限于自身的教育教学实践探索。我要探寻教育的高度，促

使全校教师专业化发展及人文素养的提升。

1. 进行教学改革，促进教师专业化发展

2008年9月，在于会平校长的带领下，我和语、数教师首先开始了备课模式的改革探索，2009年9月，转入课堂教学模式的改革。经过两年的实践，2011年9月，"先学后教，当堂达标"的课堂教学模式基本成型，这一模式有效促进了学校及教师教育教学水平的提升。《教学设计的改革与实践》获2010年省教育科学研究优秀成果二等奖。

在西工区整体推进课改的大环境下，作为主抓学校教育教学改革的教导主任，在校长和业务副校长的带领下，在前期进行课改实践的基础上，将"先学后教，当堂达标"又提升到"双学"模式。我组织语文教师参加了2012年度基础教育科研课题实验，经过一年的实践，市教育局学科专家鉴定组鉴定，"'双学式'小学语文新型课堂的构建"课题实验获市一等奖。

2. 归纳梳理教材，引领教师把握教学要点

为了便于语文教师把握教材，我将一至六年级的知识要点进行归纳整理成表格后发放给全体语文教师。这份表格有效帮助了语文教师快速把握本年级知识要点。当时的区教研室副主任白鼐看到我整理的各年级知识要点后很吃惊，在全区的教育教学工作会上进行了宣传。

3. 组织多种培训，指导新教师快速成长

2009年至今，学校分进20余名新教师，为使新教师能尽早胜任教育教学工作，尽快由"入道"发展为"得道"，我指导新教师围绕区教体局"心文化·心教育·新生态"的发展主题制订个人成长规划，组织新教师学习"心文化"的五块基石——心管理、心课程、心课堂、心环境、心成长（教师文化和学生文化）的有关内容，培训内容尽量做到实用和内需，有效促进了新教师专业水平及人文素养的快速提升。

4.开展课题实验,有效促进教师专业提升

2004年,我校承接了教育部基础教育课程发展中心的"小学生语文能力评价"课题实验。作为负责学校课题研究的教导主任,我带领12位语文老师参加课题实验,出色地完成了实验任务,学校被教育部授予"小学生语文能力评价样本校"的荣誉称号,学校被评为"优秀实验学校",12位实验教师的论文分别获得国家级一、二、三等奖,我个人也获得国家级优秀实验成果奖。2006年10月,该课题被河南省基础教育教学研究室评为一等奖。

2006年,市教研室又组织全市包括县区共48所学校开始第二轮课题实验,由于在第一轮实验中的出色表现,我被市教研室刘津萍老师选为组长,带领本校及偃师、汝阳的9所学校参加实验。经过三年的试验,为教师搭建的专业化成长平台使教师的教研能力有了提升,专业素质得到发展,实验教师的论文、实验成果也多次获得国家级、省级、市级奖励。2009年7月,"小学生语文综合能力评价实验研究"顺利结题,学校再一次被教育部基础教育课程教材发展中心评为"优秀实验学校"。

2007年,我校承接了中央电教馆"汉字输入与识字教学相整合及其标准化研究"的实验课题。我带领四位实验教师,经过三年的教学实验,圆满地完成了实验任务。

2012年5月,我负责省规划办课题——"小学责任教育"的研究。为使"责任教育"更具科学性、规范性、推广性,2012年7—8月,我组织学校36名思想品德教师进行《责任教育》校本教材的编写,随后进行培训,并组织教师依据教材中所设计的当月活动主题,指导开展当月主题教育活动。2013年6月,该课题顺利通过省规划办结题验收。

除此之外,我还多次帮助青年教师修改论文,指导青年教师上公开课。近几年,由我指导的青年教师的语文课、思想品德课、劳动课多次获得省、市、区级奖励。

改变工作环境，寻教育的梦想实现之路

尼采说人的精神有三变：一变而成骆驼态，学而不厌，充实自己；二变而成狮子态，独树一帜，居高声远；三变而成婴儿态，回到初心，从零开始。

2015年9月，我调入北京第二实验小学洛阳分校后任教语文学科，并担任四年级班主任及教科室主任，负责学校课程开发及课题研究等科研工作。新的环境，新的工作，新的同事，一切回到初始，从零开始。

1.班主任工作

作为班主任，要通过日常的班级生活实施德育、管理和引领学生健康、全面发展。德育——根本性职责；管理——前提性职责；引领——方向性职责。

我们这个班有44人，其中三年级分班分出23人，转学进入21人，来自于各个学校的孩子们走到一起，学习习惯不一样，知识程度不一样，家庭环境不一样，家长素质不一样，这样的班级管理起来难度必定很大，怎么做才能让班级学生快速凝聚在一起，"身心健康、良好习惯、乐学善思、多才多艺"地向前走呢？

李烈校长说："最有力量的教育一定是真实的教育。围绕孩子真实的生活引出教育问题，让孩子亲历求知、交往的过程，不是模拟、旁观，而是身临其境；之后用自己的话总结、分享，在碰撞和交流中体会生命的真谛、吸纳文明的精髓。"

学生成长路上需要的帮助是：有一个关注者——亲切和赏识，宽容和期待；有一个指导者——及时和热情，鼓励和支持。因此，我将自己的班主任工作思路设定为四点：在情感关注上造氛围，勤沟通；在学科教学中低起点，稳步行；在行为养成上反复抓，抓反复；在活动教育中重参与，轻评价。

营造班级爱的氛围，那是班主任要做的第一步。我带领学生走遍校园每

一个角落，选择自己喜欢的校园景观，拍成照片，然后制作成彩页，粘贴在教室后面的生活柜上。生活柜上还有孩子们从家中带来的各种绿色植物及我带来的小金鱼和小乌龟。这些班级环境的布置，给班级创造了家的温馨感觉，让每一个孩子走进教室都能感受到这里是一个充满"爱"的地方。

圣诞节前一天，孩子们给我和搭档英语老师送来了平安果；圣诞节这天，我们给孩子们送上了甜蜜的巧克力，孩子们乐翻了。

本学期最后一次"家长讲堂"，路一凡的妈妈去给每一个孩子买了一本可以锁住小秘密的"密码本"作为新年礼物；孩子们打开瞬间都欢呼起来，因为密码本里有语、数、英三位老师的新年祝福！

各学科的课前"精彩两分钟"，激发了学生自主学习兴趣，学生参与意识加强，查阅资料、制作课件的积极性空前高涨。

以"读写绘"形式促阅读。按照学校的读书要求，将书目及"读书报告单"发送至班级公邮，然后指导孩子们图文并茂地再现所读书目，并加以家长评价。孩子们在读书中、在"读书报告单"填写中快速成长，极大地激发了学生阅读兴趣。

带领学生做思维导图，培养学生的思维能力、理解能力、语言组织能力。根据课标设计习作评价表，让学生在评价中明晰写作要点。利用微信，每天对学生进行适时教育。

为了让每一个孩子都有班级管理意识，我设计了一张"班级小岗位设置表"。分为"纪律岗位""学习岗位""生活岗位"三大类别，每一类里又包括若干小类，涉及班级学习、生活中的方方面面，学生根据自己的兴趣报名，然后我又进行了微调，最终确定的岗位确保每一个孩子都能为班级贡献一份力，都有了"班级是我家"的意识。有了这样的意识，班级事务孩子们都能做到自觉主动地去完成，而且效果良好。

科技节、足球赛、跳绳节、演讲比赛、数学节……给予每一个学生参与的机会，让孩子亲历求知、交往的过程，不是模拟、旁观，而是身临其境。

2.教科室工作

担任教科室主任这半个学期，我带领语文老师进行了经典诵读校本教材的课程发开；四月份组织开展全校范围内学生全员参与的"教育戏剧进校园"活动，活动的开展得到了师生、家长及社会各界的好评；组织各学科老师参与申报省、市、区科研课题十余个，市级英语学科课题研究已经立项并开始了前期的调研工作；7月中旬，学校领导又参加了省基础教研室组织的"河南省基础教育课程改革的问题与研究"课题会议，张校长就我校前期的课题研究及基础教育改革做了专题汇报，获得好评。

"梅花香自苦寒来"，二十余载不懈的努力，全心全意的工作态度，使我在教育教学工作中，取得了非常显著的成绩，得到同事、学生、家长的一致赞誉。

名师档案

王聪聪，女，1976年出生，本科学历，中小学高级教师，中共党员。

多次主持国家级、省级重点课题，并获奖；参加市中小学教师教学技能竞赛活动获一等奖；多次荣获市、区级优秀辅导员、优秀班主任荣誉称号；2006年被评为西工区第一届"名师"；2011年成为洛阳市小学语文学科专家库成员；2013年9月荣获"西工区优秀教师"荣誉称号；2014年荣获"洛阳市优秀教师"荣誉称号。

| 教 育 随 笔 |

至真至美至情怀

——观北京亦小、府学后感

2016年10月21日,北京,细雨霏霏,秋意浓浓。

清晨七点,我们乘车前往北京亦庄实验小学。亦小于2013年9月开始招生,学校成立至今才3年时间。可短短三年,这里就因"全课程"教育理念而享誉全国。今天,是我第二次走进亦小,再次走入,仍被学校的现代化设施所震撼:数字电影院、电视台、录音棚、微格教室、开放式电子图书馆、体育场馆……硬件设施一流。

120平方米的国际化多功能复合教室,图书阅读区、多媒体浏览区、休闲活动区,都整合在一间属于学生的教室里。每个班级都放有数码相机、摄像机、笔记本电脑、打印机等现代化设备以便及时记录学生学习、活动。这里的教室风格迥异,教师和学生可以打造具有自己独特气质的班级。除了风靡的"全课程",迎接孩子们的还有大量有趣的课程:戏剧课程、电影课程、综合艺术课程、儿童金融课程、乐高机器人课程、危机应对课程、游戏课程……走廊内,教师的"品牌周"活动宣传,小剧场的演出海报,历史步道的精心绘制,李净洋的师生美术馆……在亦小,你感受到的是无处不在的现代气息,是一切为了学生全面发展的教育理念。

走出现代化的亦小,我们又乘车来到北京市东城区府学胡同小学。这所学校始建于1368年,是一所仍保留孔庙建筑风格的现代学校,真正称得上历史悠久。

细雨蒙蒙中,我撑着雨伞来到府学门口,面对雕梁画栋的朱漆红门,门内幽静的青砖灰瓦,苍松翠竹,让人恍然有穿越之感;再品横匾上的两字校名"府学",发现无论正念倒念,都亦成意,韵味非凡。

迎门，一小四合院，"敷礼明伦"殿位居其中，上联"乃学乃思天邑垂星敦教化"，下联"载冬载夏紫轩熏日贯虹霓"，细读几遍，好有气势！

左侧穿门有一小院，迎门上书"修其天爵""教以人伦"，横批"善教"，静雅的小院内是学生学习"书、棋"之地。

右侧穿门也有一小院，门两侧书"学知不足""业精于勤"，横批"向学"，绿竹掩映的院内是集传统与现代为一体设计的"琴、画"之所。

一左一右，琴棋书画；古老的建筑，现代的设备；外在的优雅，内在的古韵……怎用文字形容描述？

随众人穿廊过道来到大成门，进门膜拜孔子像，观600余年间记录府学历史的各种石碑，赏气势恢宏大成殿，览文天祥祠、奎星阁、天邑池，"智者乐水，仁者乐山"，山水相依，仁智相伴。

时间匆匆，步履匆匆，短短时间内，让人来不及细赏这里的一草一木，一殿一堂，以及无处不在的彰显中华传统的各种楹联。但是这匆忙之中，我们亦能感受到府学校长马丁一所说的，"博文约礼游六艺，府学学府集大成"。府学人不懈追求着"古老与现代的交融，东方与西方的碰撞，在沐浴传统中体验现代，在体验发展中携手共享成长"。

亦小，府学，两所学校，多重感受，至真至美至情怀！

| 获 奖 课 例 |

范仲淹的故事

教学内容

语文S版五年级下册16课。

教学过程

一、导入新课，出示目标（略）

二、小组学习，达成目标

（一）让我们先来完成学习目标1，请大家再次默读目标1，想一想，目标1要求我们学什么？怎么学？

看明白了吗？好，在进行小组活动前，我们通过抽取学习任务单的方式来确定小组活动的具体内容，请小组长上台抽取学习任务单。（小组长抽取学习任务单后，让本组同学明白签上的内容）

大家都清楚要学习的内容了吗？好，下面进入小组活动。

1.好，时间到。哪个小组愿意和大家分享第一个故事。

（小组A展示）

师评价：

◆你们小组很擅长分工，有人读句子谈体会，有人有感情朗读，有人写板书，还有人进行补充，非常有条理。老师发现你们不仅会分工，在谈的时候还很有方法，你们勾画出了重点句"累了，就用冷水洗脸；饿了，就用稀粥充饥"，体会到了范仲淹读书时的刻苦。你们还能标注关键词语"只身远赴""废寝忘食"二词，体会出范仲淹如饥似渴地学习，并进行了批注，你们的学习方法很好，值得大家学习。下面的同学，请你们为这一组进行补充。

◆真好，你还查了资料，了解到范仲淹从家乡出发，翻山越岭，长途跋涉，从山东老家淄临到河南商丘的应天府书院，他一路艰辛，就是为了能多学一些知识，将来实现自己的抱负。掌声送给这一组汇报的同学们。从这一组同学的汇报中我们看到了一位废寝忘食、刻苦读书的范仲淹。

2.范仲淹的第二个故事，哪个小组来展示呢？这个小组已经迫不及待地走上讲台。

（小组B展示）

师评价：

◆他们讲的是"划粥割齑"这个故事。听了他们的汇报，下面倾听的同学们，你们有什么想说的吗？（同学补充）你很了不起，会联系下文"谢绝佳肴"这个故事，更深刻地体会了范仲淹生活清苦，发奋苦读，你的补充很到位。

◆谁再来补充？（同学补充）你结合了自己的生活条件和学习态度，又想象着范仲淹当时的生活条件，你觉得自己很惭愧，决心要像范仲淹一样刻苦学习。你用书来审视自己的生活和学习，懂得了读书的意义。你真的很棒！

◆其实，我们不难看出范仲淹之所以起早贪黑、和衣而睡，5年未解衣就寝，就是为了能早日实现他远大的抱负。你们的汇报带给大家一位生活极其艰苦却又发奋苦读的范仲淹。很精彩，请回！

3.过渡：如果说，范仲淹小时候是因为家境贫寒，不得不生活清苦的话，那么，长大后当美味佳肴无偿送给他的时候，他仍然不吃，坚持粗茶淡饭，这又是为什么呢？我们有请第三小组来为大家分享他们的理解。

（小组C展示）

师评价：

◆听了你们组的分角色朗读，我从范仲淹和他朋友的对话中明白了，原来朋友送他的佳肴，他不是不想吃，而是不敢吃，他担心吃了鸡鸭鱼肉，以后就再也咽不下粥和咸菜。他想用这样的方式来磨炼自己的意志，以实现他"先天下之忧而忧，后天下之乐而乐"的志向。你们抓住了人物的语言，谈出了自己的感受，体现了本课的重点。

◆请倾听的同学为这个小组的展示进行简单的评价。（同学评价）老师和你一样喜欢他们栩栩如生的表演和声情并茂的朗读，大家想不想读一读？那就请男同学读范仲淹的话语，女同学读朋友的话语。从你们的朗读中，我深深地体会到了范仲淹已经达到"静心苦读,不以物喜,不以己悲"的境界。是呀,他今天能拒绝,当官后就能拒绝。范仲淹这同时也是在修身呀!

4.最后一个故事,请你们组!

(小组D展示)

师评价:

◆你们组通过对比其他师生和范仲淹对见皇帝的不同表现,体会出范仲淹的自信、刻苦。这种方法很恰当。一句"将来再见也不晚"终将注定范仲淹相信自己经过努力,一定能够见到皇帝的。有一句话是这样说的:"机会总是留给那些有准备的人的。"范仲淹最终参加了由皇帝主持的殿试,成了有所作为的宰相,实现了自己的远大抱负。谢谢你们的汇报,请回到座位!

师总结: 同学们精彩的汇报,给我们展现了一个发奋苦读的学子形象,范仲淹的刻苦成就了他的一生,他如愿地走上了治国爱民的从政道路,实现自己"先天下之忧而忧,后天下之乐而乐"的远大志向和抱负,让我们再一次回味范仲淹当年的那句话。

(齐读。我的志向,要么当个好大夫,要么当个好宰相。好大夫为人治病,好宰相治国为民)

(二)完成目标2的学习

过渡: 范仲淹是这么说也是这么做的,他的一言一行都深深地感动着我,感染着每一位同学,那么相信在你的身边也一定有这样一个熟悉的人,他的某些言行让你深深地感动过,他的品质让你由衷地佩服,请拿起你的笔,写一段话,注意抓住人物的言行,突出人物的特点,你还可以接着大屏幕上的其中一段话,往下写。给大家五分钟的时间完成这节课的第二个目标。

(全体学生写片段)

写完后和你的同桌进行交流修改。请已经完成的同学上台展示你写的片段。(若干学生展示)

通过刚才几位同学所写片段的展示，我相信大家对这样的写法有一定的认识，希望同学们在今后的写作过程中正确恰当地运用。没有完成的课下继续完成。

（本节课为洛阳师范学院国培班展示课，有删节）

好书推荐

《教师阅读地图》

《教师阅读地图》是一本对教师的专业发展有极大帮助的书。本书系新教育实验教师专业发展项目用书，是教育部重点课题，是专业阅读子项目指导手册，可供中小学老师专业发展使用，也可供相关研究者参考。通过这张教师阅读地图，你会找到属于自己的合理阅读路径和最适合你自己阅读的书。

实践中学习,探究中成长

◎ 雷 明

从一名大学生成为一名小学教师,再成为一名洛阳市名师,我一共走过了十四年的历程。回顾成长历程,领导的关心,专家的引领,同事的帮助,促使我一步一个脚印,在实践中学习,在探究中成长。

勇攀高峰的目标——专业成长的路标

初为人师,为了加快自己专业成长的步伐,根据自身的实际情况,结合学校制定的青年教师专业成长规划,我制订了自己的十年发展规划:

一、三年内,努力修炼"内功",使自己成为一名称职的语文教师。

在这期间,我取得了洛轴集团公司普通教育处优质课比赛一等奖,普通教育处教案、作业批改评比一等奖,普通教育处演讲比赛二等奖……这些成绩的取得,为下一步的发展奠定了坚实的基础。

二、四至六年,向名师学习,积极参加各级各类的教育教学专题研讨会,开阔视野,取长补短,使自己成为在涧西区有一定影响力的教师。

其间,我利用一切外出学习的机会,不断充实自己。我先后参加了在湖北襄樊举办的"全国小学语文学法指导研讨会",在广西桂林举办的"全国小学语文（S版）阅读教学研讨会"，多次参加洛阳"牡丹之春"小学语文优质课比赛……通过观摩名师的课堂，我从中收获了许多宝贵的经验，加快了成长的步伐。我先后两次取得了涧西区优质课比赛一等奖。

三、七至十年，整理、完善自己的教学风格，形成自己的教学特色，使自己成为一名优秀的语文教师。

我不断自我加压，积极要求参加各级各类比赛。其间，我先后获得了洛阳市语文优质课比赛一等奖、河南省语文优质课比赛一等奖、河南省论文评比一等奖，并先后被评为洛阳市优秀教师、洛阳市名师、涧西区名师。

我经常告诫自己："一个个目标就像是一个个路标，明确了目标，才能大阔步地前进，避免走弯路。"我庆幸自己是这样说的，也是这样做的。

精益求精地工作——专业成长的奠基石

教师是育人的职业，来不得半点马虎。在长期的语文教学中，我精心备课，精心上课，把功夫用在平时，力求精益求精。课余时间，我几乎将自己所有的时间都用在钻研业务上。为了给学生上好每一节课，我认真备课，反复推敲，唯恐遗漏一个知识点；为了让每一个学生都得到更好的发展，我因材施教，耐心辅导，唯恐落掉一个学生；为了不断提高自己的教学水平，课后我总是自觉地开展自我反思，找出不足，提升经验。

为了更好地提高学生的作文能力，我利用课前的几分钟时间让学生朗诵诗歌，读报纸上的新闻，谈自己最近生活、学习中的感受，以此训练学生的口语表达能力；在课堂上，我经常鼓励学生发表各种不同的观点，并顺势给予引导，使学生敢于表达自己内心的真实感受；课外，我鼓励学生广泛阅读各类书籍，丰富自己的阅历，提高自己的文化修养。同时，我积极提高自己的作文指导能力，并于2004年参与编写了《满分想象作文》一书。辅导学生先后两次在华人作文比赛中荣获一等奖。

参加优质课比赛——专业成长的催化剂

十三年来，我先后参加了四个层次的优质课比赛，从中得到了很大的锻炼，业务水平逐渐提高。

2002年10月，刚刚参加工作一个月，我就代表学校参加洛轴普教处举办的青年教师优质课比赛。我从内心感谢学校领导对我的信任，但我深知这既是机遇，更是挑战。为了不辜负大家的期望，我积极准备，反复修改教学设计。为了使自己的教学语言更加精练、准确，为了让自己的教学更加自如，我一个人在空荡荡的教室里，一遍一遍地试讲；遇到不满意的地方，停下来，认真斟酌。最终，我获得了一等奖。这节课的成功具有很大的意义：一来，它让我变得更加自信；二来，它为我提供了更加广阔的施展自己才能的舞台。随即我又参加了涧西区语文优质课比赛，最终也获得了一等奖。

2007年4月，经过层层选拔，我代表涧西区参加了洛阳市"牡丹之春"小学语文优质课比赛。从整个比赛的过程来看，我的收获很多，感触也很深。前后一直不断地磨课，不断地到兄弟学校试讲，不断地接受各位专家——洛阳市教研室刘津萍老师、涧西区教育局刘桃玲主任等提出的宝贵的修改意见。短短的一个月，我恍然大悟："语文课堂原来是这样的，语文课原来这样上才会有滋有味。"我自己也曾说过："在这次磨炼中获得的经验，要远远超过自己上班五年来所有的积累。如果没有这次经历，不知我还要在原点上徘徊多少年呢！"

2008年10月，我又代表洛阳市参加在焦作举办的河南省第七次小学语文阅读教学大赛。有了前一次成功的经验，有了对语文教学更深层的认识，同时，经过了上一次比赛的历练，我变得更加成熟，也变得更加睿智。课堂上，我以幽默的语言、大方的举止赢得了评委和老师们的好评，最终又一次获得了成功，拿到了一等奖。

渐渐地，我的课堂多了几分朴实，少了几分浮华；多了几分扎实，少了几分空洞……课堂上，学生们尽情施展着自己的才华，畅谈着自己的理解。课堂成了师生、生生交流的平台。同时，我也能够做到收放自如，使课堂达到开合有度，跌宕起伏。在洛阳市2014年中小学教师优质课评比活动中荣获优秀辅导奖；在洛阳市2015年中小学教师优质课评比中，习作课《学写请假条》荣获小学语文学科一等奖。

坚持不懈地科研——专业成长的法宝

作为一名青年教师，我非常重视教科研工作，经常和校内外的教师进行深入的交流。我经常将自己的研究成果通过课题实验课、课改沙龙等形式展示给广大教师，使大家互相学习，互相提高。

教科研并没有大家想的那么神秘。在平时的教学工作中，只要遇到困难，我就会和同组的教师一起探讨。2003年，我担任我校"小学语文学会学习"课题组组长，同时我还是"综合实践活动"课题组的成员。2005年，我参加了教育部"十五"规划重点课题"小学生语文能力评价实验研究"，经过两年的实验研究，按计划完成了实验任务，顺利结题。

2004年，我参加了中央教育科学研究所"十五"科研规划重点课题"中小学生作文个性化发展研究"课题实验。实验中，我深入探究，及时总结，取得了许多成绩。我执教的习作课《我与奥运》荣获国家级二等奖。我撰写的论文《优化阅读方法　提高作文能力》发表在课题专用期刊《课题通讯》（刊号：CN22—1328/C）2005年第1—2期上。

2007年，"小学生语文能力评价实验研究"课题的第三轮实验研究工作开始。为了搞好教育科研工作，我制定了一系列的实施措施，每周组织课题组教师进行一次交流活动，并进行自我反思，从中总结出宝贵的经验，以便更好地开展课题研究。通过参加教科研活动，提高了自身教学研究能力，由我本人撰写的多篇论文均获省、市一等奖。

2015年，我参加市级课题"小学语文阅读教学中渗透习作训练的策略研究"的实验研究，并于2016年顺利结题。

走进北二分——专业成长的强针剂

2015年9月，我走进了北京第二实验小学洛阳分校这个温暖的大家庭。先进的教育理念、系统的课程体系、优越的教学环境、高素质的教师队伍都令我心潮澎湃，更激发了我不断进取的决心。令我感动的是领导无微不至的关怀，同事细致入微的照顾，我们犹如一家人在轻松、愉悦的氛围里工作、学习、成长。

刚到北二分，学校就安排我担任美茵一年级组组长，协调25位家人日常的教育教学工作。我向同组教师学习，积极为大家排忧解难，大力宣传正能量，将全组家人拧成一股绳，使每位家人感受到团队的凝聚力。在平时的教学工作中，我处处以身作则，对每项工作都高标准、严要求。学期末，我被评为学校"十佳精彩教师"。

正所谓"站得高，看得远"，来到北二分，我学到了先进的教学理念，"以爱育爱，爱育精彩"让我领略到了教育的真谛；系统的课程体系令我大开眼界，丰富多样的活动让我真切地感受到了教育广阔的天地。短短一年，学校为我提供了许多学习的机会，到北京参加一年一次的"大爱杯"，到杭州参加"千课万人"教学观摩，到贵阳参加视导活动……一次经历就是一次宝贵的财富。同时，学校也为我建搭了平台历练自己，在洛阳市智慧课堂活动中，我和其他两位老师同上一节课《年、月、日》；在洛龙区"名师1+3"活动中，担任主持人，安排、协调一天的培训任务；参加洛阳市小学语文教学研讨会，为全市小语人做口语交际课《学习打电话》；参加总校第五届"大爱杯"课堂教学研讨活动，并一举夺得"大爱杯"……一次历练就是一次进步，我的教育教学能力得到了不断提升。展望未来，我信心满满，我将朝着更高的目标奋进。

名师档案

> 雷明，男，1983年出生，中共党员，本科学历，中小学一级教师，河南省小学语文教学研究会会员，洛阳市名师，洛阳市优秀教师，洛阳市优秀班主任，北京第二实验小学洛阳分校首届"十佳精彩教师"。在各级各类比赛中屡次获奖，多次应洛阳市教师进修学校邀请为各区语文教师进行教学培训，多次应洛阳师范学院文学院的邀请为国培班学员做报告……2013年10月8日，《洛阳晚报·教育周刊》对其先进事迹进行了专题报道，反响强烈。

教育随笔

静待花开时

"雷老师，我发现自己的宝贝自从上了小学就变懂事了，突然间发现孩子长大了，感觉省心了！""我的孩子进步很大，回家后知道帮助我们洗碗、拖地……""孩子回家后总是夸学校有多好，老师有多爱他们，我们感到很幸福。"一声声发自肺腑的真情流露，一句句充满感动的只言片语，家长们的话语让我感到累并快乐着!

　　回想孩子们刚入校的情景:有的不愿上学,哭得撕心裂肺;有的唯我独尊,不把任何人放在眼里;有的我行我素,想干什么就干什么……不知道什么是上课,上课铃声响了,还有孩子在操场上悠闲地"散步";不知道什么是路队,站队时有的孩子你推我挤、打打闹闹;不知什么是轻声慢步,下课铃一响,孩子们便蜂拥而出、你追我赶,喊叫声此起彼伏……一切都显得那么无序。但,孩子毕竟是孩子,他们是一群天真无邪的小天使,他们是一帮渴求知识的小精灵,他们是一伙充满个性的小可爱。

　　正是意识到这一点,我俯下身子和孩子们交朋友,询问他们喜欢玩什么,喜欢看什么动画片;课堂上,从一点一滴教起,教会孩子们如何摆放书本,如何举手发言,如何握笔写字,如何倾听别人发言;课下,教会孩子们如何上、下楼梯,如何注意安全;吃饭时,教会孩子们如何文明就餐,如何节约粮食……一件件小事始终装在我的心中。我把学生真正当成了自己的孩子,对待他们多了一份贴心和耐心。针对孩子们容易出错的地方不厌其烦地讲,一次不行两次,两次不行三次,反复讲,时时讲,处处讲,发现问题及时讲,抓住亮点放大讲……我就这样坚持着、努力着,从点滴做起,从细节做起,虽然嗓子都沙哑了,但看到孩子们一天天进步着,心里备感欣慰!

　　而如今,一个月过去了,你再看看孩子们的表现,用"翻天覆地"来形容毫不为过。乱扔垃圾的孩子少了,随手捡起地上纸屑的孩子多了;见到老师躲闪的孩子少了,自信、大方地向老师问好的多了;课间追逐打闹的少了,文明游戏的多了……孩子们良好的行为习惯逐渐养成,而这必定会使他们受益终生。

获奖课例

永远的歌声

教学内容

小学语文S版教材六年级上册第11课《永远的歌声》。

教学过程

一、谈话激趣,导入新课(略)

二、细读课文,理解"歌声"

1.交流与思考

根据学生的发言情况,顺学而导,引导学生体会这"歌声"中所包含的内容。

2.引导学生体会"学生对老师的爱"

预设:

(1)第7自然段

放学的路上,二牛拽住我,悄悄地问:"是男子汉吗?是,明天就跟我进东山去!我知道东山石沟里有样草药叫烟袋锅花,专治咳嗽,老师一吃准好。"我马上想起大人告诫的东山不能去,山里有狼,可还是立即使劲地点了点头。

①生:"我马上想起……",从"立即,使劲"可以看出作者也想早点治好老师的嗓子。

师:你找得很准确。"立即"说明反应——(生:快)对,果断。"使劲"呢?(生:用力点了点头)说明态度很——(生:坚决,坚定)。

师:很好,把你的理解带进去再来读一读这句话。

②**师**：这里有一对近义词，请你读一读，想一想，你能从中读出什么？

生："我马上想起"说明对告诫的印象很深刻。

师："告诫"是什么意思？

生：警告，劝诫，劝告。

师：大人们会如何警告孩子们呢？

生：你可不能去东山呀，那里有狼，很危险。

师：（疑惑地问）山里真的有狼吗？

生：有。

师：从哪能看出来？

生：第9自然段。（生找出，读）

师：你会联系后文思考问题，这是一种多好的学习方法呀！联系后文思考问题，能帮助我们更好地理解文章。看来山里真的有狼，不是大人在吓唬我们，如果是你，你还敢去吗？

预设：

第一种：敢。你像作者一样爱老师，请你读一读。

第二种：不敢。是啊，作者也犹豫了一下。那你不爱老师吗？（生：爱）你会怎么做？（生：寻求家长的帮助）对，在自己遇到困难时可以寻求家长的帮助，你是一个理智的孩子。

③**师**：再读这一段，看看还有什么发现？

生：二牛是一个特别有办法的人，"一吃准好"说明他很有信心（有把握，自信）。

师：自信的二牛，你来读一读！

师小结：我们从这一段中体会出学生对老师的爱，你还从其他地方找到了吗？让我们继续交流。

（2）第8自然段（略）

（3）第10自然段

在大人们的责骂和追问声中，我们委屈地向老师献上了草药和小鱼。老师一下搂住我们脏乎乎的身子，哭了，泪水一滴一滴掉在我们脸上……

①生：从"老师一下……脸上……"体会到老师也很关心我们。

师：老师为什么哭了？

生：老师看到我们采来的草药，很感动。

师：纯朴的行为，真挚的情感，震撼了这位年轻漂亮的老师，她流下了感动的泪。

（感激，喜悦，幸福……）

②师：大家交流得这么好，老师也想读一句，你们来评一评：在大人们……送上了……

生：应该是"献"！

师："送"和"献"在表达上有什么不同？

生："献"更能体现出学生对老师的爱戴和尊敬。

师：你不仅善于倾听，还善于思考，你真是我的一字之师。一个"献"字就表达了学生对老师的那份崇敬，看来准确地使用词语就能恰如其分地表达我们的真情实感。

"学生爱老师"部分小结：通过刚才的交流，我们体会到学生对老师的（生：爱）——真挚的热爱。（板书：热爱）

3.引导学生体会"老师对学生的爱"

这究竟是一位怎样的老师，值得学生如此热爱呢？请同学们回到前文找一找。边默读边批注。

（1）"我们的老师是个从城里来的……漂亮"

生：可以看出老师是一位年轻、漂亮的老师。（生板书）

（2）"她用好听的嗓音……"

生：老师的嗓音很好，不仅教我们学习，还教我们唱歌。（生板书）

（3）"我还和姐姐争论……"

生：这是一位很有知识的老师。（生板书）

（4）"那是一所什么样的小学呀，……"

生：学校很破旧，可老师还是留在这里教我们读书，老师很爱我们。

师：学校这么破旧，可老师是从——城里来的，她没有在城里教书，而是来教我们这群农村小孩，说明这位老师很有——（生：爱心，无私……）。（生板书）

师：多么美好的心灵呀，甘愿舍弃城市的繁华，留在这里教我们，这就是老师对我们的（生：爱）——无私的关爱。（板书：关爱）

（5）**师：**那么，这样一位漂亮、嗓音好、有知识、有爱心的老师，作者是怎样评价她的？

生：我说，我们老师好，样样好，天下第一好。

师：我听出你们为有这样的老师而自豪！

（生分别朗读："我说，我们老师好，样样好，天下第一好。"）

师小结：我们这样一群扎着小辫儿的、流鼻涕的、剃光头的农村小孩，正是因为有了这位来自城里的漂亮老师的关爱才有了童年的欢乐，才有了学生对老师的热爱。（串讲板书）

三、感悟"歌声"，总结升华

师：是啊，文章的字里行间流淌的都是浓浓的爱，那么为什么作者不以"永远的爱"为题，而要以"永远的歌声"为题呢？

生：因为这歌声让作者难忘。

师：哪些段落描写了歌声对作者的影响之大、印象之深？

生：第1、11、12自然段。（生简单谈体会）

（师示范读第1自然段，生读）

四、总结全文,升华主题

师:如山间清澈的小溪流淌在作者心田,回荡在作者耳边的是歌声,这些歌的内容是什么呢?

生:①小放牛。

②师生间深厚的情谊。

③童年的欢乐。

师:这永远的歌声还包含着什么?

师:是呀,作者和他的小伙伴,还有老师,就像那乐谱上跳动的音符,共同谱写了一曲爱的赞歌。这歌声如潺潺的小溪缓缓地流进我们的心田。让我们感受、捕捉无形的爱,弘扬、传承伟大的爱,用心谱写人生爱的华彩乐章!

(本节课获河南省小学语文优质课大赛一等奖,有删节)

| 好书推荐 |

《小学语文情境教学》

《小学语文情境教学》以作者亲身主持的小学语文教学改革和研究成果为基础,创造并构建了情境教育理论体系和情境教育基本模式,提出了小学低年级采取"识字—阅读—作文"三线同时起步,中高年级强化"四结合大单元教学",以优化小学语文教学结构的思想。在与青年教师的"系列谈"中,李吉林始终高屋建瓴地把握着情境教学——情境教育的精髓所在,给予她的弟子们的,不仅仅是一种教学法的技艺传授,更是现代教育思想的悉心贯注。

不为金玉贵，甘当孩子王

◎ 李新惠

带着青春的无限激情，满怀对教育事业的真诚，1995年洛阳二师毕业后，我踏入了教育工作这片热土，成为一名光荣的人民教师。在洛阳市教育局直属第一小学工作近20年后，2014年9月来到北京第二实验小学洛阳分校这个充满爱的大家庭，继续我的教育之梦。

塑师德，铸师魂

从事教育工作二十多年来，面对天真可爱的学生、心爱的教育事业，我一直坚持着一丝不苟的工作作风。坚持每天早来晚走，经常深入教室排查班级矛盾和孩子们的学习困惑。与学生同劳动、同学习、同休息、同锻炼、同欢乐、同悲伤，始终以一种敬业、乐业、奉献的精神默默耕耘，始终把培养下一代作为自己至高无上的事业。"言传身教"是我作为引导者、领路人而一贯奉行的工作作风。要求学生做的，自己必须先做到；不允许学生做的，自己坚决不做。在日常生活中，规范自己的言行，以良好的道德风范，对学生实施教育，以身作则，言传身教，时时处处起到表率作用。

2005年9月，获洛阳市"优秀教师"荣誉称号。2009年9月，获老城区"优秀教师"荣誉称号。2010年6月，被市教育局评为"市师德标兵"。

精业务，强素质

在教学改革中，我积极探索，勇于实践，不断创新，努力探索和形成自己独特的教学风格和教学模式。

善学。2012年6月28日—7月2日，我参加了河南大学骨干教师研修班学习并取得结业证书。来到北二分后，我认真学习北京总校教学新理念，并通过区五校联盟平台实践、市"牡丹之春"展示、省示范课锤炼、经验交流分享，赴外地听课培训等，在各项活动中不断学习，超越自我。

善研。2009年，我参加"小学语文阅读能力评价"课题研究并顺利结题。2013年6月，被市教育局评为"市业务标兵"。2017年，还和组内老师一起完成了《书声琅琅》系列丛书的编写，现已出版发行。

善教。2009年5月，我参加市教学技能竞赛，执教的《冬不拉》获市一等奖。2010年5月，主讲的《自然之道》获市语文优质课比赛一等奖。2010年12月，执教的《左公柳》获省语文优质课评比一等奖。

教师的本职就在于上好每一堂课，作为年级组长，就更应该成为课堂教学的佼佼者、示范者、领头羊，成为学校勇挑重担的骨干教师。难忘2015年年初，刚开学我就接到了一项艰巨的任务——参加省"汉之星"小学语文教学与信息技术整合优质课比赛。赛课任务临时调整交给了我，而此时，距离市赛选拔就两周时间。我之前并没有参加"汉之星"软件的培训学习，短短几天时间，硬是啃下了这块硬骨头，不但了解了汉之星软件，而且精心设计，将它巧妙运用到课堂教学中，并能熟练操作运用。参加市级选拔比赛的那天，大雪纷飞，汽车在滑溜溜的路面上走了近三个小时才到。在备课、赛课的艰辛和锤炼中，自己得到了又一次的成长，最终，在省信息技术与学科整合示范课比赛中执教的《十二月歌》

荣获一等奖。

抓习惯，重管理

从教多年，我一直担任班主任工作，在班主任工作中，真正做到了为人师表、率先垂范。在教育学生时，我始终把关心、爱护学生作为自己行为的最高准则。对学生严慈相济，做学生的良师益友，关心爱护学生，尊重学生人格，平等公正地对待每位学生，维护学生权益。经过多年的实践与研究，我在教育管理班级上摸索到一些方法，那就是，坚持在"严、爱、细、活"四字上下功夫。来到北二分，面对着个性张扬的一年级孩子，我用爱心春风化雨，使班级快速稳定、井然有序地开创新局面，获得了学校的肯定，家长的好评。

2009年5月，所带班级被评为"老城区优秀中队"。2010年5月，被评为"老城区优秀少先队辅导员"。2013年5月，被评为"老城区优秀班主任"。

做慈母，忠事业

作为老师，不只是向学生传输知识，更要像慈母那样用温暖的爱心去关爱孩子。爱心是具体的、琐碎的。我每天总是早早到校，巡视教室，看看学生有没有到齐，遇到天冷、天热的时候，关心同学们的衣服穿得是否合适。班中的外来务工子女，家中条件不是很好，我就多次送给学生文具。有些孩子由于基础太差，学习跟不上进度，我总是主动帮他们补课……作为教师，关心学生就应该像关心自己的孩子一样，既要关心他们的生活，又要关心他们的健康，还要关心他们是否懂得怎样做人。这些看起来很平常，其实这正是一个教师爱心的具体表现。二十多年来，我就是这样播撒着爱的种子，收获着爱的硕果。因此，孩子们学习兴趣高涨，参加活动积极，在市有奖征文比赛、市硬笔书法比赛、市才艺大赛中,我多次荣获优秀辅导奖。

万物为什么生长?天地为什么不荒?那是因为生命有了珍爱的力量,那是因为生命有了珍爱的阳光。爱无价,情永恒,为了教育的最高境界,为了学生的发展,为了教育事业,我将会用自己的爱、自己的情,永远在教育路上耕耘着、探索着、追求着,创造出更加灿烂辉煌的业绩。

| 名 师 档 案 |

> 李新惠,女,1978年出生,1995年参加工作,本科学历,中小学一级教师。1995年洛阳二师毕业后在市直一小工作,2014年9月调入北京第二实验小学洛阳分校工作至今。先后荣获市、区"优秀教师"荣誉称号,被洛阳市教育局评为"市骨干教师""市师德标兵""市业务标兵",多次参加省、市优质课比赛并荣获一等奖,在市有奖征文比赛、市硬笔书法比赛、市才艺大赛中,多次荣获优秀辅导奖。

| 教 育 随 笔 |

这就是"爱"的魔力

在我们北京第二实验小学洛阳分校美茵校区,有这样一个团队,他们是一个朝气蓬勃、敬业爱生、团结向上、无私奉献、锐意进取的集体,17位不同性格、活力四射的老师,在"爱育精彩"理念的指引下,为我校的美好明天而不断努力,这就是美茵校区二年级组。

时光匆匆,回首两年来走过的路,有付出的充实,也有收获的喜悦。二年级组的老师们面对领导的厚望、家长的期待、社会的关注，备感责任重大。我们克服种种压力，用满腔的真诚，迈着坚实的步伐走了过来！一串串脚印，一串串辛劳，一串串收获。携手走过这段旅程的我们知道，正是那些忙碌的画面、那些对细节的执着、那些丰硕的果实，留给了我们年级组一段"满载"的日子。

还记得那次教师联谊会，赵校长组织老师们来到学校操场上，指挥大家围成一个圆圈，不留一点儿缝隙。在这亲密无间的集体中，赵校长一声令下——"坐"，在相互的支持与信任之中，每个人都奇迹般地稳稳坐在身后人的腿上，丝毫不觉一点压力。正在大家瞠目惊奇之时，赵校长再次发令——"走"，一个稳固的圆环不但给了每个人以支撑，更是在平衡之中运行起来，令每个参与活动的老师开怀一笑的同时也有所感悟。

原来，这就是团队的力量，这就是"爱"的魔力。

在北二分这个温暖的大家庭里，在美茵二年级组这个团队里，你可以看到每一位家人的热情与努力，看到每个人脸上洋溢的幸福与自豪。每位老师都强烈地感受到自己是这个家庭中的一员，是这个团队中的一分子，为了让北二分更精彩，大家都尽力奉献，携手进取。

所以，在繁杂的事务工作向我们提出挑战时，每一位家人都觉得，不能仅仅是把它们当成一项项的任务去完成而已。在这个年轻的团队中，大家不想把自己定位成安排什么做什么、不安排绝对不做、等着下命令的人。如果人人都这样被动去做，那这样的团队怎能创造我们北二分的奇迹？

难忘为了学校走廊文化的布置，班级门口的涂鸦展示，年级组各位老师齐心协力。一天紧张的工作结束后，办公室里依旧灯火通明，查阅资料图片，画草图设计构思，老师们一起兴致勃勃地探讨着，交流着。此情此景，至今历历在目，令人感动，也让我们看到了学校的希望。俗话说："人心齐，泰山移。"既然做一件事，就一定要把它做到最好，即使困难重重，也要想尽办法群策群力，这就是一年级组全体老师的共同目标。为了孩子的明天，为了执着的事业，组内老师们在自己的岗位上辛勤地耕耘，播撒爱的种子，灌注全部的爱，期盼幼苗茁壮成长。她们就像小草一样默默地工作着，奉献着，无怨无悔。

一起经历过风雨洗礼，跌宕起伏，荣辱与共，艰难困境，依然迎难而上，创造奇迹，那才叫团队！回顾过去，我们踏踏实实地走过，满载着丰收的喜悦。展望未来，任重而道远，我们已经准备好了行囊。这支充满"爱"的魔力的二年级团队，必将创造学校更加辉煌灿烂的明天！

获奖课例

左公柳

教学内容

小学语文S版教材五年级下册第22课《左公柳》。

教学过程

（前略）

师：同学们请看板书，在第一个事例的学习过程中，我们选择了这两个四字词语来体现左宗棠的爱国举措。在接下来的第二个事例中，左宗棠爱国的举措又是什么呢？请同学们自读第9—11自然段，也试着像这样，用四字词语来概括一下。

（生自读课文）

师：谁来为我们概括一下这个故事中左宗棠的爱国举措？

生：抬棺出征。

师：请同学们听老师读这一部分，拿上笔，把文中最能打动你的词句画下来，为什么感动？在旁边做出简单的批注。

师：谁来把你的感受和我们分享？

生：我感动的句子是"面对兵马疲惫、粮饷匮乏、运输艰难等重重困难，仍信心百倍"，让我感动的原因是他能面对困难仍充满信心。

师：你能为我们读出左宗棠这种在面临重重困难时表现出的信心吗？

生：让我感动的句子是"令人震惊的是，这支队伍中竟有众人抬着一口黑漆棺材！这口棺材是左宗棠为自己准备的。临出发时，左宗棠便郑重地吩咐部下，如果他在收复新疆失地的征战中死去，就用这口棺材收敛他的尸体。"感动的原因是左宗棠他视死如归的精神。

师：面对死亡却还能毫不畏惧，已经做好了为国捐躯的准备，这样的举措真让人震惊，为我们读出左宗棠英勇无畏的气概来好吗？

师：此时此刻，你们想采访左宗棠吗？赶快去采访吧。

生：左宗棠，为什么你面对重重困难，还这样信心百倍呢？你为什么要抬着棺材上前线？

师：这场正义之战，让我们看到的仅仅只是一个爱国的左宗棠吗？

生：不是，我看到了千万个由左宗棠带领的保家卫国的爱国将士。

师：左宗棠不仅收复了新疆，还为新疆做了许多好事。请同学们速读课文第13自然段，看看左宗棠在建设新疆中最典型的事例是什么。

（生速读第13自然段）

师：谁能像前面那样概括出这个故事的小标题？

生：植树造林。（板书）

师：唐朝诗人王之涣曾这样描写塞外边疆荒凉萧条的景象。

生：齐读"羌笛何须怨杨柳，春风不度玉门关"。

师：如今的嘉峪关、哈密等地，都留有左公亲手所植的柳树。从兰州到哈密，从哈密到乌鲁木齐，所植柳树"连绵不断，枝拂云霄"。左公柳荫福后人。

师：左宗棠深谋远虑地建设新疆，又一次让我们深深感受到了左宗棠对祖国的爱、对新疆的爱、对人民的爱。

师：我们随作者听导游介绍完了左宗棠的故事，如果说在听故事前，作者对左公柳的认识仅仅只是美丽、刚强，那么，在听完故事后，作者对左公柳的认识又有了哪些变化呢？请齐读最后一段。

生：作者认为这不是一株普普通通的柳树，它是爱国将士们不屈不挠、坚忍顽强的精神之树！

师：它依然屹立在黄沙之中，那茂密的树叶，那铁筋般的枝条，那挺拔的身躯，那在同沙漠进行生死较量中流淌着的顽强的生命力……这哪里是一株普普通通的柳树？它分明就是爱国将士们不屈不挠、坚忍顽强的精神之树！

师：此时的"左公柳"还仅仅是那棵柳树吗？

生：既是指生长在千里戈壁上的大柳树，更指为保卫新疆和建设新疆做出了贡献的左宗棠。

师：左公柳是纪念左宗棠巨大贡献的标志，是左宗棠及爱国将士们精神的象征。

师：是的，这是在借柳树来赞美左宗棠，这种写作手法就叫"借物喻人"。

师：让我们再来看看这株柳树吧！（出示柳树画面）它面对风沙，依旧傲然挺立；它扎根戈壁，源于英勇无畏；它抗衡沙漠，只因顽强坚韧，你说，它还只是一株普普通通的柳树吗？

生齐读：这哪里是一株普普通通的柳树？它分明就是不屈不挠、坚忍顽强的精神之树。

师：是啊，看到这柳树，我们仿佛就看到了力排众议、铁骨铮铮的左宗棠；看到这柳树，我们仿佛就看到了抬棺出征、视死如归的左宗棠；看到这柳树，我们仿佛就看到了植树造林、睿智奉献的左宗棠。你说，它还只是一株普普通通的柳树吗？让咱们再读这句话，赞赞忠义爱国的左宗棠吧！

生齐读：这哪里是一株普普通通的柳树？它分明就是左宗棠不屈不挠、坚忍顽强的精神之树。

师：这精神之树不仅仅是左宗棠的象征，还是所有爱国将士们的化身。你说，它还只是一株普普通通的柳树吗？让我们齐声赞美这些英勇无畏的爱国将士们吧！

生齐读：这哪里是一株普普通通的柳树？它分明就是爱国将士们不屈不挠、坚忍顽强的精神之树。

师：左公虽去，道柳尚在，它们就像是为左宗棠及爱国将士们立下的一块块活的碑文，它们承载和延续的是中华民族千万子孙不朽的精神！文章学到这里你有哪些收获？

（生回答）

师：这节课，同学们的收获真大，希望同学们努力学习，像左宗棠一样为祖国建设贡献力量。

（本节课荣获河南省语文优质课大赛一等奖，有删节）

好书推荐

《靠自己去成功》

这是作者刘墉写给女儿的一本书，他以一种轻松自然的手法娓娓道来，字里行间流露出浓浓的父爱。不难看出作为一名文学家，一名艺术家，更是作为一名父亲，刘墉对孩子所给予的关注。本书以短小精悍的章节呈现，读起来很轻松，是休闲之佳品，愿与大家共同分享这难得的"美味"。

幸福着我的幸福

◎ 杨 静

2001年,我毕业于洛阳市第二师范学校,毕业后一直从事小学语文教学,并担任班主任工作,毕业十几年来,我一直努力通过各种形式的学习,提高自己的专业水平,争取让孩子们在我的课堂上有所得、有所悟。而这几年最让我刻骨铭心的就是几次磨课的历程,磨课是痛苦的,但这就像竹子拔节成长的过程,经历后,你会发现每次磨课都会有很多收获,对自己都是一次很大的提升。

还记得2008年,我休完产假上班,经过重重选拔,最后由我代表学校参加优质课比赛。其实我心里七上八下,没有一点儿底气。曾经想过放弃,但又想这是一次多好的学习机会呀,不行,一定要努力!那段时间,我白天上课,晚上回家带孩子,等哄睡孩子后,爬起来写教案。每天晚上,儿子均匀的呼吸声是我最忠实的伙伴,也见证着我备课的全过程。为了上好《七颗钻石》这节课,我翻阅了几乎所有能接触到的教育教学书籍资料,了解课改动态,我明白课堂的形式可以千变万化,但一定要让学生真正成为课堂的主人,老师永远只是引导者而非主导者。为了让课堂充满激情,我认真琢磨每一句课堂语言,有时一写就是一个晚上,一坐就到了天明。很多时候我会忽然从睡梦中醒来,脑子里依然思考着睡前的问题,想着想着,灵感突现,思路大开,此时,我已毫无倦意，马上铺纸提笔，埋头疾书。比赛那天，我是最后一个，讲完课下来，评委和听课老师给了我热烈的掌声。走下讲台，我却哭了，那么多日日夜夜的付出终于有了结果，那掌声就是最好的证明，课堂上孩子们一个个深情的朗读、深刻的感悟就是给我最好的回报。

正如肖川教授所说的那样：教师应该在自己的专业发展过程中积极创造幸福和享受幸福。我想我的幸福就缘于此吧！

2014年，我调入北京第二实验小学洛阳分校，新的环境，新的开始。更高的平台让我有了更多的学习机会，也让我有了更多展示自己的机会。在学校爱与精彩理念的引领下，我如饥似渴地学习各种专业知识技能，提升自己各方面的能力、素养。2016年，我有幸参加省优质课赛讲，这对于我来说，既是幸运，也是挑战。从区赛到市赛，再到省赛，从选课、备课、制作课件，到最后一轮又一轮的磨课，我真切地体会到想上好一堂课，真是不易呀！经历过磨课的老师，相信都有一种感受——那个过程简直是一种炼狱。但也只有经历过磨课的老师，才能深刻地体会到磨课时辛苦的付出，更能品味到收获的幸福！那段时间为了设计好一个教学环节，我写了改，改了写，教案写了一份又一份，这里面的苦与乐只有自己知道。虽然过程是漫长的，是艰辛的，但它将会成为我教学生涯中不可磨灭的一份珍贵的记忆。所幸在这个过程中，我并不孤单，因为在我的背后有一个强大的团队：二年级的姐妹们是我坚强的后盾，每次调课都是一路绿灯，叶主任带着磨课团（聪聪主任、彦辉、圆圆、继红、新会、雷明老师等）也来了，他们在繁忙的工作之余，一遍又一遍地听课、评课，提出建议，修改设计，再次听课、评课，提出建议，提醒注意细节，等等。每次试讲后，大家都畅所欲言，出谋献策：他们或从课标的高度提出建议，或从文本解读方面提出自己的看法，或教我如何用朗读突破重、难点，或讨论如何把课件做得更美观，等等。大家无私地把自己的心得、经验与我分享，让我感受到团队的力量！特别是叶主任，除了正常的教学,还有繁忙的教务,但他却一遍又一遍听课、评课,大到教学设计、课堂操作,小到黑板贴的位置都一一进行指导;还有聪聪主任,她甚至凌晨发来邮件,对我的教学设计提出自己的建议,并用红色字体标注;还有赵校长,每次见面都要关心地问问课的进展;还有张校长,在百忙之中抽出时间听课,并创造各种条件,让我得到更多的指导!看到大家都在为我这次比赛而忙碌,我感受到了一颗颗赤诚的心、一份份真挚的情,我还有什么理由不努力呢?

　　回首这几年走过的路,我觉得自己是在一步步地登山,这是一条我自己选择的路,我无悔于自己的选择。我愿意自加压力,负重前行。因为越过荆棘丛林,眼前见到的是一座座迷人的山峰。当我站在山腰间回头审视自己所做的一切时,我非常感谢这个不懈的攀登过程。所以,我不会停下攀登的脚步,我的目光永远会投向远方。我想,这一路有荆棘但更有美景,有付出但更有收获,有痛苦但更有幸福!我会信心满怀,一路前行。

名师档案

　　杨静,女,2001年参加工作,本科学历,小学高级教师。2001年毕业后在宜阳县实验小学工作,2014年调入北京第二实验小学洛阳分校工作至今。先后荣获洛阳市优秀教师、洛阳市业务标兵、洛阳市骨干教师、洛阳市优秀班主任、洛龙区名师、县小学语文学科带头人等称号,参加省、市优质课比赛并获得一等奖,在洛阳市有奖征文比赛、洛阳市才艺大赛、洛阳市书法大赛中,多次荣获优秀辅导教师称号。

| 教育随笔 |

洗尽铅华呈素姿，返璞归真为语文
——观贾志敏老师课有感

今天，看到78岁的贾志敏老师在弟子的搀扶下走向会场，并现场上课，真的为贾老师对语文教育的情怀所感动！课结束后，贾老师声音颤抖地说了这样一句话，更是让在场老师都忍不住泪眼婆娑！他说："当年我为了生活而走上讲台，而如今，如果让我离开讲台，我一刻也无法生活！"后来从主持人哽咽的话语中，我们得知贾老师身患肝癌，曾被医生宣告：乐观的话，能活五年！而今年刚好是第五年，而在这期间，贾老师却一直未曾离开学校，未曾离开讲台！听到这里，全场老师自发起立，把对贾老师的敬意都融入了雷鸣般的掌声中。

贾老师今天执教的是任溶溶的一首小诗《爸爸的老师》，整节课没有多媒体，也不用录音、录像，更不见各种道具，只凭一张嘴、一支粉笔和一块黑板，让语文教学回归"语"和"文"。贾老师这节课，没有在诗歌内容上"问个不休"，他的教学目标非常清晰，就是：识字、写字、朗读、说话，课文要多读，尤其是诗歌。课堂上，贾老师先分步教孩子读课题："爸"，一个字要读得响亮、清晰；"爸爸"，后一个"爸"要读成轻声；"爸爸的"怎么读？"爸爸的老师"又怎么读？贾老师逐一细致指导、严格要求。这样从细处入手，看似平常却不简单。贾老师在指导朗读时，强调要读得自然，像说话一样，切不可拿腔捏调！朗读后，贾老师提出一个问题：爸爸的老师是男的还是女的？制造矛盾，把孩子们的思考引向深处，而贾老师意在区分第三人称代词"他"与"她"，而这正是学生容易忽视的地方。在引导学生关注诗歌

第四小节的"他"和第十小节的"她"之后，让孩子们进行说话训练，而贾老师最高明之处就在于训练时，给孩子们提供学习支架："起先_____，我以为_____。后来_____，我才知道_____。"接着又加上一些内容，让孩子们试着概括主要内容："《爸爸的老师》这篇课文写了教师节那天，_____。"这个过程，贾老师"以问促说"，收到了"一石多鸟"之效：大意把握，主旨理解，语言发展，个性呵护；识字写字、感情朗读、说话训练，贾老师教的，全是"语文"。

"洗尽铅华呈素姿，返璞归真为语文。"贾老师对语文执着的坚守，让我们仰望、崇敬！王旭明社长说，贾老师就像一本厚书，需要不断地品味、欣赏，才能读出其中的韵味！此刻，只想静静地回味贾老师课堂的精彩瞬间，静静地思考贾老师报告中的一字一句！

| 获奖课例 |

冬爷爷的图画

教学内容

小学语文S版教材五年级下册第22课《冬爷爷的图画》。

教学过程

（前略）

（生游戏中巩固生字）

师：冬爷爷到底画了什么呢？赶紧打开课文读一读吧！

（生交流）

（出示第7、8、9自然段）

师：你的小眼睛真亮，一下子就找到了！方方看到冬爷爷画的画，心情怎么样？你来读读。

（生朗读）

师：我听出方方的惊喜了。

师：什么是窗框呀？

生：窗框就是固定窗玻璃的框架。

师：那固定黑板的框架就叫"黑板框"，固定门的呢？固定眼镜的呢？

（生学习理解一类词）

师：冬爷爷只画了三幅画吗？你从哪里知道的？

生：这儿有个省略号。

师：省略号由6个小点组成，表示后面还有许许多多的画没写出来。开动脑筋想一想：冬爷爷还会画什么？

生1：大树。

生2：小花狗。

生3：大狮子。

师：你能像这样说一说吗？（指导学生说句子，一棵松树、一座大山、一枝兰花变红）

师：孩子们，你们的想象力可真丰富呀！

师：文中有画，画中有情。你能通过朗读让我们看到冬爷爷画的一幅幅美丽的画吗？指名读。

（生动情朗读）

师：我都陶醉了！

师：冬爷爷的画多美呀！孩子们，就把你们的想象送到课文中，美美地读一读吧！

（生朗读）

师：（引读）一棵松树，一座大山，一枝兰花，也许还有一个胖乎乎的雪人，一只奔跑的兔子，一幅众人玩雪图，孩子们，我好想再看一遍这美丽的图画呀！

（生配乐齐读）

师：读着读着，我们的眼前仿佛真的出现了一幅幅美丽的图画，瞧，想象呀，能帮我们更好地理解课文，朗读课文呢！

师：这么美丽的画儿，冬爷爷是怎么画出来的？

生：第6自然段写冬爷爷是怎么画画的。

师：你真会读书！谁来读一读？

（生朗读，"呼——呼——呼"，读得很特别）

师：我最欣赏他读的：呼——呼——呼，我听出来了，风好大呀！

师：谁再来读？

（生朗读）

师：水蒸气呀可真调皮，它们一个个——跑到窗前，撞到玻璃上。你来试试！

师：小冰花多吗？你能读出来吗？

（生边读还边做动作）

师：瞧！他多会读书呀！

师：让我们一起再来读读吧！

师：冬爷爷画的画其实是什么呀！

生：窗玻璃上的小水珠经过一个晚上变成的小冰花。

师：哦！我明白了。冬爷爷的画其实就是——水蒸气变成了小冰花。

师：屋里的水蒸气怎么来的？

生：在第1自然段里，屋子里正在烧水，所以有水蒸气。

师：你来读读吧！

（生朗读）

师：这段话有几句话？

生：两句，第一句写屋里——暖，第二句写屋外——冷。

师：女生读第一句，男生读第二句，让我们感受屋外、屋内的冷暖。

（男女生对读）

师：听了你们的朗读，老师感受到"屋里、屋外"是两个截然不同的世界。

师：现在，你知道冬爷爷是怎么画画的吗？同桌试着说一说吧！

（同桌练习说）

师：谁来说一说？

生：借助第1自然段和第6自然段，介绍冬爷爷是怎么画画的。

师：你们真了不起，借用书上的话，再加上自己的语言就把冬爷爷是怎么画画的说清楚了！

（指导写字）

师：这一课有一个字呀，特别容易出错，很多大人都经常出错呢！它呀，就是我们这一课的会写字（出示"冒"），今天学会了它，回家可以考考爸爸妈妈。

（生认读生字"冒"）

师：仔细观察"冒"的演变。你发现了什么？

生：上边宽宽的、扁扁的就像帽子的形状，下边是个目。

师：你观察得真认真！戴上帽子，露出眼睛。

师：注意观察它在田字格中的位置，要想写好这个字，你有什么要提醒大家注意的？谁来做小老师？

生：上边宽宽的、扁扁的是帽子的形状，不能写成"日"。

生：上边两横不挨边儿。

生：帽子下边是眼睛，应该写成"目"。

师：小老师可真棒！一字多横要等宽。

师：来，伸出小手，我们一起把它送进田字格里吧！上下结构，上边的宽一些，扁一些，下边是目，注意占位，横折在横中线。

（生书空）

师：描一写一。头正、肩平、足要安。

生：一尺、一拳、一寸记心间！

师：瞧，冬爷爷在窗玻璃上画满了画，一棵松树、一座大山、一枝兰花，还有好多好多，你觉得冬爷爷怎么样？

生：我觉得冬爷爷好厉害呀！真是个大画家！

师：其实呀，冬爷爷不只在窗玻璃上画画，你觉得他还会在哪儿画画？在屋顶上，在小河里，在树枝上……冬爷爷真厉害！让我们一起夸夸他吧！

（生齐读最后一个自然段）

（本节课荣获河南省小学语文优质课大赛一等奖，有删节）

好书推荐

《月亮和六便士》

《月亮和六便士》的作者是英国毛姆，作为"最会讲故事的作家"，写出的小说自然是引人入胜，章节与章节之间仿佛有种引力存在，除非是因为读累了，否则不由得读者看完一章就迫不及待地开始看下一章。除此之外，毛姆的小说多为探讨人的本我：《月亮和六便士》探讨的是社会世俗同一个人本身的灵魂之间的矛盾。

思索中前行，磨砺中成长

◎ 臧君丽

如果说学生是一只只雏鹰，那么学校就是一望无际的碧蓝天空。我很庆幸，在2000年我走上了梦寐以求的工作岗位，成为引领孩子们飞得高而远的人民教师中的一员。带着梦想，载着希望，我开始了在瀍河区东关回小的14年教学生涯，2014年9月调入北京第二实验小学洛阳分校。

从教以来，我一直担任班主任工作，从事语文教学。凭着强烈的事业心和严谨的治学态度，一路走来，我收获颇多。

班级管理方面，我一直遵循"以德治教，育人为本"的教育思想，在教育学生时，我总是以自己的人格力量感染学生，注意自己点点滴滴言行的影响。我常和家长沟通，共同商讨教育方法，善于把握各个学生心理、情绪变化特点、个性特点，大胆创新，严慈有度。在教育过程中非常讲究工作艺术，我尊重和热爱学生，不体罚学生，用真诚的爱心浇灌着班里每一个孩子的心田，不仅教给孩子们知识，更教会他们如何做人。平时利用班会、晨会及时解决班里出现的问题，课下耐心辅导学生，严在该严时、爱在细微处，同时做好培优补差工作，对待每一位学生做到春风化雨，润物细无声，使学生们身心健康成长，从而营造良好的班级氛围。班里有个女孩子，刚开始的时候日记只能写一句话，10个字得有6个是拼音，在班里特别胆小，还经常不写家庭作业。经过一学期的学习，在我的鼓励和关爱下，她的胆子渐渐大了，有了自信心，日记也能写一页，拼音基本上不见了。这样的小进步在孩子们身上有很多很多，可当我发现孩子们一个小小的进步时，无不欢呼雀跃。几年的工作经历，使我深深懂得，教育是爱的事业，教师的爱不同于一般的爱，她高于母爱、大于友爱。多年来我所带班级班风正、学风浓，先后被评为区优秀班集体和市文明班级，个人也被评为区优秀教师。所辅导学生参加的"中华魂读书演讲比赛"获区一等奖、"华人作文大赛——爱在身边"获省级二等奖，得到了学校、社会的好评。

在现在知识迅猛发展的年代，教师需要的不仅仅是一桶水，而是源源不断的活水。为提高自身业务水平，我不断从各方面完善自己：在平时教学中反复琢磨，一点一滴推敲，及时写心得体会，搜集材料，征求学生意见，注重反馈信息；认真把握好每一节课，把每一节课都作为优质课来对待；大胆实行综合能力考核，注重学生创新精神和创造能力的培养，追求一种以生为本、科研先导的教学模式，注意运用多种教学方法和手段去调动学生的积极性。因此，我所授的语文课深受学生的喜爱，所教班级成绩在校一直名列前茅，受到我校师生、家长的一致好评。

我在平常教学中积累总结经验，并将经验上升到理论高度用于指导教学。工作以来，我撰写了大量的教育教学论文，分别获教育部，市级一、二等奖，并有论文在刊物发表。2010年，我代表学校在郑州参加了全国青年骨干班主任高级研修班，2011年，在北京师范大学参加中小学班主任高级研修班，并圆满完成学习任务。经过层层选拔，在2011年我参加了洛阳市"牡丹之春"语文观摩示范课，获得了大赛的特等奖，并于当年9月接受了教育部、财政部组织的为期三个月的骨干教师"国培计划"的培训，我如饥似渴地投入到学习中，积极参与课题研究，最终获得两项由河南省教育厅颁发的课题结业证书以及"农村中小学骨干教师"的光荣称号。一次次的培训学习为我的思想注入了新鲜的"血液",一下子让我的思想、观念上升到了一个新的境界,使我达到了一个教学上前所未有的认知水平。培训回来后,我把新的教育教学思想在自己的教学中实践、吸收,不断创新、改进,默默工作着,执着追求着,从不气馁,从不言弃,学生的各种能力得到了培养。在随后我参加的河南省语文优质课比赛中获一等奖,在区教研室组织参与的课题研究中获市一等奖,教案设计分别获教育部、洛阳市一等奖,指导学生参加的各项比赛也均获省市级一、二等奖。2011年、2013年我先后被评为"区优秀教师""市优秀教师"。

  如今,北二分这个充满爱和团结奋进的大家庭让我站在了更高、更广的发展平台,也让我耳濡目染地感受着这所学校所带来的"爱育精彩"的教育教学理念,为我指引了新的方向,再一次激发了我的工作热情。成绩属于过去,抱着一切从零开始、奔向新的起点的心态,我快速地适应并积极把北二分"倾听、思考、合作、表达"的课堂文化渗透在每一节课中,努力践行"勇敢的退,适时的进"的课堂理念,把课堂真正还给孩子们。一份付出一份收获,有了北二分奋发向上的氛围和更为广阔的平台,2015年3月,我参加市优质课比赛再次荣获一等奖的好成绩;2016年5月,我参加河南省小学信息技术与小学语文整合"汉之星"教学大赛并作为洛阳唯一一个选手做现场示范课展示。记得市教研室朱老师多次专程跑到学校一次又一次耐心地为我指导、修改并提出建议,叶主任更是在繁忙的教导处工作和班级工作之余挤出时间从老校区赶过来不厌其烦地帮我出主意想办法……从刚开始的教材解读到教学设计,从课堂语言的推敲到每一环节的预设,从教案的慢慢完善到课件的不断修改……忘不了新惠组长毫无保留地帮我一字一句地斟酌;搭档刘老师爽快帮我上课,承担起班级事务;莹辉老师总是耐心帮我修改课件;杨静、国霞、桂君老师主动帮我做教具并真诚提出一些教学建议;叶主任在我参赛前一晚在学校整理档案到深夜一点多,第二天依旧陪我到三门峡讲课,一路上不断为我打气、鼓励我……一次次试讲，一遍遍调整，一次次挑战，一遍遍超越。

在这两年里，学校为我提供了许多学习和锻炼自我、展示自我的机会，我庆幸我来到了北二分，在这里，我深切感受到了团队的温暖和力量！我愿和同伴们一起携手前行，在磨砺中不断提升自我，在北二分这片蓝天上一起放飞爱的梦想！

名师档案

臧君丽，女，出生于1981年，中共党员，本科毕业，中小学一级教师，洛阳市优秀教师，河南省农村中小学骨干教师。语文优质课比赛获河南省一等奖，多次获市一等奖，所带班级被评为洛阳市文明班级、区优秀班集体。

教育随笔

倾洒甘露，爱润心田

班级的管理需要班主任的智慧和技巧，而智慧型的班主任总是发自内心地尊重、关怀学生，因为每个学生都是一个鲜活的生命。

在班里，每个孩子的性格迥然不同，成长的家庭环境也不相同。作为教师，要想让这一个个鲜活的生命蓬勃，就不能只看其外表，只关心他们的学习成绩和课堂表现，还要深入了解他们的家庭状况、身体状况和爱好，及时发现他们成长中存在的问题，把爱的情感投射到每一个孩子的心田。这样，师生间才能产生心心相印的体验,才能顺利地引导他们进行自我修正和发展。

我们班有一个帅气聪明的孩子,父母离异,在和他接触的两年里,像打架、骂人、摔东西、和同学闹矛盾是经常发生的事情,甚至在生气时他会自虐、咬自己和别人……

无意间,我发现他在画画方面很有天赋,就请他为两位老师和同学们画像,没想到这一张张不起眼的画像,使他成为同学们心目中崇拜的艺术家,同时也激起了他对班级生活及学习的热情和信心。在年级组整理经典诵读书稿配画中,他画的《忆梅》一图得到了老师和同学们的极力夸赞。我也看到了他眼中所流露出的那一丝幸福和自信,这不正是引导他转变思想的最佳时机?于是,我就和他拉钩约定:以后如果再和同学们发生矛盾,一定控制好情绪,不胡乱发脾气。他使劲儿点头答应了我。

然而,想短时间内转变一个孩子是有些困难的。记得又是一个中午课间,他和同学闹矛盾,和以前一样,他又是把周围的桌子凳子推倒一大片,吓得同学们都跑出教室。闻讯而来的我把他拉进办公室,什么也没有说,而是从抽屉里拿出他画的画像,幸福地说:"你还记得给老师画像时的心情吗?你看老师一直珍藏着呢,特别喜欢!我想你给同学们画的画像他们也会像老师一样珍藏的。"说到这里,他不好意思地说:"老师,对不起,我错了,今天我又没控制住,我现在就去把桌子凳子摆好,跟同学道歉。"听到他能这样说,我顿感欣慰,就这样,我抓住他身上的闪光点,绕过学生间的矛盾,给他以妈妈般的关怀,化解了他心中的怒气。

爱是无声的语言,是教师沟通学生思想和感情最有效的手段。作为一名班主任,要做好教育工作,就要有太阳的姿态,不管学生是参天大树,还是田间小草,都要让他们有得到阳光普照的权利;不管他是富贵的牡丹,还是路边羞涩的小花,都要让他们有开花的权利。

获奖课例

孔子学琴

教学内容

小学语文S版四年级下册。

教学过程

一、谈话导入，板示课题（略）

二、扫清障碍，整体感知（略）

三、品读句子，初悟品质

1.师：孔子是在什么情况下向师襄学弹琴的呢？从文中找一找。

生1：是在精通音乐、乐器样样都会的情况下学弹琴的。

生2：是在他已经五十岁的情况下依旧学弹琴的。

（师出示第1段）

2.师总结：孔子是位音乐行家，他还特意（学生接读）……尤其弹得一手好琴了，他还……五十岁那年，他还……你从中读出了孔子是一个什么样的人？

生1：孔子是一个从不满足的人。

生2：孔子是一个虚心好学的人。

（师随机板书）

3.读书须用意，一字值千金，透过文字，抓住句子之间前后的联系是一种非常好的读书方法！你们从这些文字中读出了一个虚心好学、从不满足的孔子，真了不起！

四、自主研读，体味内心

师：那么，孔子究竟是怎样学弹琴的呢？让我们跟随师襄的脚步一起去看看。(出示：请同学们自由朗读课文的第2至6自然段，用不同符号画一画：①师襄几次去看孔子弹琴？听到了什么？②孔子每一次对自己提出了什么要求？)

(生汇报问题①②)

1.师：我们一起来看看同学们画的这个句子，(出示：他踏着琴声……)读了这句话你有什么感受？你是从哪个词感受出来的？那么你们还从哪个词感受到了什么？

生：从"弹了一遍又一遍""丝毫没有厌倦的样子"感受到了孔子不厌其烦的学习态度。

师：让我们把自己的感受送到句子里再来读读这段话。

(生齐读)

2.师：如果你现在就是师襄，你会怎么想？会怎么说？那么孔子是怎么回答的？

生：我会想孔子已经学会了，会对他说不需要再弹了。

师：大音乐家师襄都认为孔子可以学一首新的曲子了，孔子为什么还要继续弹呢？看来孔子对自己还有更高的要求。

3.角色表演，加强理解。

(1)读课文其余部分，想一想你们又从哪个词、哪句话感悟到了人物的内心，同桌两个一个演师襄，一个演孔子。教师引导学生表演师襄几次听孔子弹琴的过程。

(2)重点指导学生体会师襄第四次听琴的内心表现。

(3)拓展补充材料(出示古文)，体会孔子炉火纯青的琴艺。

4.回顾总结师襄四次来听孔子弹琴，孔子琴声的变化，体会孔子每次对自己提出的要求，感悟孔子是一个怎样的人。

5.正是因为孔子从不满足，虚心好学……所以他的琴艺达到了什么境界？体会"炉火纯青"。

6.（出示最后一段：师襄的惊异、佩服、深深一礼，只是因为孔子的琴艺吗？）

生：师襄是被孔子学琴的态度和精神所折服！

师：所以，师襄有了这样的赞叹。（出示：你的琴艺真是炉火纯青啊！）齐读，读出佩服！

五、拓展思维，传承孔子文化

1.师：是呀，学就是要从不满足，学就是要……只有这样我们做任何事情才能达到炉火纯青的境界，而要学到炉火纯青，就必须要有从不满足……的态度。（完成板书）

2.走近孔子，找寻孔子勤学好问的足迹，介绍洛阳市瀍河"孔子入周问礼处"。

3.读中体会孔子的至理名言。

好书推荐

《开放人生》

人生是由一个个故事组成的，读故事能启迪人的智慧，因为美妙的故事中都蕴含着最朴实、最深刻的人生道理。王辉耀的《开放人生》一书中每一个故事都如同人生的一杯美酒，其中的百般滋味，只有在你细细品味之后才会明白其中的深意，让人读来受益匪浅。本书更是告诉我们要放开视野和心灵，以开放者的心态面对学生，用疏导、引导、辅导的方式来使学生成才。

爱相随

◎ 张文晓

不知道自己不知道——初为人师，率真性情

2008年9月，懵懂的、刚出校园的我又正式地走入校园，成为一名小学老师。看着一双双明亮单纯的眼睛，我的内心充满了激动：我要好好干！刚参加工作的我总觉得小学课文没什么可讲的，课堂上的我因为年轻而大胆，随口来一段歌曲和相声导入，拿着一本教参自认为万事不愁；课堂下的我随性活泼，和孩子们嬉笑玩乐打成一片；课后多是让孩子们写写字词，思考课后题。虽然从孩子们的言行中，我幸福地知道他们是喜欢我的，但我自知自己的教学是不成熟的，根本不具备专业的课堂技巧和管理能力。

知道自己不知道——朋辈优秀，学海无涯

学校很注重青年教师的成长，组织我们拜师，听师父的课，听校内的教研课，听校外的名师课，我才认识到自己是多么稚嫩。

几次教研下来，听叶主任的课，听超师父的课，听彦辉老师的课，还有平时听师父的随堂课，再次深感课堂文化不可小觑。叶老师的课设计巧妙、匠

心独运，听来如行云流水、亲切自然；彦辉老师的课语言优美、节奏明快，让人感觉如诗般的婉约柔和；超师父的课总是让人充满着期待和欢笑，课堂氛围轻松而有效。再如听名家的课：张学伟老师的文者风范，大气自如，一课一得；李伟忠老师的课环环相扣，渐入佳境又一村；等等。好的课堂是那么高效而简洁，没有那么多花哨，真是令人钦佩不已。

一百个读者就有一百个哈姆雷特，在我看来，教师的教风亦如此，每个人的风格各异，再加上课堂上学生这些灵活的个体，那就更是异彩纷呈了。我是喜欢和学生互动的那种，如果没有回应，我是唱不下去独角戏的。但有时又难免过于较真儿，某些学生在下面做小动作时会严重影响我的教学情绪……对比周边优秀的同事们，终觉自己太浅、太简单。教育无止境，学习无止境，课堂的那些事儿不探则已，探则深不可测……渴望成长的声音在我的内心一遍一遍响起：让自己更优秀，学生的发展才会更优质。学，无止境！

求索自己的不知道——贝的磨炼，漫漫修远

我虽积极向上却又是一个不自信且害怕改变的人，因为改变总会让我无所适从而难以自如应对。有这样一句话：人，有时是需要逼着自己成长的。张校长也说：工作的心态决定你人生的状态。我清楚：无论我身从何职，成长都是必不可少的！

真正的风雨中有时也会痛：一己之力是单薄的，比如对于个人备课而言就是如此。能力有限的我努力付出却收获甚微——一遍遍自读文本，一个个罗列自认为有用的所有大小语用点、训练点，一个个筛选字词、表达信息，一页页浏览相关的资料、实录、反思……这才发现自己对文本的理解原本不够深入，并且更多的是困惑于如何突破创新出适合自己的课堂设计。看着时间一点点地在徒劳中流逝是焦心的，尤其是一个个夜深人静中的毫无进展更让人自感无力。

感恩曾经的不知道——有爱相随，风雨无悔

但让我深感幸运的是，爱让我看到了柳暗花明：身边有这么多的前辈，并且一个个都是热心肠。深深记得叶老师毫无保留的倾囊相授，磨课中为我植入了最宝贵的教学理念——文本价值点的选择、倾听学生、多元评价；难以忘记超师父的悉心指导，和我一起研读文本、筛选可用的写作训练点；暖暖忆起继红告知我如何全面备课小窍门；感恩同学科老师多次放弃午休时间为我加班辛苦听课、真诚评课议课。同事们亲切的加油鼓励，孩子们的天真热情，家长朋友的支持配合都历历在目……我感动更感慨着周边所有人的热心和专业精神。从最初的不知如何研读、深入文本、选择有价值的点到依据学情去设计、顺学而导；从害怕遇到突发问题到试着去倾听、去评价、去引导学生解决问题；从每日的烦琐中学会合理高效地挤用时间，在不断地设计、推翻、重塑、肯定与否定中有一个团队在为我出谋划策，不断地打破、重塑甚至回归，我不再是单薄的，我必须要努力，对得起团队的倾力。

在北二分这个博大、友爱的家庭里，我听到了自己拔节生长的声音。感谢有众多的师父、有亲爱的姐妹、有家人般的同事，有可爱的孩子和家长朋友，成长的路上我不孤单，成长的路上我不再渺小无助。每每忆起，当时和那些所谓的迷茫、风雨相伴的关爱真的是我成长路上一笔笔宝贵的财富。

名师档案

张文晓，女，本科学历，中小学二级教师。所执教的语文优质课《狐假虎威》获市一等奖，思想品德课《做诚实的好孩子》获市一等奖，主题班会课《交通安全记心间》获市一等奖，健康优质课《自信的力量》获市二等奖，被评为区优秀班主任，所管理的班级被评为区先进班集体。

| 教育随笔 |

爱"真"的深沉

"真语文"之行给我带来太多太多的感动：难忘一位78岁高龄的老人颤巍巍地步入礼堂与我们面对面地交心，只为小语的推动；难忘一位教育部前新闻发言人低下高傲的头颅，只为教育的真性情；难忘一声声的笑语弥漫礼堂，只缘那么自然会心的习得；难忘一次次的潸然泪下，为有这样的前辈，为有这样的教育者，为我们还有这样的认知和热情……我虽不及这些前辈对教育爱得如此入骨，但身为老师，选择此事业，不也正是对教育怀着一份热爱吗？

语文模式百家争鸣，甚至不同流派风格各展风华，但理念只有一个：那就是真真正正教语文，教会学生读、写、说的能力。

真语文的几节示范课听下来，我感悟最深的有两点：

一是老师的本领真：老师的知识渊博，课堂的评价幽默到位，指导交流信手拈来，真是让人佩服不已。贾志敏老师的学究精神、王旭明社长的诗人性情……每一个细节无不透露着他们深厚的文化底蕴。想到贾老眼睛不好，连行走都让人担心，但他却从未停止读书读报，课文默记于心，深夜坚持读书，等等。这样的精神让我们这些晚辈情何以堪？当时我内心就有一个强烈的声音：读书，多读书。

二是对每一个学生真：真语文的课堂上，尊重学生，尊重每一位学生是让我感受最真切的。每一个学生都有朗读、发言的机会和权利。学生不会的，老师就不厌其烦地讲解，再回答……反思自己的课堂上很少个人读，多是齐读，很难发现个性问题；回答问题时，学生困而不语时，我总怕耽误课堂时间，多选择让其他学生帮忙而不是耐心讲给他一个人听。现在想想，哪怕一节课教会一个人或两三个人，日积月累，全班56人也能过个遍，对每一个学生而言将是多么大的财富。可是，以前的我却很少这样想过。

执笔至此，连我自己也搞不清楚，我是因为贾老师、王社长这样的语文人而爱上真语文，还是因为真语文而敬爱这些为教育的"真"人，抑或是因为教育让我更广更深地理解了爱……我愿我的爱不只是热情，我愿我的泪水不是一时触动，我愿我的眼中常含泪水，因为我对这份事业爱得深沉！

获奖课例

狐假虎威

教学内容

语文S版三年级上册第二单元寓言故事。

教学过程

……

师：这个故事特别有意思，谁想先来读读课文的第1自然段，让我们看看故事是怎样发生的？

（生朗读）

师：你读得很正确，字正腔圆，请坐。大家想一想，怎样读才能像讲故事一样吸引人？同学们自己小声地练习一下。

（生练习后举手）

师：好，你来试试。

（生感情朗读）

师：真好，这个"茂密的"一下子就把我们带到了大森林里。谁还想来？

（生读得声情并茂）

师：好，请坐。大家都忍不住给你掌声了。谁来评价一下他读得好在哪里？请你说。

生：他读狐狸和老虎的动作时很快，让我们听起来很紧张。

师：你真会聆听，正如你所发现的，这一"蹿"一"扑"就巧妙地把紧张的气氛表现出来了。来，让我们学着他的感觉一起来读读故事的第1段。

（生齐读）

师：读得真好，扣人心弦！狐狸被老虎逮住了，它甘心成为老虎的美餐吗？在这关键时刻，狐狸又是怎么做的呢？请大家默读课文第2到第5自然段的对话，画出让你印象深刻的地方，我们待会儿来交流感受。

（生默读，圈画）

师：好，谁来说说狐狸是怎么做的？请你来说。

生：狐狸吓唬老虎说它不敢吃自己。

师：哦，要让老虎觉得不敢吃它。老虎可不是这么好骗的，你能读读这句话，让我们从你的朗读中感受出来吗？

生：狐狸眼珠子骨碌碌一转，扯着嗓子对老虎说："你敢吃我！"

师：大家听出来了吗？他在没有问号的地方读出了反问的意思，这就是水平呀。同学们，你注意到这句话前面的关键词了吗？

生：狐狸眼珠子骨碌碌一转，扯着嗓子对老虎说。

师：对，"扯着嗓子"，想一想，这个"扯"是什么意思？请你说。

生：（手扯衣服动作）就像这样是拉的意思。

师：哦，听明白了，你很会联系生活实际来理解，对，就像扯衣服一样是拉、拽的意思。在这篇课文里是不是把嗓子拉长了呢？哎，不是，是把声音拉长了。谁想再来试试读这句话？请你。

（生绘声朗读）

师：真好，读得绘声绘色。看来，关注话语前面的重点词可以帮助我们更好地把握人物的语气、语调。下面请大家"扯着嗓子"，带着吓唬老虎的语气读读这句。

（生齐读）

师：你们的朗读肯定会让老虎一愣。后面还有对话，这次请两个同学来。（生踊跃举手）好，你来当狐狸，你来当老虎，其他同学听一听他们读得怎么样。

（两生对话读）

师：谁想来评价一下？请你来说。

生：他读得很好，很像一只狡猾的狐狸。

生：他们读得很符合老虎和狐狸的身份。

师：哎，你的理解很好，那你来读读这句话。

（生声情并茂读）

师：你这个"老天爷""真大呀"读得特别好，这么大的口气，老虎肯定会被蒙住。看来，我们在读对话的时候要像他说的这样，把自己想象成对话当中的人物，要扮演角色，才能读出人物语气当中的变化。来，这边同学当狐狸，这边同学当老虎，老师来读旁白，咱们一起把这部分对话完整地读一遍，好吗？

（师生配合读）

师：大家读得真好，读出了理解，这味儿就出来了。读完了对话，下面就让我们随着狐狸到森林里去走一走吧：老虎和狐狸向森林深处走去，他们俩是肩并着肩一起的吗？请你来说。

生：不是的，老虎是在后面跟着狐狸的。

师：你真是个细心的孩子，一个"跟着"就读出了狐狸在前、老虎在后的画面。文中还有一个地方，也能看出来他俩的位置，你发现了吗？你说。

生：再往狐狸身后一看，呀！一只大老虎！从这里也能看出来老虎在狐狸后面。

师：你很会发现，"再往狐狸身后一看"这个地方也能看出来，谁在前面呀？（生齐答狐狸）谁在后面呀？（老虎）你们俩这么会发现，奖励你们和老师一起来讲后面的故事好不好？其他同学认真倾听。你们俩先读。

（生每人一句连续读）

师：该我了是吗？"呀！一只大老虎！野兽吓得撒腿就跑。"你发现了什么？请你来说。

生：老师，你读漏了两处。

师：是吗？我掉了哪些词？

生：你漏掉了"大大小小"和"都"，句子就不具体了。

师：我这样讲怎么不具体了？

生1："大大小小"说明各种各样的动物，动物很多，"都"也说明很多。

生2："大大小小"可以看出动物种类很多，"都"说明所有的动物都怕老虎。

师：哦，"大大小小"可以让我们想象到有很多种动物。是呀，"都"字说明所有的动物都害怕谁呀？（生齐答）对了，大老虎。

师：猴子逃跑是因为看见了？

生：大老虎。

师：野猪逃跑是因为看见了？

生：大老虎。

师：小白兔逃跑也是因为看见了？

生：大老虎。

师：所有的动物逃跑都是因为看见了？

生：大老虎！

师：所以文中说"大大小小的野兽都吓得撒腿就跑"。来，让我们一起再来读读这句，感受老虎的威力。

（生齐读，有意识地读重了这两个词）

师：现在我们都知道了，百兽是害怕谁才逃跑的？

生：大老虎。

师：那老虎知道吗？

生：不知道！

师：那你想对这只迷迷糊糊的老虎说点什么？请你。

生：动物们怕的是狐狸身后的老虎大王你。

师：哦，原来小动物们怕的是老虎，不是狐狸。好，你来说。

生：你被狐狸骗了，它一开始就在忽悠你呢！

师：是呀，从头到尾狐狸都在骗老虎。好，你也想说是吗？

生：狐狸是用你的威风来逞强的，真正厉害的是你。

师：你说的对，狐狸是借着老虎的威风吓走了百兽的。那现在你们知道"狐假虎威"是什么意思了吧？请你。

生：狐狸借着老虎的威风吓走了百兽。

师：你理解得很到位，这"假"的意思就是，对，假借。其实呀，在这个故事里，狐狸还有一次也是借着别人的威风来吓唬老虎的，你发现了吗？

（生认真读文，急于发现）

生：狐狸说自己是老天爷派来管百兽的，它用老天爷来吓唬老虎。

师：对，那像这样借助他人的威风来吓唬别人的行为，我们都叫它"狐假虎威"！想一想，我们生活中有没有见过或者听过类似狐假虎威这样的事呢？请你。

（生讲述自己读过的故事）

师：故事里的老鼠凭借土地庙来逞威，这样对吗？好，你也说一个。

（生讲述生活中遇到的事）

师：像这样仗势欺人的行为大家说对吗？看来，大家已经懂得了：不能借着他人的势力去欺负别人。怪不得有人这样说，寓言是一个魔袋，袋子很小，却能从里面取出很多东西来；寓言是一个怪物，当它朝你走来时，分明是一个故事，生动活泼，而当它转身要走的时候，却突然变成了一个哲理，严肃认真，这就是寓言的魅力。课后大家可以把狐假虎威的故事讲给身边的人听，也可以读读《伊索寓言》，相信寓言会指导我们每一个人做更优秀的自己。好，下课！

（本节课荣获洛阳市小学语文优质课大赛一等奖，有删节）

好书推荐

《哈佛家训Ⅱ》

《哈佛家训Ⅱ》是由精心选择的故事结合深入浅出的评注来展示亲情、童真、习惯、处世、心态、自律、感恩……书中说爱自己的孩子，就要在乎他们怎么想，而不是你自己怎么想。其实所有的教育皆如此，教育者要做到有心、有力之余更要有方法实非易事。孩子的身心犹如春天的土地，如果错过了播种的季节，秋天等来的就是荒芜。在阅读了《哈佛家训Ⅱ》一书后，我更懂得了如何对待孩子，与孩子相处。

梧桐生矣，于彼朝阳

◎ 付俊祎

多年前，第一次注册微信，取名"梧桐"。

用这个名字，其实最初只因自己自少离家，至今二十余载。梦回处，常常忆起儿时夏日里院里的那棵梧桐树。梧桐，典册里赋予的含义很多，我唯爱此句："梧桐生矣，于彼朝阳。"

一开始，我所接的美茵校区三（1）班学情格外复杂，因为全部是转校生，几乎没有来自同一所学校的学生，之前所用的教材不同、学习习惯不同等各种不同，而在学校领导的信任下，又要作为实验班，带着他们上电子书包课程。刚开始自己虽然有压力，但还是很有信心的。因为自己的性格是不做便罢，要做就做到最好。

结果，我发现我想得还是太简单了。在我的计划里，用一个月时间把班风整好，而后因为还要进行电子书包的整合课，肯定是需要耗费很多时间的，要在平时尽量提高课堂效率。所以，第一天第一节课，我把"效率"写在了黑板上，作为共同努力的方向。

在后续的过程里，面对着复杂的难以形容的班级情况，整好班风的期限由一个月变成了两个月，由两个月变成了一学期。最大的问题就是班级学生根本没有凝聚力，我想了无数办法，却无数次折戟沉沙。有一本书叫《牵着蜗牛去散步》，而当时的情况是，牵着45只散漫的蜗牛去赛跑，还要让他们自己朝向同一个方向，去取得第一。此情此景，唯有用坚韧不拔来把全班学生拧成一股绳，而要想把学生拧成一股绳，首先就要把家长拧成一股绳，建立老师、学生、家长之间的信任感。

于是，每天与家长打七八个电话成了常态，跟一个学生一个学生的家长沟通成长计划，这周做什么、下周做什么、家长做什么、老师做什么、哪些要"哄骗"、哪些要严格要求……其中种种，怎可言说。

终于，在我们的共同努力下，班级里的孩子们携着梦想开始远航。

规范学生行为的同时，还要关注学生思想。基于对北京总校教育理念的思考和理解，借鉴张学伟老师"一课一得"的语文教学理念，结合本班学情，在语文常态课堂上，我经过反复的实践，分为三个大环节、一个主问题。通过引发学生的思考与争辩，通过教师引导和学生的发现、质疑，语文课成为语言表达和思想表达的平台。而阅读与知识梳理是另外两个板块，让学生在合理范围内形成指向性的学习方式，并让学生带着研究语文规律的心态去学语文。

花开需要时间，特别是这些水土不服的花儿。终于，以学期为单位，以创造的各种活动为平台，孩子们的成长经过厚积薄发，展现了一次又一次属于他们的精彩。

梧桐，向阳而生。在这段似乎很长而又短暂的成长经历中，也走过许多弯路，也曾因陷于"瓶颈"而沉闷无言，但是我从未忘记梦想：向着阳光，用对孩子们的那腔热爱，坚定生长，希冀着可以拥抱属于自己的那片天空。

| 名 师 档 案 |

付俊祎，男，生于1984年，本科学历，小学语文一级教师。曾获得河南省骨干教师、区级优秀教师等荣誉称号。科学示范课《让瘪乒乓球鼓起来》、思想品德观摩课《不断更新的通信家族》均获省级一等奖，语文优质课《一个小山村的故事》获"第八届全国中小学互动课堂教学实践观摩活动"一等奖，并作为河南省代表进行现场说课。主持的省级课题"小学生自主评价体系的实践研究"顺利结项。所辅导学生的习作、书法曾多次获市、区一等奖。

| 教 育 随 笔 |

《一个小山村的故事》背后的故事

两周前，我接到了中央电化教育馆举办的"2015年新媒体新技术教学应用研讨会暨第八届全国中小学互动课堂教学实践观摩活动"进行现场说课展示的通知。5月22日，一个新的舞台在等待着自己。

回首来时路，自从来到北京第二实验小学洛阳分校，学校结合我的过往经历，让我承担了洛阳地区唯一的一个小学电子书包实验班的实验任务。

这既是对我的信任，也是对自己能力的一种考验。

作为一个语文老师，虽然经常开玩笑说我是电脑老师里语文教得最好的，语文老师里最懂电脑的，虽然也明白新媒体时代信息技术与语文学科结合的重要性，但是，怎样用电子书包把语文课上好，心中忐忑不安，对如何把电子书包这个工具用好存有困惑。

翻阅了许多相关的资料和视频，确切地说，并不多，几乎是一片没有方向的旷野，虽然往任何一个方向前进，似乎都是路，但是，必然曲折。

于是，我回归原点，好好备课！

备家长：要取得家长的支持，打消他们对电子书包的疑虑，我每天几乎要和近10位家长沟通，以听取相关建议。

备学生：对48名转校生进行全方位的了解，制定班级管理制度，以确定课堂上应该教什么，同时让学生有足够的自律能力和新媒体的技术储备力，保证课堂内外可以有序而高效地进行，以避免语文课上成电脑课。

备教材：在结合学校"倾听，思考，合作，表达"理念的前提下，汲取并努力吸收张学伟老师"一课一得"语文课的思想，深入思考新课标，从学科目标到学段目标，到单元目标，再到课时目标，结合所有的一切，可以称之为艰难地咀嚼着、消化着，尽量提炼出精华，浓缩成一节节或流畅或艰涩的课堂呈现。

而在这个过程里，电子书包在课堂上哪个环节用？每个环节怎么用？用多长时间？怎样保护孩子的视力？这些都在张校长的提醒下，我做了一次次的调查研究。

虽然只是走了短短的一小段路，并且充满困惑，但抱着一种问路和学习的态度，我准备了语文出版社S版《语文》三年级上册第七单元的《一个小山村的故事》一课参赛。

两周前，当邀请函在邮箱出现时，看着一等奖并被邀请参加展示，有些激动，因为我将带着困惑和自己的一些思索而去，期待能带着一些答案和前进的方向归来。

| 获 奖 课 例 |

一个小山村的故事

教学内容

语文出版社S版《语文》三年级上册第七单元。

教学过程

一、自主探究，前参展示（略）

二、点评精彩，导入课文（略）

三、小组读文，梳理概括（略）

四、**读中感悟，体会美好**

师：是的，这个小山村，曾经是美丽的……你能通过读让大家感受小山村的美丽吗？（出示图片，朗读第一段）

生1：山脚下，曾经有过一个美丽的小山村……

师：你的朗读，让我们深深地陶醉于这幅安静的山村画卷……还有谁想读？

生2：山脚下，曾经有过一个美丽的小山村……

师：你的朗读，仿佛让我们看到了一路欢歌的小河，叽叽喳喳的鸟儿从林间飞上了蓝蓝的天……这个小山村美吗？

生：真美。

五、**发挥想象，口语表达**

师：那么，假如你是生活在这个美丽小山村里的村民，你会做些什么呢？

生：假如我是小山村的村民，在这郁郁葱葱的树林里，我可以挎着篮子去采摘野菜、蘑菇。

师：这满满一山的森林，多像一个取之不尽的食材宝库呀。

生：假如我是小山村的村民，在这清澈见底的小河里，夏天的时候我可以游泳、捉鱼，冬天的时候，在河边打雪仗、滑冰。

师：清亮而又浅浅的小河，真是一个快乐的游乐场，不过，你可一定要注意安全哪，别乐极生悲。

生：假如我是小山村的村民，每天听见鸟儿在林子里婉转歌唱，我可以静静地聆听，也可以唱支歌给鸟听。

师：放飞心灵，你是一个会享受宁静的孩子。

生：假如我是小山村的村民，看到鱼儿在小河中自由自在地游荡，我会感觉生活在这里是多么的幸福美好啊。

师：是啊，这样的小山村，谁不向往。如果能生活在这里，该是多么的幸福、美好、快乐啊。让我们带着这样的感受，再来读一读这段美妙的文字吧。

（配乐朗读）

六、默读课文，合作探究

师：在这样美丽的小山村里，生活应该是幸福祥和的，可是，一年年，一代代，时间过去了……小山村发生了怎样的变化呢？

1.通过电子书包下发（小组研讨）

默读课文第2—4自然段，画出山村变化的句子，在小组研讨页面，发表自己的感受。

2.师将表达优秀的观点利用电子书包的屏幕共享功能适时进行展示，师生均可利用课堂评分系统点赞，学生借鉴并完善个人的书面表达，自主规范语言。

师：同学们对于小山村的变化，感受非常深刻，在刚才的研讨中，反复出现吃惊、震惊、遗憾、惋惜等字眼。（出示山村树木减少、土地裸露变化图片）带着你的感受，我们一起来读。

师：山上郁郁葱葱的树林变了……

生：变成了裸露的土地。

师：山上郁郁葱葱的树林变了，本来在林子里婉转歌唱的鸟儿也变了……

生：变成了无家可归的小可怜，飞着哭着：谁告诉我，我的家去哪儿了？

师：它的家去哪儿了？变成什么了？

生：变成了一栋栋大大小小的房子，变成了各式各样的家具，还有大量的树木随着烟囱冒出的浓烟，消失在天空中了。

师：是啊，人有了房子、家具、做饭时的燃料。可小鸟的房子、食物却变没了。

师：只有小鸟失去了自己的家吗？

生：还有小鱼……小鱼的家——小河也变了。

师：是的，村边清澈见底的小河变了……

生1：变成了混浊不清的小溪。

生2：变成了干巴巴的小路。

师：为什么说变成了干巴巴的小路？

生2：山上的树越来越少，不能涵养水土，水土流失，满满的河道被山坡上冲下来的土填满了，没有了水，就变成路了。

师：同学们说，这种情况会不会出现？

生：有可能会。

师：这样的"小路"还能做鱼儿的家吗？在小河中自由自在游荡的鱼儿变了……

生：变成了埋在淤泥、沙土里的死鱼，它们再也不能自在地游来游去了。

师：还有什么可能变了？变成什么了？（学生用"……变成了……"互相交流）

师：（待学生通过交流，眼前仿佛已经浮现出一幅幅悲惨的画面的时候,出示课文第四段)可是,读……

生:不管怎样,靠着锋利的斧头,村子里家家户户的日子过得都还不错。

师:是的,不管怎样,靠着锋利的斧头,村子里家家户户的日子过得都还不错。

七、课堂小结,资料分享

师:当文章读到这里,你有什么想说的?

生1:我感觉非常的愤怒,他们硬生生地把一个美丽的小山村给毁了。

生2:这些人太蠢了,都只看眼前的利益。

师:是啊,愚蠢的村民们被贪念蒙蔽了自己的眼睛,于是……(出示课件,伴随着电闪雷鸣,师读课文第5、6自然段)

师:什么都没有了——所有靠斧头得到的一切,包括那些锋利的斧头。

师:幸好这只是一个故事。可是,这仅仅是一个故事吗?在课前,老师让同学们查找我们生存环境的资料,让我们来分享一下好吗?

小组活动:组内交流自己利用电子书包课外学习平台搜集整理的资料,并进行评选。

师:哪位同学愿意和大家分享自己搜集的环保资料?

全班分享:选取3—5名学生,利用屏幕投射,将自己平板电脑上的内容在大屏幕上展示并讲解。

八、追溯回源,故事改编

师:通过刚才同学们的分享,老师很欣慰地看到大家都认识到了环境的恶劣现状,也提出了不少保护环境的好做法。《一个小山村的故事》是一个悲剧,却也不仅仅是一个故事,因为这个小山村是我们现实生活的一个剪影。文中那些短视的村民们,身上何尝没有我们的影子?假如时间可以回转,回到这个小山村最开始的样子……你会怎么做?(出示初始概括课文时的"曾经……后来……最后……"句式作为提纲)模仿文章的结构,把你的所思所想,用优美的语言试着来写一写。让我们用笔来改写小山村的命运，为它写下一个美好的结局。课后，还需要同学们登录电子书包系统平台，完成词汇记忆小游戏。将成绩提交上传。下课。

（本节课荣获第八届全国中小学互动课堂教学实践观摩活动一等奖，有删节）

好书推荐

《微革命：微小的创新颠覆世界》

《微革命：微小的创新颠覆世界》：谁说蚂蚁就绊不倒大象！新浪微博靠什么在互联网的海洋中引爆了微博风暴？只有区区4部半电影的李小龙，如何开启了一个时代的传奇？在"晚点"成为航空业的常态时，北欧航空公司凭什么成为全欧洲最准时的航空公司？一本关于互联网发展瞻望的书——《微革命》，一连串微创新可以掀起新的互联网革命。由此想到，假如教师是一款"软件"，课堂是帮助学生进行语文体验和学习的载体，那么对于我们而言，学生就是我们的忠实"用户"。怎样让"软件"在"用户"面前更贴近用户，更拥有竞争力，能为用户量身打造教育框架，解决问题？推荐此书，希望我们都能从互联网想到教育教学的创新。

美丽的修行

◎ 黄利花

教育,是一场美丽的修行。为师之道,当以慈悲为怀。为人师者,当胸藏万壑而心怀慈悲,用自身的人格与智慧去唤醒孩子生命的自觉,发现孩子人性的光辉,给孩子一片清明、润泽、通透的天空。

与爱心同行

没有爱就没有教育。初登讲台,我对学生的爱发自内心,我善待讲台下每一个孩子,感动讲台下每一颗心灵。站到孩子们中间,我忘记自己是老师,以一颗童心和学生相融相通。走在教育的道路上,爱在左,智慧在右。我爱学生,学生信任我。亲其师,而信其道。我和学生在爱的氛围里行走。教育仅仅有爱是不够的,如何用自己的智慧传道授业解惑,如何让孩子们在我的课堂上感受语言文字的魅力?如何让孩子们在我的教育引导下幸福地成长?我一次次反思自己的教学,我还需要用智慧陪孩子们慢慢行进。

与智者同行

来到二实小,我最大的感受是:这里有一大批优秀的教师,而这些优秀的教师干起工作来,务实、勤奋。我能否融入这个优秀的团队?我能否胜任眼前的工作?我能否得到家长、学生的认可?焦虑、彷徨,是我初到二实小的真实状态。

第二周,学校听新入校教师的课。我当时任教一年级。我在认真备课之余,想到一年级的孩子小,自我约束的能力比较弱,课堂纪律很重要。而我,班里部分孩子的名字我还叫不上来。上课前一天,我给每个孩子做了一个姓名牌,男生的是蓝色的,女生的是粉红色的。在第二天的课堂上,姓名牌发挥了作用,孩子们课堂纪律还不错,课下评课时,郭校长对我的认真备课给予了肯定,也关注到了我给孩子们制作的姓名牌。真的很感谢郭校长对我的鼓励,因为郭校长的鼓励,我似乎不再胆怯。清楚地记得,到校第二个月,我参加语文说课比赛。有一天,我一个人在仪器室准备说课稿。张校长走进仪器室询问我准备的情况,还特意嘱咐我:"你的课在赛课之前让叶老师听听课、把把关。相信你会把最好的水平发挥出来的!"我点点头,内心满是感激。谢谢您,校长!此时,我真切地感受到了您时时处处把教师的成长放在首位的教育理念。遇到这样的好领导,我很幸运!张校长曾经说过,他希望我们老师都做有专业尊严的教育者,而不仅仅是教书匠。

与阅读同行

阅读滋养着我,促进着我的精神成长。与阅读同行,丰富着我职业的内涵。《第56号教室的奇迹》让我看到了对孩子爱的力量是多么强大,是不断创造奇迹的根源。《捕捉儿童敏感期》让我了解了孩子成长的规律，认识到在爱和自由的环境中成长的孩子会更好地度过每一个敏感期。《给生命涂上爱的底色》让我意识到老师适时无痕的教育，给了学生发现与反思的过程。老师无声的宽容会比一个错号更有效，会激发学生更严格的自我要求。《窗边的小豆豆》这部温暖的、令人微笑的文学著作，让我感受到小林校长别具一格、清新自然的教育方法。

阅读，温暖着记忆。我和我的学生一起阅读经典的温馨画面，时时浮现在眼前：《三字经》《弟子规》《千字文》……我们从经典中了解大千世界的奥秘，了解经典中蕴藏的博大精华。我告诉学生，人生最美好的事情是阅读。与阅读同行，选择地读，适时地思，呼吸语言的芬芳，追寻"腹有诗书气自华"的境界。

与教研同行

课堂是教师安身立命的场所，是教师生命的舞台。在北京第二实验小学洛阳分校，与教研同行，有痛更有累，并且快乐着。在北二分，研讨课一直起着引领、研讨的作用。而我，也在实践中琢磨教学、体会教学。

2015年5月，我被推荐参与省级优质课评选。自己独自一个人多次读《掌声》时，我被文章感动了。我第一次发现，这是一篇能触动人内心的文章。我在这篇文章中找寻到了力量。我整理出自己的教学思路，接下来又经历了一次次试讲，一次次被挑剔，一次次被推翻重来。而我，无论是教态、声调、组织教学的能力，还是对教材的挖掘，都在一点点进步。最终，我在这次比赛中，获得信息技术与课程融合优质课省级一等奖。现在，我已深刻认识到：教研课，有准备的紧张，更有展示的兴奋。在一次次的紧张和兴奋中，我开始计算一节课的课堂效率。虽然很辛苦，但我变得坚强、成熟、视野开阔。

与反思同行

记得有位专家说过:"不会反思的教师一辈子是个教书匠,会反思的教师几年就能成长为教育工作者。"一直以来,学校要求每位教师每月完成四篇教育教学反思。由最初让我写,到现在我想写。与反思同行,四年的时间,我用心体悟,书写了近两百篇真实的教育教学反思故事,教育教学反思故事是我教育教学工作点滴的呈现。与反思同行,教学故事的书写,让我的教育思考越发深入。每一个教育教学反思故事都是我成长、进取的见证。2016年10月,当我将在北京第二实验小学学习后书写的近三十篇学习札记发送给我的指导老师庞老师时,庞老师给我回复:非常感谢你!你是一个有心的人,你的文章特别好!你是用心地工作,积极地思考,认真地反思。教育教学反思故事的书写,让我感受着自我成长的幸福!

名师档案

黄利花,女,1981年生,本科学历,中小学二级教师。曾获得洛阳市骨干教师、洛龙区名师、洛龙区优秀班主任、洛龙区德育先进个人等荣誉称号。论文《低年级写话教学点滴体会》获省级一等奖;论文《方法得当 因材施教 唤醒文字》获市级一等奖;《掌声》一课获河南省语文优质课一等奖;《理想的风筝》一课获洛阳市优质课一等奖。辅导学生在作文大赛、书法大赛中多次获得市、区级奖励。参与区级课题"小学低年级写话教学方法实践性研究"。

| 教 育 随 笔 |

感谢与您同行

相遇是缘分,相识是幸运,相伴是快乐。每天的忙碌中有收获,每天的充实中有进步,每天的工作中有相助,工作中有无尽的感谢。

道一声感谢

学校一个学期两次的教研课,我成长进步的同时,更感受着同事们的尽心帮助。

第一次上写话教研课,我有压力。教学设计整理好,我就联系叶主任,希望他能给把把关。他当时没有在家,就让我把教学设计发到他的电子邮箱。

很快,叶主任提出改动建议。我改好后,再让叶主任看。几番下来后,叶主任的认真、细心让我感动。

后来,自己对教案还有一个难点难以逾越。我找到彦辉征求意见,他说出了自己的见解。此时已过了午饭时间半小时,彦辉的热情让我感动。

在二(1)班试课时,我找到小宁老师听课。课毕,小宁老师中肯地提出自己听课后的感受,又提出了改进意见。我一个人坐在办公桌前改教案。已到了下班时间,我又找到了准备下班回家的小宁老师,再次请她与我一同分析、商讨授课环节中的相关细节。小宁老师耐心相助,让我感动。

一次教研课,是一次成长;一次教研课,能得到这么多同事的帮助,我很幸运;一次教研课,让我了解了好同事,我很幸福;一次教研课,我感谢你们,我亲爱的同事。

鲜花烂漫时

活动是学生教育的有效载体。活动丰富了孩子们的学习生活，活动让一个个天真活泼的孩子犹如灿烂的鲜花，孩子们在活动中成长、进步。鲜花烂漫时，学生精彩中。

六月一日，是孩子们的节日。学校的家校联欢也是围绕孩子们的节日，一件件小事，感动着我。

学到语文课文第24课《快乐的节日》时，我想让孩子们学唱这首歌。学唱歌曲《快乐的节日》，可以巩固课文内容，可以丰富学生积累，可以给语文学习带来乐趣，可以为六一家校联欢准备素材。想到我就去做，找歌曲，下载失败，少先队辅导员刘轶楠老师帮忙下载。歌曲带到班里，早上、中午放给学生听，让学生学唱。布置周日作业，让学生回家学唱。学生兴趣高，但缺少指导，唱歌效果一般。

音乐课前，和马青老师沟通自己的想法，让马老师教唱《快乐的节日》，马老师一口应允。一节课结束，我去班里，马老师让孩子们唱给我听。我听到、看到的是：演唱歌曲时，孩子们的音准提高了，孩子们注意到了节奏的快慢，孩子们留意了声音的高低起伏。更令我喜悦的是孩子们在演唱时，随着音乐的高低、快慢，孩子们脸上的表情丰富，快乐之情溢于言表。唱歌结束，孩子们的演唱让我惊叹，马青老师的认真教唱、用心指导让我钦佩。马老师建议我们班六一时可以排《快乐的节日》，晓飞和我商量后，再次找到马老师，交换想法。马老师满口答应，并积极为我们出谋划策。

节目顺利演出，孩子们精彩呈现。忘不了同事间的精诚合作，忘不了排练时家长的耐心等待与支持，忘不了演出那天，我们班焦笑冉、焦子轩、常晨雨等孩子的妈妈早上七点就到班里为孩子们化装，换演出服……更忘不了与孩子们一同排练的点滴时光。

走在教师这条路上,与同事同行,我感受到的是幸运。走在教师这条路上,与教研同行,我感受到的是幸福。走在教师这条路上,与北二分同行,我感受到的是生命的活力。感谢一路与您同行!

| 获 奖 课 例 |

掌声

教学内容

《语文》S版二年级下册第七单元的一篇精读课文。

教学过程

一、导入(略)

二、检查预习情况(略)

三、理解小英的忧郁

师:小英小时候,因为生病,一条腿落下了残疾,真是一个不幸的孩子。让我们走近小英,去看看她吧!齐读课文第1自然段。

(学生齐读)

师:课堂上,同学们积极发言,小英总是——

生1:默默地坐在教室的一角。

师:班级活动时,同学们都积极参与,小英总是——

生2:默默地坐在教室的一角。

师:下课了,同学们都在一起交流、游戏、玩耍,小英总是——

生3:默默地坐在教室的一角。

师：就这样，只要在学校，不管什么时候，小英总是默默地坐在教室的一角。唉，小英，就是这样一个忧郁的孩子。

师：请大家再读读第1自然段，体会体会。

生：（自读）

生1：（读课文第1自然段）

师：听了你的朗读，我感到小英的确很自卑。

生2：（读课文第1自然段）

师：听了你的朗读，我感到小英觉得自己在同学们中间抬不起头来。

师：小英很忧郁，她没有融进同学们的生活中。难怪轮到她上台讲故事时，她犹豫不决呢。谁来读课文第3自然段。

生1：（读课文第3自然段）

师：小英犹豫什么呢？此时，她会想些什么？

生1：小英想，我要不要上去讲呢？

师：如果走进小英的内心，可能就有很多话要说了。请大家看屏幕。再来说一说。

（出示句式：引导叙述）

小英犹豫了，她想：如果我上台，（　　　）。如果我不上台，（　　　），这该怎么办呢？

生1：小英犹豫了，她想：如果我上台，同学们会笑话我走路的样子。如果我不上台，老师会以为我不会讲故事，这该怎么办呢？

生2：小英犹豫了，她想：如果我上台，同学们会看到我走路的样子，会嘲笑我。如果我不上台，老师一定会批评我，这该怎么办呢？

师：上台，还是不上台呢？小英一时拿不定主意。这就叫犹豫。

四、感受掌声

师：小英的处境大家明白，小英是怎样走出忧郁的呢？请大家边读边思考，同学们是在什么情况下把掌声献给小英的？

生1：小英刚刚站在讲台上的时候，同学们给她掌声。

生2：小英讲故事结束时，同学们又给她掌声。

师：当小英在讲台上站定时，面对忧郁的小英，同学们没有说什么，而是静静地期待着。掌声成了无声的语言。

师：请大家一起读课文第4自然段的内容。

（学生齐读）

师：小英犹豫了一会儿，然后怎样走上讲台的？

生：一摇一晃。

师：请大家伸手和老师写"摇""晃"。摇，左边一个提手旁，写得窄一些，给右边的部分让位。"晃"上边一个"日"字，写得扁一些，下边一个"光"字，横要托住上边。

师：小英犹豫了一会儿，终于一摇一晃地走上了讲台。这是同学们从来没有看到过的一件事情，多么令人高兴呀！同学们情不自禁地鼓起掌来。如果你就是在场的小英的同学，你会一边鼓掌一边在心里对小英说点什么呢？

生1：小英，你终于站上了讲台，太棒了！

生2：小英，好样的。我们为你高兴。

生3：小英，不要怕。我们不会嘲笑你的。

生4：小英，我相信你一定能讲好。

师：同学们没有说什么，而是通过掌声传递着对小英的支持与鼓励！同学们，掌声响起来，让我们给小英鼓励鼓励。

师：小英登上了讲台，看着热情的老师、同学，听着热烈的掌声，小英心里热乎乎的，小英不禁流下了眼泪。她非常珍惜同学们的掌声，镇定了一下情绪，便开始讲述她小时候的故事。故事很感人，同学们都被感动了，大家又一次把掌声献给了小英。同学们，掌声响起来吧！

（学生送上热烈的掌声）

师：同学们的手都拍麻了，还在拍；同学们的手都拍疼了，还在拍。掌声好长时间都没有停下来。这就叫——经久不息。

（出示文中完整的一句：故事讲完了，教室里又响起了经久不息的掌声）

师：刚上台时，送给小英掌声是鼓励与支持。现在又送掌声是什么？

生1：赞扬。

生2：夸奖。

生3：赞美。

师：对于小英，大家自发送给她的这次掌声，分明是赞美。

五、理解小英的变化

师：说也奇怪，从那以后，小英像变了一个人似的，不再像以前那么忧郁了。现在小英怎么样？

生1：她和同学们一起交谈。

生2：她和同学们一起做游戏。

生3：她和同学们一起排练节目。

师：文中的省略号表示什么？

生：小英做的其他事。

师：谁能接着省略号说下去。（出示句子，引导补充）

生1：上课时，小英积极动脑，踊跃发言，甚至要求在黑板上做题目。

生2：下课了，小英走到教室外，看同学们跳绳、踢毽子，甚至和同学们一起踢一起跳。

生3：下课了，小英常常站到老师身边，看老师批改作业，有时甚至帮老师发作业。

师：从这些事里面，我们感受到小英是个怎样的孩子？

生1：自信。

生2：乐观。

生3：快乐。

六、理解小英变化的原因

师：在这个故事里面，是什么原因使小英从一个忧郁的孩子，变成快乐、自信的孩子。小英在给我的信中给出了答案。

（出示："我永远也忘不了那掌声，因为它使我鼓起了生活的勇气。我永远感谢这掌声。"）

（学生齐读）

七、课堂小结

师：是啊，小英忘不了那掌声，掌声是关爱、帮助、鼓励、支持、赞扬。掌声让小英成了一个自信的孩子。同学们，让我们珍惜别人的掌声，同时也不要忘记，当别人需要时，把我们的关爱、帮助、鼓励、支持、赞扬以及掌声献给别人。

师：课下，老师推荐大家阅读《爱的教育》一书。相信你会有更多的收获！

（本节课荣获河南省语文与信息技术融合课一等奖，有删节）

好书推荐

《第56号教室的奇迹》

《第56号教室的奇迹》的故事，感觉像一个童话，也许正因为是在平凡中所诞生的奇迹，才令人倍加感动。"全美最佳教师"雷夫·艾斯奎斯为他的学生们在贫民窟的教室里营造了一个快乐的天堂，而他用爱心和智慧所浇灌出的，必定是不平凡的结果。这本书让我们看到了对孩子爱的力量是多么强大，这是不断创造奇迹的根源，值得每一位关心孩子成长的父母和每一位教育同行用心阅读。

用爱演绎教育的精彩

◎ 郭遇巧

爱是什么？对于已经在教育之路上走过23个年头的我来说，爱是成长的阶梯，是初为人师时的无悔付出，是勇挑重担时的责任与担当，是挑战自我时的突破与成长。二十年，我执着如登山之士，锲而不舍，二十年追求，二十年奋斗而无穷尽。二十年，无悔付出，几次选择，几多挑战，我在不断成长中领悟了爱的真谛。

难忘，初为人师的无悔付出

1994年8月，师范毕业的我回到李楼乡一所农村小学任教。那时的我稚嫩却不乏热情，认真但缺乏自信。在随后的6年时间里，一次次的历练，无怨无悔地付出让我不断成长。

难忘1996年9月第一次参加洛阳市青年教师基本功大赛。记得从接到通知的那一刻，从来没有参加过任何活动的我无比紧张害怕，不想去，最后几乎是在校长的强制命令下参加的。从学校到片区出线，从乡镇评比到全区出线，从全区评比到具备参加全市比赛的资格，一关又一关的淘汰赛，激烈而紧张。培训正值暑假，炎炎夏日，我天天骑着自行车穿梭于家和进修学校之间。其中一项是粉笔字练习，需要我们自带小黑板。一天，我骑着车带着小黑板，不小心摔了一跤，半边脸肿了，嘴巴肿了，脸上一道道的血印子，额头右侧还有一块巴掌大的血疤，一条腿的膝盖磨破了，不能打弯，对于一个女老师来说，当时的样子真的是出不去门了。坚持还是放弃，犹豫再犹豫，校长的鼓励让我坚持下来，带着伤走到最后。我最终代表区里参加洛阳市的总决赛，在洛阳市首届小学教师基本功大赛中脱颖而出，受到市政府表彰，获得洛阳市优秀教师荣誉称号。记忆里这一抹风景永远难忘！

难忘1999年5月第一次参加河南省小学数学优质课大赛。看到我的韧劲儿，张校长开始鼓励我参加数学优质课比赛。一次次"赶鸭子上架"，一次次在痛苦中煎熬，我利用周末去向教研员请教，中午自己在办公室说课，自言自语，同事们说我得了"魔怔"。我就在这"魔怔"中慢慢地悟出了数学课堂的奥妙。仅有5年教龄的我拿到了河南省数学优质课大赛一等奖。经历了这一切的我逐渐开朗、自信起来。教学中这一段磨砺永远难忘！

难忘三年的珠心算教学研究的酸甜苦辣。从1996年开始，在校长张胜辉的带领下，开始在数学教学的同时从事学校珠心算教学。吃苦加上坚持，钻研加上反思，两年时间，训练的学生在省市各种珠心算比赛中屡获大奖，学生郭建辉因成绩突出被评为"洛阳市十佳少年"。1998年3月，河南省珠心算教学现场会在桃园小学召开，各地市财政局、教育局的相关领导和老师500余人到此观摩，我作为主持人成功主持并现场做课，受到与会领导和专家的一致好评。随后，珠心算教学在全省铺开，我作为最早从事珠心算教学的老师接受了为全省各地市培训珠心算教师的任务。只有22岁且从未出过远门的我开始一次次远行，第一次一个人乘车到南阳，第一次面对几千人讲课，第一次给完全陌生的学生上课，我首先要战胜的是内心的恐惧、无助、紧张。一次次磨砺，我坚持走过。几年中，我一次次走出洛阳，先后为驻马店、漯河、南阳等18个地市培训珠心算教师2000余名。成长中每一趟行走都永远难忘！

难忘洛龙区第二实验小学成立时汗水凝练的青春岁月。1999年，二实小成立，我第一批竞聘而至。我走过了学校成立之初最艰难的两年，也是最得到锻炼、成长最快的两年。还记得刚建校那个暑假，我们搬桌凳，一趟又一趟；清理原有初中留下的旧东西，一件又一件；上门动员孩子来上学，一家又一家；整理原是放杂物的屋子，一间又一间。开学了，我担任低年级教学。面对这群注意力不太集中的孩子，特别是面对一群七八岁就离开父母独自在校上学的孩子，我感到从未有过的压力，更感到肩上责任的重大。面对细小的、烦琐的、重复的工作，我总以平和的心态和快乐的心情去享受着充满希望的每一天。我把教学的重点放在入学教育上，上课该怎么坐，地该怎么扫，怎样穿衣叠被，我耐心向孩子们说明，并且亲自去做。一遍一遍地说，一次一次地强调，嗓子一天10多个小时的连续工作，两天就哑了。

学校当时条件不好，只有一个打热水处，为了让孩子们早上能用上热的洗漱水，我和同事们五点半起床提前打好一大桶热水，等孩子们起床后再一瓢一瓢舀给他们。冬天下雪了，早上五点起床为孩子们扫出一条通往教学楼的路，白天和孩子们一起打雪仗，晚上把一双双湿透的棉鞋烤干了才睡。离家只有1千米的距离，却天天住在学校，一周回一次家。

1994年到2001年，我经历了拼搏，也收获了荣誉，那是一段激情燃烧的岁月，更是一段至今难忘的青春岁月。但是，我深知，唯有脚踏实地，才能让自己更加深刻和富有内涵。身上的光环是暂时的，总有消退的时候，要让自己走得更远，需要"沉"下去。人生的道路上总是面临很多抉择，抉择中必然有遗憾，但我相信每一次选择，都将是一次超越。

抉择，勇挑重担的责任与担当

2001年8月，一实小成立，我来到这里，经历了又一次的建校之难。在新的环境中，放弃了以往的荣誉和经验，又重新出发。我主动申请从一年级教起，并一直教到六年级。我庆幸在一实小的六年时间里能够把小学数学的知识融合串联起来，为我在业务上的发展又一次奠定了坚实的基础。

2007年7月，在一实小干得顺风顺水的我，被教育局调到新区龙城双语小学。来到这里，一切都变了。原来只是负责一个班的教学，现在负责全校的教学工作；原来的学生是通过考试择优录取的，现在是学区内的孩子。身份变了，角色变了，对象变了，我有些不知所措了。

感谢一实小、二实小给予我的一切，十几年和优秀的同事为伍，使我能够很快地调整心态，来接纳我所面对的一切。我常揣着一颗感恩之心感激周围的一切人。我欣赏张晓歌的执着，欣赏郭晓辉的认真，忘不了李丹丹的任劳任怨，忘不了张纪萍老师顾全大局……一点一滴的欣赏汇聚出众多优秀的精神。在欣赏之余更多的是思考，让这些优秀品质辐射开来影响带动我们的教师。于是便有了一次次的交流活动：欣赏同事，夸夸我的好搭档。老师们在彼此的欣赏中，悦纳别人，成就自己。老师们在彼此的赏识中，反思自我，锤炼着、提升着精神世界。

龙城双语小学位于新区，环境优美，为了使学校能够在新区扩大影响，课堂外，我和老师们努力创建了"绿化美化课程化"校园，把各年级各学科内容自然渗透在校园文化的各个角落中。还记得我们蹲几个小时画地面文化，还记得一个创意诞生时的疯狂，还记得为了一个创意的实施顶着酷暑一趟一趟跑市场找合适的材质……就这样，数学大道、字词苑、乖乖龙苑等景观，成为课堂教学的有益补充和拓展延伸，开辟了新的教学空间，使课堂教学活起来，为孩子的校园生活披上了五彩的外衣，成为学校发展的一大特色，吸引了省内外各个县区和兄弟学校到校参观学习，教育教学质量也一年一个台阶稳步提升。

有人说我是一个"拓荒者"，有人说我是一个"建校专业户"。我经历了两所学校的建校之难，经历了一所学校的快速发展。每一次工作岗位的选择，对我来说都是一次成长、一次挑战，我总是选择再向前迈一步，迈一步。

挑战，突破自我的成长与幸福

2013年元月，由于工作需要，我又回到了最初奋斗过的二实小。更没想到的是，半年之后，学校与百年老校北京第二实验小学合作，挂牌成为北京第二实验小学洛阳分校。命运又给了我一次创建新学校的经历。

北京第二实验小学这所百年名校孕育了众多教育大家，校长李烈更是我们小学数学界的领军人物。他们非常重视课堂文化构建，全国所有的分校都要参加一年一次的"大爱杯"数学优质课比赛，而我们洛阳分校才挂牌仅仅一个多月。时间短，任务重，面对挑战，我清楚地知道自己的责任，这次赛课得由我来上，我必须给全体教师一个示范引领作用。我没去过北京第二实验小学，只是从书中有一个简单的了解，教学理念说起来简单，但如何操作、如何呈现，真的不简单。而且去过的同事说北京的孩子了不得，一不小心就会被孩子们问住。这课该如何下手呢？思来想去，玩是孩子们的天性，所有地方的孩子应该都一样吧？于是开始了《可能性》这节"玩数学"的备课之路。还记得之前曾上过这节课，而且深获好评，但现在再翻出来看，设计的活动对于北京的孩子是否有些简单，最后一个环节开放度还不够。怎样才能让孩子们玩得巧、玩得妙，在不知不觉中学会呢？怎样才能体现北京课堂的教学理念"勇敢地退，适时地进"呢？在整个团队的厚望中，我终于站在了"大爱杯"的讲台上。掌声，鲜花，李烈校长的认可，华应龙校长的现场点评：这是我听过的《可能性》中最精彩的一节。忐忑的心渐渐平静，我陷入深深的反思：华校长的点评让我忽然找到了今后努力的方向，孩子们已经养成了展示评价的好习惯，第三个环节为何不放开给孩子们呢？我知道是自己退得不够，把课堂交给孩子们的空间还很大。五个月后，当仍以这节课站在"名师1+3"的舞台上，我却站得更坚定了。

作为张胜辉名师工作室成员,我不止一次地到栾川、新安等地送课下乡;作为学科带头人,我不断指导青年教师快速成长,通过打磨一节课,培养一个人,实现培训一批教师,带动一个团队,辅导的王曼丽、赵方方、郭丹辉等多名教师的优质课获得省、市、区级奖励。

23年教育之路,两次获得洛阳市优秀教师,先后被评为河南省"百千万工程"中小学数学学科带头人、河南省优秀教师、河南省学术技术带头人、河南省文明教师、洛阳市业务标兵、师德标兵、首届名师等,且优质课及课题多次获奖。

二十余年,一路走来,从二实小、一实小、龙城双语小学到北京第二实验小学洛阳分校,经历了每一个学校的建校之难,并与之共同奋斗壮大的过程。无论是称为"拓荒者",还是"建校专业户",我都笑而纳之。前行的路上,有拼搏、付出,有挫折、痛苦,有成功、喜悦。未来永在,激情永在,我将继续以爱育爱,用爱演绎教育的精彩!

| 名 师 档 案 |

郭遇巧,女,中共党员,1977年生,1994年参加工作,学校书记,中小学高级教师。河南省优秀教师,省学术技术带头人,省文明教师,洛阳市首届名师,洛阳市师德标兵、业务标兵,洛龙区第八批优秀专家。河南省数学优质课一等奖,参与的课题"教师阶梯式发展校本策略研究"获省一等奖,参与的课题"建立家校合一新机制提高学生写字水平""洛阳市新区实施双语教学实验研究"获河南省二等奖,参与的课题"小学数学练习有效性的尝试与研究""现代化教学手段在小学数学中应用的研究"获河南省三等奖。

|教育随笔|

生命，是一树花开

非常荣幸，每一次的团队述职都有朋友们的热情关注。我们的265位家长朋友，洛龙区教研室吉志峰主任、秦凡丽老师、张红利老师，小学数学教育专家杨建斌老师，巩义市子美小学的教育同人以及《洛阳晚报·教育周刊》《生活导报》《东方今报》的朋友们陪伴我们一起度过。

凝碧一年级组以节目《开讲啦》拉开精彩序幕，他们是一个团结向上的团队，组成了一个温暖的大家庭。他们彼此关爱，相互学习，共同成长。

美茵一年级组是一支人数最多、充满激情与活力、勇于担当的团队。大家有事一起商量，有困难一起扛。我的青春我做主，用爱的智慧陪伴孩子们快乐成长，活力青春，青春无悔。

凝碧二年级组继续精彩上演温暖、温馨而又温情的《小希上学记》，已经演至第四季了……小希的老师们幸福地工作、快乐地生活，她们有情有爱，有默契有担当，陪伴可爱的小希一起成长：小希耍脾气、当班长、放风筝、办板报、演戏剧、过六一、当"博士"，小希可真快乐……暑假过后，小希将升入三年级，相信在爱的陪伴下，小希必将越来越精彩。

外表素淡清雅，内心丰富博大。她们有一个响亮的名字——"美少女战士"！智慧的巧干，高效的工作，她们在工作中各有各的办法，各有各的妙招。

凝碧三、四年级组是一个团结协作、积极向上的团队，他们亲如一家，不分彼此，辛勤付出，默默奉献，共同追逐梦想，守望成长，努力让所有的"花儿"美丽绽放。

"热爱生命，向着成长的方向。"——美茵三、四、五年级组19位家人用智慧引领和陪伴着412名学生一起行走在成长的路上，他们坚信：用心热爱着，孩子们那稚嫩而鲜活的生命，将拥有美好的远方。

凝碧五、六年级组16人组成的"超能陆战队"，经历了破茧成蝶的磨砺，经历了伤痛泪水的洗礼，迸发出强大的战斗力，无所不能，所向披靡。"聚是一团火"，他们是工作中的伙伴，生活中的朋友，相亲相爱。"散是满天星"，新学期，他们将散落各年级，继续散发自己的光和热。

学科种类最多，各项事务琐碎繁杂，但他们任劳任怨，肩负重任，团结协作，凝碧综合组的9位家人倾情演绎《在爱里成长》，用他们的满腔热情谱写北京第二实验小学洛阳分校的美好篇章。

兵马未动，粮草先行，校园里处处可见他们忙碌的身影，餐厅里时时能感受到他们亲切的笑容。他们是校园里的园艺师，他们是美食的缔造者，他们是教学的后盾，是环境的保护者……后勤生活部的家人们默默奉献，一起绘就精彩北二分，谱写了一首大爱之歌！

一枝独秀不是春！期末团队述职，打造的是团队，展现的是智慧，赢得的是我们超强的团结和谐及精彩的职业价值。所以，我喜欢，生命是一树花开，满园春色！

| 获奖课例 |

龟兔赛跑

教学内容

龟兔赛跑故事中的数学追及问题。

教学过程

一、谈话导入（略）

二、分析龟兔赛跑爬行路程和时间的关系

1.分析乌龟的爬行路程和时间的关系

师：那么，我们除了可以用方向和距离来表示点在平面上的位置，还可以用什么方法确定平面上点的位置？

生：数对。

师：谢谢你帮我们回忆起以前学过的知识。我们再回到龟兔赛跑这个故事。现在把乌龟和兔子都看成一个点，同样两个"点"需要表示兔子和乌龟，要区别开，有什么办法？

生1：颜色。

生2：大小。

师：注意是同样两个点。

生：字母。

师：为了加以区别，表示兔子的点命名为点A，表示乌龟的点命名为点B。现在乌龟和兔子都从点O同时出发，看，横轴表示它们经过的时间，纵轴表示它们跑过的路程。

师：故事发生在2500年前，那时的人们只知道，兔子跑得很快，乌龟爬得很慢，但有多快、有多慢并不知道，更不会将它们快、慢的程度用数表示出来。今天的数据也并不代表龟、兔真实的速度，只是为了便于我们研究数学问题。现在假设龟、兔进行的是1000米赛跑，乌龟经过5小时到达终点。（课件演示）

问题1：乌龟5小时爬行了1000米，就构成了一个数对，[出示：A（5，1000）]你知道这个数对表示的含义吗？

生：乌龟爬1000米用了5小时。

师：很好。你们能在图上描出这个数对所对应的点吗？请画出来。

（生独立完成，让一名学生画在黑板的演示板上）

师追问：你为什么选择点在这里？

生：时间对应5小时，路程对应1000米，5小时和1000米对应的交叉点。

（生答完看大屏幕演示）

问题2：从这组数对中能求出什么？

生：乌龟的速度。（显示乌龟的速度）

问题3：如果乌龟在整个比赛过程中始终保持这样的速度，1小时对应路程就是200米，2小时呢？4小时呢？4.5小时呢？爬行600米需要多长时间呢？700米呢？900米呢？

问题4：好，乌龟经过1小时、2小时、4小时的爬行路程，你能分别用一个点在图中表示出来吗？

问题4：把这些点连起来，看看有什么发现。

生：路程随着时间的变化而变化。

师：乌龟在整个过程中始终保持200米/时的速度不变，直线上的每一个点，都对应着某一时刻所爬行的路程、时间变化，爬行的路程也随着变化。

师：刚刚我们用图形表示了乌龟爬行路程和时间的关系，现在想不想看看兔子跑的路程和时间的关系呢？

2. 读懂兔子跑的路程和时间的关系

师：请看，你能读懂图中传递出来的关于兔子的哪些信息吗？（生答）

问题1：兔子跑了多长时间就去睡了？睡了多长时间？从哪里看出来？

问题2：兔子跑时速度是多少？睡的这段时间速度是多少？对，大家看到路线在向前行，是什么在变化？什么不变？时间在变化，但一直没有前进，还在原地多少米处？

问题3：兔子几时醒来，乌龟已爬行了多少米？可以在自己图上找到点的位置吗？这时，它们相距多远？用虚线画出相差的距离。兔子离终点还有多远？

师：我们读懂了图中兔子的相关信息，你现在脑海中有没有相关的数学问题要问？

生1： 兔子几时到达终点？比乌龟晚到终点多长时间？

生2： 兔子醒来几时能追上乌龟？

三、看图解决问题

师： 现在我们就来一一解决大家提出的问题。

问题1： 兔子比乌龟晚到终点多长时间？

（独立完成，汇报）

生1： 兔子比乌龟晚到半个小时，直接看图就可以得出结果。

师： 我们借助图形得到结果，能不能用算式验证一下？

生2： $(600÷400)-1=0.5$（时）（板演，讲过程道理）

生3： $1000÷400=2.5$（时）　$2.5+3=5.5$（时）　$5.5-5=0.5$（时）

师： 我们通过算式计算出了结果，从图上也能得到结果。发现没有，借助图形更加直观，答案就在眼前。数形结合，以形助数或以数解形，不失为我们解决问题的好办法。

师： 既然是赛跑，兔子虽然迟到了，但仍想要追上乌龟，如果乌龟到终点后继续爬行，兔子醒来后要追乌龟，能追上吗？为什么？1个小时能追上多少？两个小时呢？

问题2： 如果乌龟到终点后继续跑，兔子醒来后要追上乌龟，需要多长时间？

生板演： $(800-400)÷(400-200)=2$（时）

师追问： $(800-400)$ 表示什么？（板书：相距路程）

　　　　　$(400-200)$ 又表示什么？（板书：速度差）

师： 整个算式表示什么？

生： 相距路程里有几个速度差就需要几小时。

师： 好，那么我们求出的结果2小时就是追及时间。（板书：追及时间）

师： 相距路程、速度差、追及时间，你能用一个关系式表示出它们之间的关系吗？

生：相距路程÷速度差=追及时间。（师板书）

师：龟兔赛跑的故事其实蕴含了数学中的追及问题。

师：如果兔子睡醒后要想追上乌龟并和它同时到达终点，有什么办法？

问题3：如果兔子睡醒后想追上乌龟并和它同时到达终点，速度需要提高多少？

师：请独立思考完成。完成的可以和同桌交流一下自己的想法，哪位同学来展示一下自己的做法？

生1：800－400＝400（米）　乌龟和兔子的路程差，

400÷1＝400（米/时）　兔子原来的速度，

1000－400－400＝200（米/时）　在剩下的路程中兔子需要提高的速度。

生2：1000－400＝600（米）　兔子离终点还有600米，

600÷1＝600（米/时）　还剩的600米要在1小时内到达，所以兔子在还剩的这段路程的速度是600米/时。

600－400＝200（米/时）　兔子的速度比原来需要提高多少200米/时。

师：龟兔赛跑是很久之前的故事，现在科技如此发达，未来可能会是什么样的？

四、拓展提升

问题4：沿地球赤道架设一条高速铁路。
飞机在距地面10千米的高空绕地球赤道飞行。
飞机与火车运行的路程相差几千米？

师：先试着算一算，再将你的方法在小组中进行交流。

生1：（6378+10）×3.14－6378×3.14＝（6388－6378）×3.14＝10×3.14＝31.4千米。

生2：$\pi(R-r)=3.14\times10=31.4$千米。

生3：其实就是我们学习过的确定起跑线问题，周长差就是10π。

师：对比这几种算法，你有什么发现？

生：用字母代替数进行运算，可以摆脱复杂的数据，使运算更简便。

五、课堂总结

师：这节课我们用数对的知识描述了龟兔赛跑的故事，借助几何图形解决了一些相关的问题，这种数学思维方法就称为"数形结合"（板书：数形结合）。

师：你觉得这种方法怎么样？有什么好处？

生1：复杂问题变简单了。

生2：图形很直观地帮助我们解决问题。

师：我们一起看看著名数学家华罗庚教授对它的评价。齐读：数缺形时少直观，形少数时难入微，数形结合百般好，割裂分家万事休。

师：数形结合就是通过数与形之间的对应和转化来解决问题，这一数学方法在我们今后的学习中会有更加深刻的感受。

（本节课为2016年洛阳市智慧课堂巡礼展示课，有删节）

好书推荐

《给生命涂上爱的底色》

给生命涂上爱的底色，是北京第二实验小学李烈校长源自心灵深处且自然迸发出来的生命之音。让我们走进书中，去感受爱、学会爱并乐于付出爱，感受充满爱的生命带给我们的财富以及付出爱后收获的幸福！

跟着感觉走的美丽人生

◎ 李丽文

在我22年幸福的工作历程中,"感觉"就像一个亲密朋友。有了她的相伴,我从不迷茫;有了她的相伴,我在不停地拔节,努力地成长;有了她的相伴,回首望望成长的脚印,心中有丝丝欢喜,当下的脚步无比坚定和执着。

第一阶段:热情满满

感觉:我要做一个好老师,让学生喜欢我。

18岁那年,我走上了讲台,从参加工作第一天起,三句话不离学生,后来妈妈烦得受不了对我说:"你能不能回家不说你学生怎么了、学校怎样了!"和学生有关的一切都使我充满热情并且认真对待,在这种热情的指引下,跟着"我要做一个好老师,让学生喜欢我"的感觉走了5年。这5年我迅速成长着、收获着,没有想到优秀教师、三八红旗手、优秀辅导员这些称号会属于年轻的我,没有想到在优质课比赛中能多次获奖,没有想到当年被选调到二实小时学生舍不得我哭得稀里哗啦。

心得体会:工作可以没有经验,但不可以没有热情。热情会赐予你灵感,热情会指引你前进的方向,也许热情就是活出自己的催化剂。

第二阶段：方法种种

感觉：我是一个好老师，我要尊重学生，我要用自己的方法和智慧去赢得学生的信任和喜欢。

从走进二实小的第一天起，校长在开会时经常会说："你们都是选出来的好老师，你们应好好发挥自己的长处。"这样的话经常在耳朵边响起，所以慢慢地我也就理所当然地认为自己就是好老师。有了这种感觉，我干起工作来劲头十足，优秀老师工作怎能干不好呢？学校给每个老师配备了《班主任兵法》一书，随后我又买了几本关于班级管理的书籍。就这样，我进入感觉超棒的阶段，当时自己的最大特点是：1.执行力很强。2.学生出现问题，我一定想办法给解决掉。3.在教学中想尽办法让学生在快乐中学习。

心得体会：灵感只给爱思考的人，方法只给想解决问题的人。

第三阶段：自然多多

感觉：可爱的孩子们让我看到自己存在的价值，和他们相处要自然。

近两年，随着对北京总校教育教学理念的理解和执行，我变得和以前不一样，不知从什么时候起开始特别喜欢"自然"两个字，更喜欢这两个字的内涵和外延，喜欢自然地生活和工作，我觉得只有这样才是对生命的敬畏和尊重。所以我的工作风格发生了很大的转变，从第二阶段重方法转变为现在的更有温度、更柔软的教育，发自内心去关爱每一个孩子。

记得有一天上午第一节课，一个男孩在呼呼睡大觉。看到他睡得香甜，我轻轻走到跟前拍了拍他，孩子费力地把眼睛睁开了一条窄缝，仅仅两三秒钟而已就又闭上了。我顺势赶紧摸摸孩子额头，温温的，我悬着的一颗心落了下来，看来孩子没有发烧。"可为什么大早上就瞌睡成这个样子呢？一定有原因！"还是让他睡一会儿吧，等下课问清原因再补课或批评也不迟。随后在与孩子的交流中明白，原来晚上爸爸带孩子出去吃饭时间太长，导致孩子睡眠不足。因为没有在课堂上批评孩子，相反我还利用课余时间给他补课，我的处理方法让孩子感到意外也感到温暖，所以后来他主动找我说："老师我以后一定安排好晚上时间，绝不影响第二天上课。"听到一个十岁孩子能说出这样的话，我心里由衷地为他感到高兴，也为自己的冷静而心里窃喜。

心得体会：生活可以随遇而安，生命应该有所坚持。

名师档案

李丽文，女，1976年生，中小学一级教师。从教以来所讲的优质课多次获得省、市级一等奖，两次参加市教学技能大赛并获一等奖，被评为市级优秀班主任和师德标兵、区级优秀辅导员，多次辅导学生在"华罗庚金杯"赛中获一等奖，本人是区级优秀辅导教师、省级骨干教师。

教育随笔

听，爱的音符已奏响

"老师，郭××和张××两个人因为争看一本书吵起来，咱班同学把他俩送到我这里来，我已经给他们调解过了，没有问题了。我觉得他俩的座位不能离太近，您还是给他们调调座位吧！"高高胖胖的调解委员小梁同学不紧不慢地说道。

"好！你能发现班里的问题非常好！并且去寻找解决问题的办法，真棒！"正准备去教室的我被小梁堵在办公室门口，听他说完这番话后，我乐了。看来这群孩子们真的不能小觑。

好像专门为我量身打造似的，悦耳的上课铃伴着我的步伐欢快地响了起来，我悄悄走进充盈着书香气息的教室。

沈儒溢一丝不苟地领着大家诵读，清脆干净的嗓音久久回荡在教室上空。孩子们没有因为我的进来而受到丝毫的影响，端端正正地坐在各自的座位上，与诵读员一起沉浸在古诗中。

置身于这群蓓蕾之中，我的眼睛忙得不亦乐乎，看看这个孩子如此可爱，看看那个孩子那么讨人喜欢。机灵鬼小刘是个负责任的阅读检查员；监督员小何、小李总是用心为大家的安全问题忙碌着；发加餐的两位大男生工作从未出过错；三个帅气的体育班长每次把队伍整得横看竖看都是直直的线；餐厅管理员小胡一板一眼的样子十分可爱……

做了20年班主任的我，从成为北京第二实验小学洛阳分校的一分子后才真正明白——好的班主任应该为每一个孩子提供参与班级管理的机会，要为学生的参与提供足够的时间和空间以及宽松的环境，让学生在丰富多彩、真实有益的参与过程中完成自我的健康成长。

| 获 奖 课 例 |

小数的初步认识

教学内容

义务教育课程标准实验教科书《数学》（西师版）三年级下册第102—103

页例1、例1及课堂活动。

教学过程

（前略）

师：这个小圆点你们知道它叫什么吗？

生：小数点。

师：很好，这个小圆点就叫小数点。（板书：小数点 以1.5为例）

师：小数正是以小数点为界，小数点左边的部分是整数部分（板书：整数部分），小数点右边的部分是小数部分（板书：小数部分）。

师：这个小数的整数部分和小数部分分别是几呢？（板书：2.6）

生：整数部分是2，小数部分是6。

师：谁来把这句话读给大家听一听？

生：小数部分只有一位的叫一位小数。

师：2.6是几位小数？

生：是一位小数。

师：为什么？

生：因为它的小数部分只有一个数字。

师：老师在"2"的前面再添上一个"3"，现在它是几位？

生：是一位。

师：如果在3的前面再添一个"5"，它是几位小数？

生：一位。

师：这个小数已经发生了变化，为什么还是一位小数呢？

生：因为它的小数部分没有变，还是一个数字。

师：既然小数部分只有一位就叫一位小数，那么怎样的小数是两位小数呢？

生：小数部分有两位的小数就叫两位小数。

师：好，我们一块儿来看看这是几位小数？（板书：1.52元）

生：两位小数。

师：说说你的理由。

生：因为它的小数部分有两位。

师：小数点右面的第一位是十分位（板书：十分位），一起告诉老师这个小数十分位上是几呀？

生：5。

师：小数点后面的第二位是百分位（板书：百分位），哪个数字在百分位上？

生：2在百分位上。

师：同学们，现在我们对小数有了一定的认识，其实，在很早很早以前人们就会使用小数，你们想不想知道那个时候人们是怎样表示小数的？

师：世界上最早提出小数表示方法的人是我国元代数学家刘瑾。在我国，人们用算筹也就是摆小棒的方法表示小数，把小数部分降低一格表示。在1420年左右，伊朗数学家阿尔·卡西用黑墨水写整数部分，用红墨水写小数部分。1593年，在罗马出版《星盘》一书中，第一次用"·"作为整数部分和小数部分的分界，并称"·"为小数点。

师：听完这段介绍，你有什么感受？

生1：原来写小数麻烦，现在简单。

师：这点体现了数学的简练美。

生2：那时候人挺聪明的。

师：小数写法从无到有就是一个很好的证明。

师：这个小数谁愿意来读？（指着板书的1.52元）

生：一点五二元。

师：这个呢？（指着32.60）

生1：三十二点六零。

生2：三十二点六十。

师：现在出现了两种读法，你们更欣赏谁读的？

生：三十二点六零。

师：孩子你再读一次。

生：三十二点六零。

师：真棒，正如同学们认为的那样，小数点左边的整数部分和整数读法一样；小数点读作"点"；小数点右边的小数部分，各位上的数是几，就依次读出几；如果有单位名称，要读出单位名称。

师：同学们会读小数了，会写小数吗？敢不敢试一试？

生：敢！

师：请两位同学来上面写，其余同学写在练习本上。

师：我国篮球运动员姚明身高2.26米，妈妈今天早上去超市买了0.8千克蔬菜，花了3.36元。

师：我们来看看这两位同学写的小数，你们觉得他们写得怎么样？

生：他的小数点不圆。

师：对，小数点写圆了才好看，孩子赶紧改改。

生：他没带"米"字。

师：说得很好，写小数时有单位名称的要带上单位名称。

生：某某写的小数点高了。

师：你认为应该写在哪儿呢？

生：整数部分的右下角。

师：你觉得他说的怎么样？

生：他说得很好。

师：那你该怎么办？

生：改一改。

师：多好的学习态度。

师：谁能像我们刚才总结小数读法那样来总结小数的写法？

生：先写小数的整数部分，再写小数点，最后写小数部分。

师：是的，我们写小数时，先写小数点左边的整数部分，然后在整数部分右下角写一个小圆点，最后依次写出小数部分各位上的数，有单位名称的要带上单位名称。

（出示下面一组题）

36.50元是（   ）元（   ）角（   ）分

7.95元是（   ）元（   ）角（   ）分

8.50元是（   ）元（   ）角（   ）分

9.00元是（   ）元（   ）角（   ）分

师：谁知道这些小数是几元几角几分？

师：我们来观察这些数，你觉得以元为单位的小数，整数部分表示什么？十分位表示什么？百分位表示什么？

生：整数部分表示多少元，十分位表示多少角，百分位表示多少分。

师：（出示3组人民币）

你能用小数表示吗？

第一组　　5元　　　1角　　　　　　5.10元

第二组　　20元　　 2元　　5角　　22.50元

第三组　　10元　　 3角　　5分　　10.35元

师：小数中这3个5表示的钱各是多少？你有什么发现？整数部分表示什么？十分位表示什么？百分位表示什么？

师：今天我们认识了小数，以前我们认识了分数，那小数和分数之间有什么关系，你们想知道吗？

师：（出示1角）这是多少钱？

生1：1角。

生2：$\frac{1}{10}$元。

生3：0.1元。

师：这三个数都表示同样多的钱，我们可以用等号把它们连接起来。

师：我们知道1角是十分之一元也是0.1元，那3角你们知道是多少元吗？

生：十分之三元，0.3元。

师：老师这儿有1分，谁知道是几分之几元？

生：一百分之一元。

师：对！一百分之一元还可以写成0.01元。

师：0.6元谁知道是几分之几元？是几分？

生：一百分之六元，60分。

师：同学们通过这节课的学习有哪些收获？

（本节课荣获河南省小学数学优质课大赛一等奖，有删节）

| 好书推荐 |

《迈向个性的教育》

留英、美学者黄晓星的《迈向个性的教育》是一本能让人发现自己的书，因为书中介绍的华德福教育是一种能让人发现自己的教育。《迈向个性的教育》能让人真正地体悟到华德福教育最根本的特点就是人本化。

一路走来

◎ 白晓丽

1999年,洛龙区第二实验小学成立,渴望成长的我经过选拔成了二实小的一员。身边都是优秀的老师,与他们相比,我陷入了深深的自卑中:自己的班级工作不出色,自己的课堂那么肤浅,自己面对家长不会沟通……一系列的困难让我焦虑和想要逃避。但是,我告诉自己不能轻易放弃,所有的这些我都可以学,身边有高人,一切都会好的。

2000年,学校由于扩班缺少一位数学老师,听到这个消息,我鼓足勇气找到校长表达了我愿意改教数学的意愿,没想到校长同意了,而且还给了我很多鼓励。从此之后,我告诉自己要更努力。每天晚上,我都要把第二天的课备上好多遍,甚至写成课堂实录的形式。第二天上完课向红丽老师请教自己课堂上的不足。有了红丽的帮助和自己的勤奋,我觉得自己越来越能驾驭课堂,上起课来也越来越顺手,同时,同学和家长们也渐渐接纳、认可了我。这样的收获使我明白:只有认认真真做好每件事,才能越来越接近成功。

工作上的顺利让我又对自己充满了信心,我觉得自己已经是一名"合格"的老师了。但是榜样的力量永远都是强大的,我工作的这个集体里有许多高手,他们讲起课来让人如沐春风,他们登上省、市级的大舞台,所有的这些都让我仰慕,我觉得那是他们有天赋,而我只需要做好所有的小事就行了。

学校的声誉越来越高，来参观的人也越来越多，领导宣布大家要轮流来上公开课。听到这个消息，我既害怕又激动，没想到机会很快就到我这儿了。我认真准备、反复试讲、克服胆怯，第一次效果还不错。

随着教学经验的丰富，领导给了我一次上科学优质课的机会，我想要挑战自己，就欣然接受了。这期间经历了艰辛的过程，由于自己科学知识的缺乏，我通过各种途径查阅了大量资料，在同事们的帮助和教研室秦老师的指导下设计了一节"气球小车"的课，在轴二小上的时候效果不错，被选中参加展示。但是由于和其他老师课题重复，我又费力准备了一节"大气压力"的课。当时为了准备这节课，我到实验小学请教专家老师时，他们学校的老师都问我："你职称都评过了，还上什么课？"当时我笑笑没有说话，但是我心里是清楚的，我想要成为"更好"的老师。

这之后，我又参加了数学优质课大赛，从区里的说课比赛，到"牡丹之春"的大舞台，再到省里的赛课以及后来的"大爱杯"，我少了彷徨，少了退缩，多了信心与勇气，因为我知道，有校领导做我的坚实后盾，有同事们和我一路同行，在我们这个团结一心的集体里，我无所畏惧。最终的结果是喜人的，但是留给我最深刻印象的还是和家人们在一起准备的过程，艰辛而又甜蜜，一次次这样的经历让我体会到集体的温暖和强大力量。

2014年11月，我们学校刚刚成为北京第二实验小学洛阳分校一个月，校长找我谈话要我代表学校参加"大爱杯"，我再次感到底气的不足，那是北京的学生，我怎么行？这期间因为其他一些原因，我与这次机会失之交臂。事实总是那么凑巧，第二年的"大爱杯"由于李洁老师临近比赛身体不适，这样的机会又来到了我的身边。时间就剩不到一周，我能行吗？这个时候领导把"重担"交给我是对我的信任，作为北二分的一分子，我应该有担当，这是一种责任。这一次，我的内心无比平静，因为我知道，全力以赴，展现最好的自己，那就是胜利。

| 名师档案 |

白晓丽，中小学一级教师，省级骨干教师，省级文明教师，洛阳市优秀教师，洛阳市师德标兵，洛龙区优秀班主任，洛龙区名师。先后在洛阳市和河南省数学优质课大赛中获得一等奖，代表学校参加北京总校教育集团的"大爱杯"赛课活动获得"大爱杯"。

| 教育随笔 |

我们在一起

随着学校"青蓝工程"的启动，我和高晓静老师成为搭档，对于自己的"徒弟"，我心里是欣喜的，晓静是个认真努力、勤奋好学的姑娘，和她在一起，我觉得自己肯定也会收获颇丰。

记得当年自己是那么怯懦，连参加优质课比赛的胆量都没有，每次都是在领导的"命令"下才战战兢兢地开始，所以当晓静找到我说想参加区里的优质课比赛时，我既高兴又佩服，高兴她的积极上进，佩服她的自信和勇气。接下来就开始选课，真是缘分，晓静也选中了我参加"大爱杯"比赛时讲的《认识钟表》。开始我以为晓静是想省事，谁知她很有自己的想法，说先要自己单独备课，先不借鉴我的教学设计。

一周过去，晓静邀请我听她试讲，真是出乎意料，教学目标、重难点都把握得很好，只是有些活动设计不那么合适，语言不够准确，但是已经相当不错了。我们在一起精简了部分活动，设计了新的更能突出重难点的活动。第二次试讲，课更加流畅，效果明显好很多，然而语言不够简练和准确的问题仍然存在，于是我们就一句句地说、改，晓静也对自己要求很高，反复琢磨，直到能用适合自己的语言习惯进行准确表达。比赛时，晓静淡定从容，发挥极佳，我心里忍不住为她高兴。随之，青年教师展示课的机会又来了，为了能把课上得更好，我们又进行了试讲和修改，展示课上晓静老师果然发挥得更加出色。

一次活动，一次收获，一次提升，当然也有很多需要反思的地方：在和晓静备课的过程中，遇到了那么多的困惑，深感作为数学老师自身专业知识的不足，同时也感受到同伴们对待事情的认真，对专业精益求精的追求，感受着家人们的互助和温暖。也许我们还存在着各种不足，但只要我们大家在一起，一定会越来越好。

获奖课例

认识钟表

教学内容

人教版《数学》一年级上册第84—87页。

教学过程

一、在动手操作中认识钟面（略）

二、结合实际生活认整时

师：（出示三位小朋友的生活照）你知道他们什么时间在做什么事吗？

生：红红7点钟起床。

师：你从哪里看出她是7点钟起床的呢？

生：照片上有个钟表，我从钟表上看的。

师：你真了不起，能讲讲是怎么看的吗？

生：分针指着12，时针指着7，就是7点。

（师板书）

师：你的生活经验可真丰富，谢谢你的分享。这位小朋友上课的时间谁认识呢？

生：是9点，因为分针指着12，时针指着9，就是9点。

师：孩子们，你们的生活经验都很丰富，像刚刚我们看到的这三个钟面上的7点、9点、10点都是整时。（板书：整时）在数学上，它们有新的叫法，比如7点就叫7时。（板书：7时）

师：这样表示三个整时的钟面大家有没有发现它们哪里一样？哪里不一样？

（小组同学交流）

师：哪一组能汇报一下你们的发现？

生1：我们组发现这三个钟面上的分针都指着12，看到时针指着几就知道是几时。

生2：我们有补充，分针指着12，说明这三个时间都是整时，要知道几时看看时针就知道了。

师：同学们，我们发现当分针都指向12的时候，时针指着数字几就表示几时，是这样吗？

生：是。

师：那这些小朋友又是在什么时间做什么事情呢？

生1：1时，大家在午休。

生2：6时，小朋友在看电视。

生3：3时，同学们在踢球。

师：大家认得又快又准，可老师这儿发现一个奇怪的钟面，它只有一根指针，不会是坏了吧？

生：不是坏了，是它们都指向12，时针被分针遮住了。

师：有道理，那这个钟表上的时刻是几时呢？

生：12时，分针和时针都指向12，就是12时。

师：谢谢孩子们，我还有个疑问，看这两个钟面，分针都指向12，时针都指向11，为什么这两个小朋友一个在睡觉、一个在上课呢？

生：老师，睡觉的是晚上11时，上课的是白天11时。

师：那你们的意思是一天里有两个11时是吗？那其余的像7时、9时等是不是也有两个呢？

生：每个时间都有两个，因为一天有24个小时，时针每天要走两圈。

三、在实际生活中感知整时

师：太厉害了孩子们，那这一天时间我们洛阳分校的孩子们都干些什么呢？让我们一起来看看。

（欣赏短片《洛阳分校的一天》）

四、在尝试与观察中记录整时

师：看来大家都能又快又准地辨认出整时，那这些时刻该怎么记录下来呢？请同学们想想办法，用手中的纸和笔试着来记录一下7时。

师：我们来看看大家记录的整时，请这几位同学来展示一下。

生1：我画了一个钟面，你们觉得我的方法怎么样？

生2：你画的钟面很好，但是这样太麻烦了。

生3：我是用汉字写的七时，大家觉得怎么样？

生：可以。

师：我们再来看看这位同学的。

生4：我用数字70，你们觉得行吗？

生5：不行，70是数，我们是写时间的，我认为不行。

师：用数真的不行吗？

生：不行。

师：我们来看看这位同学的。

生6：我是这样写的7时，有数还有字，可以吗？

生：必须用数和字才能表示。

师：真的是这样吗？我们再来看看这位同学的。

生7：我是这样写的7：00，因为我在我们家的钟表上就见过这样的。

师：孩子们，这样行吗？

生：行。

师：那大家还在什么地方见到过这样记录时间的？

生：在电子表、电脑、手机上见过。

师：是的，那怎么能知道这是7时整而不是7时多少分？

生：7后面是两个0。

师：真好，7后面有两个0就表示7时，在它们中间用两个点隔开，这两个点和冒号长得很像。一般情况下，我们在记录时间时可以用数和汉字结合的方法，也可以用电子表的形式，大家学会了吗？

生：学会了。

师：那我们就用这两种方法记录一下9时和10时吧。

五、在分享与交流中运用新知

师：学习了怎样辨认和记录整时，谁能跟大家谈谈在生活中你几时在干什么？

生1：我早上6时就起床了。

师：好勤快的孩子。

生2：我中午12时吃午餐。

生3：我下午6时去弹琴。

生4：我晚上9时上床睡觉。

师：看来大家都很会安排自己的时间，今天我们学习了整时，希望大家今后都能做个珍惜时间、合理安排时间的孩子，好吗？

生：好。

师：下课。

（本节课荣获洛阳市数学优质课一等奖、北京第二实验小学教育集团第三届"大爱杯"，有删节）

好书推荐

《小学数学教师5项修炼》

一直想做个好老师，但好老师该具备什么样的素质呢？《小学数学教师5项修炼》告诉了我们答案。李玲玲老师告诉我们，"读懂"学生，"读懂"数学，"读懂"教育，进而"读懂"课堂，是一位小学数学教师的看家本领。"追随智者"是一线教师快速成长的关键和要点，而"主动开展研究"是一线教师专业成长必不可少的"土壤"，"全面学习"则是一线教师可持续发展的关键，只有具备合理的知识结构、能力结构，具备良好的数学专业功底和教育教学基本功，才能成为一名合格的小学数学老师。

用心教书，成就更好的自己

◎ 李 洁

1999年8月，刚刚走出师范学校大门的我，怀着激动的心情和对未来生活的憧憬，走上了期待已久的三尺讲台。回首相望，竟已在这个三尺讲台上默默耕耘了19个年头。

潜心钻研，让我的专业得以提升

我一直从事的都是中低年级的数学教学，由于学生年龄都特别小，而且还没有养成良好的学习习惯，所以根据学生的这个特点，我一直都在探寻一条适合低龄儿童性格特点的教学之路。

"每天对着镜子笑一笑"，这是我每天的必修课。中低年级的孩子们年龄小，胆子也小，接受能力差。所以，我总把最美的笑容带给孩子们，让他们感受到老师的爱和宽容。

"让孩子们对我笑一笑"，这是我对自己每堂课的一个教学要求。孩子们年龄小，掌握知识的方法和技能还很少，如何把这些枯燥无味的数学知识变成他们乐于接受的兴趣爱好呢？在教学中，我根据数学的学科特点和小学生的性格特点，尝试摸索各种各样的"快乐"教学法。

赛课，使我在挫折中认识自己

如果说常规工作时的潜心钻研为我铺就了专业成长的坚实基础，那么磨课、赛课就是让我的教学能力得以提炼升华的最佳途径。

就在工作的第二个年头，我有幸进入了洛龙区第二实验小学，这是一所远近闻名的名校，这里会聚了附近最优秀的老师，他们的专业素质都是一流的，他们的教学能力都是杠杠的，有了这样一个强大的磁场，想不进步都难。

在这样一个氛围的影响下，在工作的第四个年头我开始正式参加洛龙区优质课比赛，那是一节二年级的数学课《统计》。从接到任务我就开始了紧张的准备工作，做教具、做课件、不断地试课，身边的老师们不停地帮我听课、评课，不断地给我指出教学中所存在的问题，我也在努力地进行各种尝试和改变，那一段时间我放弃了许多休息时间去专心备课，最后，我自认为一节不错的课终于备好了。就这样我信心满满去参加赛课了，觉得拿个一等奖是绰绰有余的。然而，现实是残酷的，直到在课堂上我才意识到一个问题：自己试课的时候都是用自己的学生，很多情况都是可以掌控的，可是现在我面对的是一群完全不认识的外校学生，互相之间不熟悉，学习习惯不了解，学生状况不清楚，心里越没底就越紧张，越紧张就越出错，一节课下来整个人都不好了。课后，我拨通了张校长的电话："校长，我课上得不太好。学校这么信任我，老师们又这么尽心地帮助我，我好像把课上砸了，觉得很对不起大家……"

结果很出乎我意料，张校长告诉我：课上得不错，不要太过于担心，好好休息一下，静心等待结果就行了。

几天后，结果出来了，我获得了洛龙区一等奖的好成绩，这让我心中的一块大石头终于落地了。但是这次比赛让我更全面地认识到了自己，明白了自己的不足，也让我更清楚地认识到要上好一节课并不是我想象中的那么简单，我距离课堂教学的成功还有很远很远的路要走。

再次赛课，使我在磨砺中得以成长

勤奋与努力让我又一次获得了参加洛龙区优质课比赛的资格，但是由于与我的婚期起了冲突，所以我萌生了退意。当学校领导得知这个消息后，几次三番给我做工作，告诉我这个机会很难得，放弃了实在可惜，他们为了减轻我的心理负担，还告诉我名次不重要，重要的是一种经历，最终在领导的全力支持下，我战胜了自己心里的惰性，最终参加了比赛，获得了洛龙区数学优质课特等奖的成绩。随后，又以此为通行证，代表洛龙区进入了洛阳市"牡丹之春"的选拔赛。在大家的支持帮助下，我放弃了婚假的休息时间，进入了全力备战阶段。功夫不负有心人，我成功地进入了"牡丹之春"的优质课大赛。记得那是我第一次在全市范围内所做的一节现场课，当时赛课地点是在洛阳市工人俱乐部，台下坐了几百名来自九县六区的数学老师。看着台下黑压压的一片，准备上课的我心里那叫一个紧张，擦黑板的时候手都是抖的，教具拿了几次都没拿起来，但是从我看见学生的那一刻起，从我听见孩子们给我呼应的那一刻起，那种紧张竟然完全消失了，也许是因为现在的我已经不再是几年以前的自己了，有了大家的帮助，有了自己的潜心修炼，这些年来积累的教学经验和教学能力已经能让我沉着应对课堂上的很多状况了，心里有底自然就放得开了，状态也就有了，最终，我拿下了洛阳市数学优质课大赛一等奖，同时也获得了参加省级优质课大赛的资格。

从拿到这张入场券的那一刻开始，无形的压力就来了，因为这一次我不再仅仅是代表我自己了，我心里无数次地提醒自己，真正的挑战开始了。也就是从这一刻开始，真正的磨课之旅也就拉开了序幕。在接下来的半年时间里，我在学校里无数次地试课、改课，一句话、一个动作、任何一个细节都不轻易放过，讲课中碰到问题了，就停下来，和我的伙伴们一起讨论怎么解决；一个环节不合适，大家就一起帮我思考如何重新设置。就这样，每上一次课，就要改一次教案，每改一次教案，我都需要重新熟悉教学流程。我们学校的学生试完了，就到其他学校试课。本校老师听过了、改过了，为了继续提高，又请区里的教研员王老师来听课，接着又开始了改课、备课。过了王老师这一关，又请市教研室教研员杨老师来听课，然后又是重新改课、备课。我算是知道了，"备一节好课"，根本就是一个只有开始没有结束的事情，真的应了这样一句话：学无止境。

脚步不息，成就更好的自己

有了一些成功之后，我并没有停下自己前进的步伐，而是在这个基础上继续努力，争取成就一个更加优秀的自己。

在接下来的两年中，我又参加了洛阳市电教优质课的评比，喜获一等奖。

在2016年5月，我们迎来了北京总校的视导工作，李烈校长和华应龙校长亲自前来，也正是这样的一个机会，使我有幸在这两位数学大家面前班门弄斧，上了一节数学展示课，并获得了华校长的多次肯定。

紧接着在2017年3月，在"一师一优课"的评比活动中，我所执教的《有余数的除法》获得省一等奖。

成绩只能代表过去，重要的还在未来。以后的教学之路还很长很长，我会一如既往地努力下去，为了培养更多更优秀的孩子，也为了更好地实现自己的生命价值，努力，再努力！

名师档案

李洁，女，1981年生，中小学一级教师，洛阳市骨干教师、洛阳市优秀班主任、洛龙区优秀教师、洛龙区优秀少工干部，数学优质课曾获河南省一等奖，所撰写的论文多次获省、市级奖励，所辅导的学生曾获省、市级奖励。

教育随笔

感 动

记得那年4月，我有幸参加了洛龙区的优质课比赛，获得了特等奖。在随后的5月，我代表洛龙区参加洛阳市数学优质课比赛，取得了一等奖的好成绩，并由此获得了参加河南省优质课大赛的入场券。一年以后，我在驻马店参加了河南省第七届数学优质课大赛，再次取得了一等奖的好成绩。如今几年过去了，回头想想，沉淀在脑子里的是什么呢？是备课时的烦琐，还是赛课时的紧张，抑或是得奖时的喜悦？不，好像都不是，这些课留给我的应该是说不完的感动。

还记得，在刚刚得知有机会到区里参加赛课时，也许是由于自身的惰性在作祟，也许是由于比赛的时间正好与自己的婚期起了冲突，左思右想，我还是打起了退堂鼓。学校领导得知我的决定后，觉得放弃这个机会实在可惜，因为只有近三年里得过区数学优质课一等奖的老师才有机会参赛，这是一个快速进步的好机会。学校领导劝我抓住这个机会，并帮我减压："不管你得第几名，只要发挥出你自己的水平就可以，能够展现自己就是胜利。"思来想去，我决定迈出这一步。

忘不了，多少次下班后，多是身为人母的她们，在往常这个时候，早已急匆匆踏上了回家的归途，可此时此刻，她们却稳坐在多媒体教室里不厌其烦地听着我的课。

忘不了，有两位老师去南京听课时，还念念不忘我这节课。在与她们早已期盼的张齐华老师的短暂交谈中，她们无暇顾及自己在教学中碰到的问题，而是首先询问了有关我这节课的一些注意事项，在她们得到一些宝贵的经验后，马上就打回长途电话给我说课。

忘不了，刚刚赛完课，本来打算利用晚上时间好好轻松一下的李老师，得知我第二天赛课需要用到的学具还没准备好时，二话没说，就把东西带回了家，和她的家人一起帮我做学具。

应该说，能在省里取得一等奖的好成绩，没有老师们的支持和帮助，我不可能走到最后。真的，面对着这样一群热心肠的伙伴们，想对他们说的，除了感谢，还是感谢。

| 获奖课例 |

可能性

教学内容

义务教育课程标准实验教科书《数学》人教版三年级上册，教科书第104页主题图及第105页例1、例2。

教学过程

（课前活动略）

一、游戏：蒙箱摸红鱼

1.分组

教师先给学生们分组，全班共分为三大组：加菲猫队、蓝猫队和叮当猫队。

师：我们今天要玩的第一个游戏就叫小猫摸鱼。老师这里有3个箱子，每个箱子下面都藏有1个鱼缸，每个鱼缸都放有4条小鱼，有红色的、蓝色的和黄色的。待会儿我们每组各选1名代表来摸鱼，每人可以摸3次，每次只能摸1条，最后我们看哪组摸出的红鱼最多，哪组就为胜。我们首先从每一组里选出1名代表。

2.抽签

师：（手中拿着3张签）为了公平，我们抽签来决定谁摸几号鱼缸。蓝猫队，谁抽？

老师从蓝猫队举手的同学中任意选出1名队员，问：你打算抽哪张，指一指好吗？

学生做出选择后，老师抽出学生选中的签，问：猜猜你可能抽到几号？

生1：我可能……可能抽到1号。

师：（面对其他学生）还有其他的可能吗？

生2：他可能抽到2号！

生3：他也有可能抽到3号！

师：那就是说，他这张签，可能是1号，可能是2号，也可能是3号。（板书：可能）

师：那么究竟是几号呢？赶快打开看一看！

抽签学生打开纸条："是2号！"

师走向加菲猫队，问：加菲猫队，谁来抽？

学生做出选择后，师问：你也猜猜吧，你觉得这可能是几号？

生1：我觉得可能是1号。

师：还有其他的可能吗？

生2：可能是3号！

师：奇怪，为什么没有人猜2号呢？

生：因为2号已经被抽走了，所以就不可能再抽到2号了。

师：说得多好呀，因为2号已经被抽走，所以就不可能抽到2号了。

（板书：不可能）

师：加菲猫队的代表，请打开看一看！

生：上面写的是3号。

师（手里只剩下1张签）：只剩下1张签了，叮当猫队，这张签会写着几号呢？

生：（异口同声）1号！

师：没有其他的可能吗？

生：没有。

师：为什么呢？

生：因为2号、3号都已经被抽走了，所以剩下的这张签一定就是1号。

师：真聪明呀！因为2号、3号都已经被抽走了，那么剩下的这张一定就是1号。

（板书：一定）

师：好，三位代表各就各位，比赛将要开始。赶紧祈祷一下，期待着好运气的到来吧！

三位代表都摩拳擦掌，打算在比赛中大显身手。

师：我们一起喊一、二、三，让他们一起摸出第一条鱼吧！

师生齐声喊：一、二、三！

三位代表一起摸出第一条鱼，举在手中。

师：来看看，叮当猫队从1号箱里摸出了1条……

生：（齐声）红鱼。

师：哎呀，恭喜！恭喜！看，蓝猫队呢？

生：（齐声）红鱼。

师：你的手气也不错呀！哎哟，加菲猫队似乎有些不妙了，他们摸到了1条……

生：蓝鱼。

师：没关系，我们还有两次机会呢，加油哟！来，准备摸第二次。

师生同喊：一、二、三！

师：来看看结果，3位代表，报一下结果。

　　叮当猫队：红鱼。

　　加菲猫队：红鱼。

　　蓝猫队：黄鱼。

师：真是几家欢喜几家忧呀！来吧，胜负就看这最后一次了。来，赶紧动手吧！

　　3位代表摸出第三条鱼。

　　叮当猫队：红鱼。

　　加菲猫队：蓝鱼。

　　蓝猫队：黄鱼。

师：好，比赛结束，我们来看看最后的比赛结果：叮当猫队3条红鱼，恭喜叮当猫队，你们太棒了！加菲猫队2条红鱼和1条蓝鱼，也不错呀！哟，只剩下蓝猫队了，他们摸到了2条黄鱼和1条蓝鱼，1条红鱼都没有摸到，真遗憾呀！我发现蓝猫队的同学都有些失望，这样吧，这个箱子里还剩有1条鱼，咱们让他把这最后一条鱼也摸上来，看看能不能有所收获？

生：好的。

（在学生们期待的目光中，蓝猫队摸出3号鱼缸中的最后一条鱼，是蓝鱼）

师：（面向蓝猫队的代表）看了这个结果，你有没有什么想说的？

蓝猫队代表：这个鱼缸中根本就没有红鱼，所以我根本就摸不到红鱼。

师：虽然在这个游戏中你失败了，但是你却能正确地分析出失败的原因，真是好样的！还有谁能来说说？

（学生各抒己见，说自己的想法）

师：是呀，那就是说，当这个鱼缸里没有红鱼时，我们根本就……

生：（齐答）不可能摸到红鱼。

（师边说边指向板书中的"不可能"）

师：如果我往3号鱼缸里放入1条红鱼，那摸鱼的结果会怎么样？

生：那样就有可能摸到红鱼了。

师：为什么原来不可能，而现在又可能了呢？

生：因为现在鱼缸里有红鱼，所以就有可能摸到红鱼了。

师：分析得好，我们再来看看2号鱼缸，从这个鱼缸里已经摸出了2条红鱼和1条蓝鱼，这里也剩下1条鱼了，我们把它也摸出来看看吧！

（从2号鱼缸中取出最后一条鱼，是蓝鱼）

（师将2号鱼缸里摸出的4条小鱼全部展示出来：2条红鱼、2条蓝鱼）

师：当鱼缸里既有红鱼又有蓝鱼时，摸鱼的结果又是什么样的？

生1：可能是红鱼。

生2：可能是蓝鱼。

生3：可能是红鱼，也可能是蓝鱼。

师：是的，孩子们，当一个鱼缸里既有红鱼又有蓝鱼时，我们摸出的就可能是红鱼，也可能是蓝鱼。

师：现在我要从这个鱼缸里拿走1条红鱼，那我们从这里还有可能摸到红鱼吗？

生：可能。

师：只剩1条红鱼了，还有可能呀？

生：只要有红鱼，就有可能摸到红鱼。

师：那如果我现在从这个鱼缸里再拿走1条红鱼，这时还可能摸到红鱼吗？

生：不可能，因为已经没有红鱼了。

师：你们脑筋转得可真快呀！

师：刚才我们从1号鱼缸中已经连续摸到了3条红鱼，我们打开箱子看看是怎么回事，现在我们来看看。

（1号鱼缸中剩下了1条红鱼，教师将4条红鱼放到一块儿）

师：看了这样的情况，你们有没有什么想说的？

生1：原来这个鱼缸里全是红鱼，怪不得他们组能取胜呢！

生2：这个鱼缸里全是红鱼，随便摸一条，一定是红鱼。

（蓝猫队代表高高地举着手，想要发言）

蓝猫队代表：如果让我从这个鱼缸里去摸，我也能取胜。

师：你想得挺美呀！

师：那如果我往这里加1条其他颜色的鱼呢，那摸鱼的结果又是什么样的？

生：可能是红鱼，也可能是其他颜色的鱼。

师：看来是因为鱼缸里放鱼的情况不一样，所以摸出的结果也就各不相同了。那好，现在谁能看着这三个鱼缸，分别来介绍一下？

生：1号鱼缸里全是红鱼，所以摸出的就一定是红鱼。2号鱼缸里有红鱼，又有蓝鱼，所以摸出的可能是红鱼，也可能是蓝鱼。3号鱼缸里有2条蓝鱼和2条黄鱼，所以摸出的不可能是红鱼。

二、游戏：蒙眼摸红鱼（略）

三、装鱼

师：同学们，你们想不想也来玩玩这个游戏呢？

生：想。

师：那我们得先做好游戏前的准备工作，就是装鱼。

教师课件出示装鱼的要求：

A.1号鱼缸：一定；

  2号鱼缸：可能；

  3号鱼缸：不可能。

B.每个鱼缸里放4条小鱼。

C.放完鱼后，小组三个人每人负责介绍一个鱼缸。

学生明确要求后，按照要求进行装鱼活动。

师：好，我们现在请几组同学来介绍你们所装的鱼缸，我们待会儿要评选出几个最佳解说奖，同时对于认真听的同学，我们还要评选出几个最佳倾听奖。

（学生准备好后，抽选几组进行介绍）

生1：我这个鱼缸里装的全是蓝鱼，那么摸出的一定是蓝鱼。

生2：我这个鱼缸里装的有蓝鱼，有黄鱼，还有红鱼，所以从这个鱼缸里可能摸到蓝鱼，可能摸到黄鱼，还可能摸到红鱼。

生3：在这个鱼缸里装的有黄鱼还有红鱼，从这个鱼缸里不可能摸到蓝鱼。

师：听听这一组的同学介绍得多好呀！

教师给3名同学分发小礼物，同时对于认真听讲的同学进行及时表扬和鼓励。

师：还有哪组也能来介绍一下？

生1：我在这个鱼缸里放了4条黄鱼，所以从这个鱼缸里一定能摸到黄鱼。

生2：我这个鱼缸里装的有黄鱼还有蓝鱼，所以可能摸到黄鱼，也可能摸到蓝鱼。

生3：3号鱼缸里放了4条红鱼，所以从这里面不可能摸到黄鱼。

师：好极了，我们刚才从摸鱼、装鱼的过程中，分别感受了一定、可能、不可能这三种现象,其实在我们的生活中也存在着许多这样的现象,一起来看大屏幕!

太阳(　　)会从西边升起。

生1:太阳一定会从西边升起。

生2:太阳不可能从西边升起,因为太阳是从东边升起的。

师:很正确,太阳是从东边升起的,这是一种自然现象,是无法改变的,所以一定要记得"太阳不可能会从西边升起"。

师:那么,除了我们大屏幕上所提到的这几件事情,在我们的生活中还有许多一定、可能或不可能发生的事情,现在跟你的同桌交流一下吧!

四、课堂练习。

(本节课荣获河南省小学数学优质课大赛一等奖,有删节)

好书推荐

《名师课堂经典细节》

我一直在思考,名师的课堂何以精彩?是课前灵动的预设?是智慧的教学设计?还是设计精美的课件?读了《名师课堂经典细节》之后,让我对名师精彩的课堂有了新的认识。原来,名师课堂的精彩源于一个又一个充满魅力的细节!本书汇集了全国诸多名师的课前精彩交流、新课精彩导入、课堂精彩展开、提问、生成、智慧拓展、评价及精彩结课等,充分展示了名师精湛的课堂教学艺术和课堂魅力,呈现出名师处理课堂细节的高超的能力。

倾情教育，无悔选择

◎ 马晓莹

18年来，我一直默默无闻地工作着，既没有震撼人心的壮举，也没有催人泪下的故事。我只是默默地为我的学生做着该做的一切，感觉并没有什么辉煌的成绩，有的只是自己尽职尽责的工作态度，严格而又灵活的教学方法。

投身教学改革，努力探索实践

"脚踏实地，大胆创新"是我教书育人的座右铭。我渴求上进，也深知做教师必须是不竭之泉，需时时奔涌出清新的、闪烁着斑斓色彩的溪流。教学中，我潜心钻研教材，反复研讨新课标，大量订阅教学刊物，坚持业务自学，认真做好笔记，广泛汲取营养，及时进行反思，转变教育观念，捕捉新的教学信息，勇于探索教育规律，大胆采用新的教学手段。在担任国家级课题"口语交际能力的培养"研究实施过程中，积极发挥组织、引领作用，带领广大教师边教学边研究，浓厚的教学研究氛围逐步形成。我也成为学校课改工作中的一只领头雁，组织同科老师讨论教学，交流教学体会，尝试革新教法，并将好的做法、经验，不断总结推广。工作10多年来，不断进行教学反思、总结，先后撰写了教学论文、教学故事、教学设计、教学案例等，并在县、市、省级获奖或发表。

重视养成教育，培养良好习惯

我对学生提出的最基本的要求是：会听讲，会学习，会做作业。我经常告诉学生的一句话是：学习是自己的事，任何人无法代替。

会听讲：做好课前准备，专心倾听老师的讲解，耐心倾听学生的发言，全神贯注，集中精力。

会学习：养成良好的学习习惯，包括仔细观察，认真做事，善于总结，独立思考，获取信息，提出问题，不懂就问，合作学习，自我评价，高效率做事情等。我用自己的实践经历告诉学生：处处留心皆学问，学了就会有用，不学就会落后，要向书本学习，向老师学习，向同学学习，从生活中学习。同时还要求学生做数学题时要准备演草纸，准备一次两次是件简单事，谁都能做到，关键是养成习惯。

会做作业：先复习再做作业，不乱涂乱画，尤其对于计算题，学生往往容易出错，很多家长说"他会做，就是粗心"或"他很聪明，就是计算容易出错"等，而我认为这不只是单纯的粗心问题，而是计算方法掌握不够，学习态度不够认真。于是，我采取每一天听算一次，要求书写规范力争全对，量少学生做起来也不觉得困难。学生每次做完我都批改，表扬全对的学生，慢慢地，学生逐步养成做题认真细心的良好习惯，计算出错率也基本没有了。

以身作则，用人格魅力影响学生

每次接新班时，我就从严要求，从入学教育到校规校纪的学习，从学校卫生到个人卫生，环环不放过。尽管这样，还是有学生迟到，不讲卫生。常言道：言教不如身教。我就在课堂上向学生承诺：无论严寒酷暑，无论疾风暴雨、大雪纷飞，老师绝不迟到。慢慢地，学生再也没有迟到过。对于不讲卫生的学生，我常常把他们叫到办公室，让他们看我怎样打扫房间、收拾书桌。我一句话也不说，他们看着我的举动，然后一个个返回教室，摆放桌凳打扫教室，第二天来到学校时，一个个精神抖擞、着装整齐。老师其实就是学生的榜样，学生对老师有着苛刻的要求与标准。

归零心态，砥砺前行

2014年，对我来说是职业生涯中的一个重要转折点，在这一年，我调入了北京第二实验小学洛阳分校，成为北二分的一分子。

2014年春节刚过，一开学，学校接到北京总校的通知，要推荐两名教师到总校代培半年，机会难得！我申请到总校学习，但如果去的话要转教数学。对于只教过一年数学的我，到新的岗位就以归零心态，挑战自己！就这样，我踏上了去北京总校学习的新旅程。半年的学习期间，先后转战三年级、一年级、五年级临时顶岗，进班代课。借助总校的优势资源，可以近距离地向华应龙校长学习，每天去听骨干教师的随堂课。为了能尽快学习到总校的课堂文化，每天听课时我都用平板电脑把课录下来，回到宿舍后反复观看，把课堂上老师的精彩和学生的精彩一一记录下来，梳理、总结，并把所思、所悟用到自己的课堂上，取得了较好的教学效果，使自己的课堂教学水平有了较大的提高。

回到学校后，经研究决定让我担任美茵校区的教导处主任，主抓学校的数学教学工作。这对我来说既是压力也是动力。

学校成立初期，各项事务繁杂琐碎。所有的事情，我总是干在前，冲在前。从教导处琐碎的常规工作，到数学组每一次有针对性的教研活动；从不耽误所带班级的每一节课，到对每个学生的细心关爱；从每一次展示课到参加区里、市里的各级优质课比赛，再到市研讨课的展示……每一次活动，我都把它当成是对自己的历练,都希望自己能有所成长。忘不了,为了迎接总校视导,为了做好每一个细节,加班到夜深;忘不了,为了一节课,反复试讲,虚心听取教师们的建议和意见,把自己试讲的每一节课录下来,反复听,直到达到自己想要的效果;忘不了,为了鞭策自己在业务上有更快的成长,逼迫自己接受一次又一次的挑战……付出总有回报,通过勤奋与努力,短短三年时间,从一个语文名师到一个可以在全市范围上数学研讨课的数学老师,我得到了领导和同伴们的认可,也感受到成长的幸福!

| 名 师 档 案 |

马晓莹,女,1981年生,1999年参加工作,中共党员,本科学历,中小学一级教师。任教以来,优质课多次获省、市、区级一等奖,先后荣获洛阳市优秀班主任、市优秀教师、市级骨干教师、业务标兵、洛阳市名师等荣誉称号。

| 教 育 随 笔 |

让青变蓝,让蓝更蓝!

说起学校的"青蓝工程"师徒结对时,我作为师傅和徒弟签订责任书时,当时我的内心是既激动又惶恐!和我结对的是个人业务素养已经很棒的冬霞老师,这使我的心里轻松了不少。自此,我开始关注冬霞老师的业务发展。她的一篇篇学习感悟、一次次学习体会、一点点的深入思考都在铺就着她成长的阶梯。回想起她的展示课、公开课以及学校一次次有作课任务交给她时,她爽朗的笑声和那句坚定有力的话："行，没问题！"是的，冬霞就是这样，她性格开朗直率，有什么话不吐不快。也正是她这样的性格，决定了她的课堂风格永远是那么条理清晰、干净利落。从冬霞这次做的展示课中，我们都能感受到她深入的思考。一次次的试听，一次次的争论，包括课题一改、再改、三改……试课以后，杨老师包括其他老师提出的意见，我们都在进行着思考、调整，当然，删掉以前自己认为完美的设计环节真的很痛苦，但是调整后，课堂效果的明显好转又让我们感到欣喜！磨课的过程，让我们每一个人都能感到压力和痛苦，现在想来，也正是这种磨砺中的蜕变，让我们有了更大的收获。

当"青蓝工程"青年教师展示课的活动落下帷幕，我们再次深度教研的时候，我对这个工程的意义又有了进一步的理解，所以有了在教研时"逼"着让每一位"家人"都说出自己的想法和感受的环节，因为我想，想与说和做，它们是有很大差距的，想只是那么模糊的一个概念，而说出来就需要你再次思考并进行整理，当你能清晰地说出自己的感受，那么你去做的时候就知道该怎么做。

这次青年教师展示课，站在舞台中间的十几位老师，他们越来越精彩的课堂向我们展示了他们的努力、能力、潜力！同时我们也看到，站在他们背后的团队的凝聚力、向心力！张校长在总结的时候说我们这叫献丑课，可我却觉得，我们的课一点儿也不丑，课很美，人也很美！

| 获 奖 课 例 |

可能性

教学内容

人教版教科书第119—120页例1、例2及相关练习。

教学过程

一、激趣引入（略）

二、新课教学

1. 我来思考

师：看来同学们平时都喜欢玩扑克牌，下面我们就来做摸牌游戏。

教师逐个出示问题，学生抽牌并思考问题。

①**师**：4张黑桃（A、2、3、4）和4张红桃（A、2、3、4），想抽出一张梅花，能做到吗？抽出黑桃的可能性与抽出红桃的可能性一样吗？

生：做不到，因为根本就没有，所以不可能抽到梅花。

师：4张黑桃（A、2、3、4）和4张红桃（A、2、3、4），抽出黑桃的可能性与抽出红桃的可能性一样吗？

生：一样，因为两种花色都有4张。

（相机板书：不可能、一样大）

②**师**：4张黑桃（A、2、3、4）和1张红桃A，抽出黑桃的可能性与抽出红桃的可能性哪一个大？

生：抽到黑桃的可能性大，因为黑桃的数量多。

③**师**：4张黑桃（A、2、3、4）、2张红桃（A、2）、方块（A）和梅花（A）各1张，抽到哪种花色的可能性大？抽到几的可能性大？为什么？

生：抽到黑桃的可能性最大，因为有4张黑桃。

生：抽到A的可能性大，因为有4张A。

④**师**：一副牌中，抽到大王和抽到A的可能性哪一个大？

生：抽到A的可能性大，因为A的数量比大王多。

⑤**师**：我还想到……同桌互相提出一个问题，并解答。要求说清楚原因。

（学生交流）

(教师小结：通过学习使学生明白数量的多少可以决定可能性的大小)

(相机板书：不可能、可能性大、可能性小，数量决定可能性的大小)

2. 我来操作

①师：同学们，刚才大家在"我来思考"环节中，都能积极地思考问题，表现非常棒！每人都可以得一枚奖章！

平时大家和家长一起去逛商场或超市时是不是经常碰到商家搞抽奖活动？你抽过吗？抽到你想要的奖品了吗？下面我们来做抽奖的游戏。

步骤一：出示转盘。

思考：转动转盘，会出现哪几种可能？

●转动转盘，会有几种可能的结果？

生：会出现4种情况，分别是：洗发水、香皂、自行车、纸巾。

步骤二：学生操作鼠标，转动转盘，并记录结果。

师：你最想得到什么奖品？这样吧，咱们来试一试。

生：当然最想得到自行车呀！

请5名同学转转盘，其余同学记录。

步骤三：学生总结。

师：通过刚才的游戏，你知道了些什么？

生1：因为纸巾在转盘上的面积最大，所以抽到纸巾的可能性最大。

生2：大奖所占的面积最小。

师引导学生总结：某些可能性的大小和它在圆上所占面积的大小有关。面积越大，可能性越大；反之，面积越小，可能性越小。

3.我来实践

师：同学们，刚才我们玩了转盘抽奖游戏，你们想不想自己来设计抽奖方案呢？现在我们就来实践操作。

①出示有奖销售活动说明：

凡购物满100元，可凭小票参加摸奖一次。有红、黄、绿三种颜色，共8个球，摸到红球奖品为价值10元的文具盒，摸到黄球奖品为价值3元的钢笔，摸到绿球奖品为价值1元的笔记本。

将学生分成两大组，角色转换，一大组为老板，一大组为顾客，然后再四人小组内制订各自的方案。

②小组代表汇报本组方案，并阐述各自理由。

师：现在请各组汇报你们的方案。

生1：我们现在都是大老板，我们组的方案是：1个红球、2个黄球、5个绿球。

生2：我们也是老板，我们组的方案是0个红球、1个黄球、7个绿球，因为我们要降低成本。

生3：我们是顾客，我们的方案是：6个红球、1个黄球、1个绿球。因为我们想最大可能抽到大奖。

师：看来，你们在设置奖项的时候，都有自己的考虑，有自己的原因，当角色发生变化时，情况都不一样了，但是，咱们也得考虑到方案的可行性，1个红球都不放或者1个绿球都不放是不符合要求的，咱们得在要求内设定最佳的抽奖方案。

③抽奖。随机选5名学生进行抽奖，其他学生记录抽奖结果。（每次抽完

之后,都要将球放回袋子中)

师引导学生说出:虽然摸到红球的可能性最小,但是任摸一个不等于一定不能摸到红球。

教师追问:为什么?

生:因为每一种球都有可能被取到,哪怕它取到的可能性非常小,可能性小不等于不可能。

师引导学生总结:在生活中,还有其他许多因素都影响着结果。比如所占的份额、运气等。

三、巩固练习

1.我来分析一

三名同学玩跳棋,每人选一种颜色,指针停在谁选的颜色上谁就先走。你认为这样的方案公平吗?

2.我来分析二

出示练习题:有红、蓝、绿三种球若干个,按下面的要求分别装球,应该怎样装?

A.任意摸一个,一定是红球。

B.任意摸一个,可能是红球。

C.任意摸一个,不可能是红球。

D.任意摸一个,可能是红球,不可能是绿球。

让学生来分析,并说出原因,巩固所学知识。

3.说说生活中的可能性

请你结合生活中的切身体验说一说:

平时_____是不可能的;_____的可能性大;_____的可能性小。

四、全课小结(略)

五、作业布置（略）

（本节课荣获洛阳市小学数学优质课大赛一等奖，有删节）

好书推荐

《病隙碎笔》

史铁生真的是当代中国最令人钦佩的作家之一！他残缺的身体支撑着所有饱满的思想，再将自身的苦难写成光辉的追索。在他的众多文集中，我最爱《病隙碎笔》一书。他在与病魔斗争的小小空隙里记录下自己平易而精辟的只言片语。读《病隙碎笔》，是感悟历经沧桑后的明彻与超脱，是找寻苦难中的光明与希望，是发现那份悲壮中的灵性，是一种人性最纯最美的光点。

业精于勤，行成于思

◎ 毛香利

不觉间，从教已经快二十年了，回望自己所走过的足迹，心中充满了无限的感激。

勤听随堂课，做好"家常小菜"

在北京第二实验小学洛阳分校，本身就是一种极好的福利，身边的同事有许多都是名师、名家，我怎么会错过学习的机会，所以我把同年级老师的课表抄到我的听课记录第一页，只要有机会我就会到他们的课堂中去听课、去学习。看他们对身边素材随意拈来，对教材重点、难点把握贴切到位，对课堂掌控游刃有余，我羡慕有加。回到自己的课堂上，我开始刻意地去模仿，起初收效甚微，同样的例题、同样的处理方法，课堂效果却不是一样的，曾有一段时间，我感到希望很是渺茫，几乎丧失了信心。后来，我慢慢地明白，拿来固然好，但一定要有自己的思考和理解。

带着思考去听课，听之前我会先预想一下我会怎样上这节课，在听课的过程中，我边听边思考：他选的素材适合我吗？我有没有更好的教法？他的教法和我预想的有什么差别？他的方法好，好在哪里？换一种处理方法是不是更好？课后我会找时间把听课学到的与我自己的一些想法糅合到一起，重新备课，再到班里去讲课。另外，我还经常去听其他学科的课，如语文课、美术课、品德课等，这些看似和数学课无关，虽然各个学科教法不同，却有许多相通之处。

陪名师磨课，学做"大餐"

如果把随堂课比作"家常小菜"的话，那么，公开课、优质课就是一道道色、香、味绝佳的"营养大餐"。

我有幸参加了我校两节数学优质课的磨课，虽然我不是执教者，但我亲眼看到了授课老师付出的艰辛，更见证了他们一次次破茧成蝶的蜕变，同时，我也在一点点地收获着。

两位老师磨课时我全程陪同，一次次地上、一次次地改，校内的班级用完了，我们到其他学校去上。从他们的身上我看到了一种坚韧不拔的精神，更让我学到了许多专业的知识：我知道了怎样去读懂教材、怎样去读懂教参、怎样把教育理念贯彻到课堂上、怎么去设计符合学情的教学过程、怎样去把握课堂上的生成。

名家指导，做"大厨"

杨建斌老师加入了北二分，这是我的福分，是北二分全体数学老师的福分。作为一名数学专家，他渊博的知识，让人折服。听杨老师评课，你获得的不仅仅是这个知识点怎么教，你知道的将是这个知识系统的由来，以及这个知识系统将来到初中、到高中、到大学以后的作用。他对课堂有自己独到的见解，每每有问题请教，他总能为大家答疑解惑。我曾经不敢在他面前多言，因为自己知识浅薄，害怕他会不屑，但这些都是多余的担心，不管向他请教怎样的问题，他总是把为什么要这样的理论根据讲得很清楚、很透彻，他会认认真真地举例给我听，遇到我不明白的地方，他会马上换个角度再讲，他用耐心时时刻刻鼓励着、敦促着我不敢停下努力的脚步。

在杨老师的指导下，我进行了多次尝试，从校内公开课《小数的初步认识》，到教研课《小数的初步认识》的微型课、市微型课比赛《鸡兔同笼》，再到参加省优质课比赛《掷一掷》。在这些艰辛而充满收获的过程中，我日渐成熟，不仅理论素养提升了，而且思维更活跃了，视野更开阔了。

今后的日子里，我将在这个充满爱的大家庭中，继续用勤奋点击人生的鼠标，用智慧描绘人生的蓝图，用行动书写美好的人生。

| 名师档案 |

毛香利，1997年参加工作，本科学历，中小学一级教师，洛阳市骨干教师，获得市优质课一等奖、省优质课二等奖，"华罗庚金杯"优秀教练员、优秀辅导员、区级优秀教师等称号。

| 教育随笔 |

老师，你冤枉他了

下课了，我没有离开教室，而是来到小高的座位，问他练习卷为什么不交。

小高低着头，小声地辩解道："老师，我交了，和大家一起交的。"

"今天讲评的练习卷，是我利用午休时间，一张张批改的，若你交了我怎么可能没有看到？"我有些生气。

"老师，你真的是冤枉他了，他交了，他在我后面交的。"课代表小宋跑过来说。

那一瞬间，小高的眼里竟有了泪花。

"你既然真的交了，为什么刚才课上我批评你的时候，你不说呢？"

"我不想和你顶嘴，我不想让你没有面子，我想下课后再找你解释。"

多善良的孩子，为了照顾老师的面子而委屈自己。我必须给孩子道歉："老师错怪你了，对不起。孩子，当老师委屈你的时候，你可以说清楚缘由，下次，我一定调查清楚了再说话，我一定会注意自己的言行。"

"老师，这不算什么，你批改那么多的试卷，漏掉一张是正常的，你批评我是担心我没交作业，是为我好。"

这是一个受了委屈的普通孩子对老师的理解和信任，更是孩子对老师的敬仰和尊重。我还有什么理由不让孩子们感受到老师的爱呢！

自那以后，我开始倾听孩子们的烦恼。课间，我耐心地倾听他们的诉说；课上，有学生不遵守纪律我不再当面指责；课后，找孩子们谈心了解背后的真相。渐渐地，孩子们慢慢地把我当成了朋友，都主动跑来找我谈心。当我走进了孩子们的内心，我们的关系越来越融洽，课堂上言谈举止间也越来越默契。

获奖课例

掷一掷

教学内容

人教版《数学》五年级上册第50—51页。

教学过程

一、复习掷一个色子的可能性（略）

二、研究掷两个色子的可能性

（一）列举"和"的可能

师：如果同时掷两个色子，人们常用两个色子朝上一面点数之和来确定胜负。屏幕上这两个色子掷出的点数之和是几？对了，是8，还可能是几？

生：一个是4，一个是5，和是9。

生：一个是6，一个是3，和是9。一个是3，一个是2，和是5。

生：2到12都有可能。

师：他认为2到12都有可能，和会是13吗？会是1吗？

生：不会的，最大两个都掷到6，和最大是12。最小两个都掷到1，和最小是2。

师：是的，掷两个色子点数之和，的确是2到12这些数。

（二）小组实验，探究结果

1．分组，制订活动方案

师：把这11种和分成两组，显然不够平均分，最接近的分法就是一组5个和，另一组6个和。A组：2、3、4、10、11、12，B组：5、6、7、8、9。（板书）

师：要想赢的可能性大一些，你会选择哪一组呢？为什么呢？

生1：我选择A组，因为这一组占的种数比较多。

师：你是把刚才掷一个色子的经验拿到这里用了。

生2：我会选择B组，我觉得这一组的数不大不小，比较好掷到。

师：你重点关注了和的特点。

师：究竟选择哪一组更容易赢呢？大家都有想法，究竟选哪一组胜的可能性大些？我们不妨动手试一试，通过实验让数据来说话。先来看活动方案：

①合理分工：9人一组，组长负责组织活动，两名记录员分别负责记录每

次实验的结果。

②实验过程：小组成员轮流操作，每人掷5次。

③整理数据：统计出本组的45次实验中，每个点数和出现的次数。

④分析数据：完成数据分析单上的问题。

师：明白了吗？开始活动吧。

2.学生分组活动

学生分组活动，老师巡视。

3.小组展示汇报

师：请各组推选一名代表把自己组的实验记录单到展台上展示，并把数据分析向全班进行汇报，汇报完后，把小组实验数据填写到全班的汇总表上。

师：通过各个小组的汇报，你有什么发现？每个小组的数据为什么都不一样呢？

生：每一次都是随机事件。

师：正像大家所说，每一次投掷都是一个随机事件，所以数据各不相同。大家从这些不同的数据中有没有找到相同的地方呢？

生：都是B组胜了。

师：都是B组胜了。是的，确实这几个小组都是B组胜了，只不过胜的优势有大有小。

4.分析全班汇总数据

师：把全班的数据汇总在一起，结果会是怎么样呢？我们先来算一算每个和出现的次数。

（书写每个和出现的次数）

师：接下来，我们仍然结合这两个问题对全班汇总的数据进行简单的数据分析。先来看第一个问题。

生：和是7出现的次数最多，共有29次；和是2出现的次数最少，共5次。结果仍然是B组赢了。

师：第二个问题，请大家自己算一算。

生：A组赢了61次，B组赢了159次。最终B组胜了。

师：仍然是B组胜了。

5.发现问题，提出问题

师：从小组实验结果到全班数据汇总，事实已经很清楚了，现在你认为选择哪一组比较好呀？

师：大家都选择了B组，现在你有什么想法或者问题要问吗？

生：为什么B组占的种数那么少，还那么容易赢呢？

师：善于提出问题，说明你的思考正在向更深处发展！是呀，为什么选择B组就容易赢呢？

（三）探寻可能性大小

师：我们先来看看每一个和，有的和出现的次数多，有的和出现的次数少，是什么原因呢？

生：和数的组成有关。

师：是这样吗？我们一起来看看。和是2，什么情况下和会是2呢？

生：两个色子都掷到1。

师：那我们就说和是2占的可能性有1种。

（出示表格）

点数和	和是2	和是3	和是4	和是5	和是6	和是7	和是8	和是9	和是10	和是11	和是12
可能性（种）											

师：和是3有几种可能呢？

生：1种可能。

师：真的就只有一种吗？请往这里看。

出示课件：一个色子是1，一个色子是2的情况。

出示课件：一个色子是2，另一个色子是1的情况。

师：和是3一共有几种可能？

生：它们是同一种可能。

师：他认为这两种情况是同一种，还有不同的看法吗？究竟是两种还是一种呢？

师：孩子们，往这里看，我有一元钱，他有两元钱，换一下，我有两元钱，他有一元钱，这是同一回事儿吗？和是3有几种可能呀？2种。其他的和呢？我们一起来看一看，说一说。

师：观察我们研究出的可能性大小的这个表格，你发现了什么？

生：和是7出现的次数最多，和是2和12出现的次数最少。

师：由这个表格我们发现每个和出现的可能性是不均等的。和是7占的可能性最大，有6种可能。和是2和12占的可能性最小，都只有2种。

三、用可能性大小来解释实验中的现象

1.为什么每个和出现的次数有多有少

师：将我们研究出的可能性结果和全班汇总的数据结果进行对比，你发现了什么或者有什么感受？

生：都是7出现的次数最多。

师：大家通过对比，发现全班的数据和可能性大小的表格有许多接近的、一致的地方。

师：有科学家把这个实验做了1000次，并将数据做成了统计图。认真观察这个统计图，和可能性表格进行比对，你又有什么发现或者感受呢？（图表对比）

生1：7出现的次数最多，7的可能性最大。

生2：12和2出现的次数最少，它们的可能性最少。

师：大家这一次发现的一致地方更多了，但也有同学发现了不一致的地方，知道是为什么吗？

生：每一次投掷都是一个随机事件。

师：是的，正像这位同学所说，每一次投掷都是一个随机事件。虽然每个和的可能性有大有小，但每一次的结果都是不确定的。实验的数据如果再大一些，大家找到的相似之处会更多，每个和的出现次数会和它的可能性大小更接近。

2.为什么B组容易赢

师：看完每个和，让我们整组来看一下，A组占的可能性一共有多少种？12种。B组呢？

师：现在你知道为什么B组很容易赢了吗？都知道了呀，请你来说一说。

师：大家对他的解释满意吗？

师：掷两个色子求和，和有11种可能，每个和出现的可能性不均等，占的可能性种数越多，赢得可能性越大。

四、概率在生活中的运用

师：有了这节课学习的经验，大家一定能非常理性地看待下面的问题。这是一个超市的抽奖方案，为什么要这样设计不同的奖次呢？

师：看来大家不仅知道为什么这样设计，还看懂了老板的心思。

师：作为一名顾客，你喜欢这样的抽奖方案吗？让你来设计，你会怎样设计特等奖和参与奖呢？

师：大家对他的设计满意吧，同样的知识站在不同的角度有不同的运用。

五、课堂小结，拓展延伸

师：现在让我们来回顾一下，我们首先研究了掷一个色子，共有6种情况，每种每个面被掷到的可能性都是均等的，所以占的可能性种数越多，赢的可能性越大。

掷两个色子求和，有11个和，共有36种不同的情况。每个和出现的可能性不均等，占的可能性种数越多，赢的可能性越大。

现在你又产生了新的问题了吗?

生：三个色子会怎样呢?

师：对呀，三个色子会怎样呢? 布置一个作业，请大家课后拿三个色子来玩一玩，看看三个色子中又藏着怎样的数学知识。

(本节课荣获河南省小学数学优质课大赛二等奖，有删节)

好书推荐

《童年的秘密》

这是一本了解儿童发育和成长秘密的最生动的著作。在书中，蒙台梭利详细而生动地描绘了儿童的生理和心理特征，揭开儿童成长奥秘的革命性观念。它让世人了解到，儿童具有丰富的潜能，但儿童只有在一个与他的年龄相适应的环境中，他的心理生活才会自然地发展，并展现他内心的秘密。

心向太阳，简单就好

◎ 王曼利

有人说：把每一件简单的事做好就是不简单，把每一件平凡的事做好就是不平凡。在将近二十年的工作中，我每天都在朝着这个目标努力，我相信工作中的每一天都是平凡的，许多事情都是值得做的，更是值得做好的。

同伴互助，缩短差距——我成长的第一步

从上班的那一天起，我就立志做一名认真的老师。对于一个非师范生的我来说，没有专业的教育理论，没有专业的教学实践经验，深感差距的存在，我暗暗下定决心，绝不能因自己的不专业而耽误学生。"天再高又怎样，踮起脚尖就更接近阳光。"对于教学一片空白的我，每天晚上都翻阅教育教学书籍，了解课堂结构和教学方法，填补自己空缺的知识，并自学完成河南大学汉语言文学本科课程；每次我都提前备好课，请教有经验的老师帮我修改，他们总是不厌其烦地指出我的不足之处：重点知识的讲授、难点的突破、时间的把握，一点一滴，细致入微；一有时间，我就搬着凳子去别的班里听课，我观察着他们的课堂组织，我模仿着他们的课堂语言，我渐渐懂得了：上课不仅要讲知识，关键是孩子们愿意听！好老师的课堂上孩子能安安静静地听讲，积极踊

跃地发言，原来上课也是需要智慧的！我是幸运的，在我成长的起点上，我遇到了无私的同伴，在同伴的帮助下，那无形中的差距逐渐缩小，我逐渐成为一名称职的小学教师。

导师引领，另辟天地——我成长的第二步

2001年是难忘的一年，洛龙区开设了信息技术课。因为我在学校学习的是会计电算化专业，是学校唯一一个对电脑不陌生的老师，学校的电脑课就毫无疑问地落到了我的身上。为了能胜任这个陌生的岗位，我利用周末自费去电脑培训班学习，用专业的电脑知识充实自己；我跟随教研员刘京波老师到郑州取经，去现场观摩河南省优质课大赛，了解电脑课的理念、框架、教法。学习回来之后，我就开始积极参加洛龙区优质课大赛。在刘老师的指导和引领下，我对信息技术这门学科从陌生到熟悉，从聆听专家讲课到自己课堂实践，我走出了自己的道路。比赛之后，刘老师对我的课给予了很高的评价，更多的是中肯的建议，对于任务的设置、活动的开展和作品的展示都做了详细的指导，我一下子豁然开朗。2002年至2006年，我踊跃参加洛龙区、洛阳市的优质课大赛，最终被聘为洛龙区小学信息技术中心组成员。我是幸运的，上班短短两年，我遇到了我的导师——刘京波老师，有了导师的引领和教导，我少走了许多弯路，大大地加快了成长的步伐。

名师点拨，破旧立新——我成长的第三步

2013年是我人生的转折点，我调入了北京第二实验小学洛阳分校。半年后，我有幸参加了洛阳市数学优质课大赛，我深知自己代表的不仅是个人，更是学校。没有经验的我，在选课上就陷入了困境，不知何去何从。"选课要尽

量选一些名家、大家不经常上的课，这样才会有亮点和发挥的空间。"郭校长的一番话让我豁然开朗，我仔细斟酌，决定讲《异分母分数加减法》。这是一节计算课，计算课关键是要讲透算理，怎样让算理变得"平易近人"呢？只凭教师的讲授肯定不行，要突破算理，就得让学生学会把已有的经验成功地转化为新的经验。对！多给学生提供些学具，让他们在折一折、画一画、算一算中达到融会贯通！想好了策略，我就把备好的课拿给红利老师看。"每节课我们不仅要讲知识，更要向学生传递数学思想、数学方法。"她的话让我顿时感到自己备课视角的狭隘，她的话给我指明了方向。在她的指导下，"动手操作""使用符号""转化"等数学思想融入了我的课中，课立刻有了质的飞跃。课定型了，最难的是讲。我记得第一次试讲是在郑州，郭校长和红利老师白天听课学习，晚上听我试讲。讲完之后，红利老师严肃地说："你的眼里就没有学生，这是在背教案，讲课要做到心中有学生，眼中有学生。"她们从说话的语气、眼神到动作，都一点点地给我示范、纠正。经过一晚上的练习，我才真正知道了：微型课原来是这样上的！功夫不负有心人！我荣获了洛阳市一等奖。我是幸运的，刚刚调入北二分，就遇到了张红利老师和郭遇巧校长两位名师，有了她们的悉心点拨，我打破了理念，更新了思维，开启了人生的新篇章。

反复磨课，转换视角——我成长的第四步

参加完3月20日的洛阳市数学微型课大赛，我如释重负。没想到，3月24日我就接到了通知，要准备参加洛阳市数学优质课观摩会。压力像潮水般瞬间涌来！外地参观团到学校听课时，我把自己备好的课《亿以内数的认识》进行了展示，课后大家都感觉教学设计十分合理，学习效果良好。但红利老师一听，就听出了问题："这节课知识十分简单，没学之前许多学生都会，但其中的道理学生并不是真的懂，我们要做的就是巧妙地揭开这层面纱，还有数感

的培养也是本节课的重点和难点,你却没有涉及。"听了红利老师的话,我才发现自己真的没有吃透教材,只停留在表面。紧接着,我开始了艰难的磨课。我一遍遍地试讲,一次次被否定。每一次磨课,都会面临新的问题,出现意想不到的状况,学生达不到老师的要求,难点无法突破,超出预设,总是会让人不知所措。因为我没有静下心来聆听孩子的声音,没有抓住实际的课堂生成及时追问、捕捉孩子思维深处的东西,以至于在课堂上很多次碰壁。试讲了这么多次,还是状况百出,残酷的现状打击得我灰心丧气。红利老师告诉我:"这是每个人都会经历的过程,我原来参加赛课时,也哭过很多次,但哭过之后就觉得不能前功尽弃,一定要坚持到底,每个人的成长都是一部血泪史!风雨之后才会见彩虹!"一次次的交流反思,一次次地刷新收获,我经历着,成长着,蜕变着。我是幸运的,在我翻开数学崭新的一页时,我遇到了张红利老师和毛香利老师,我的视角发生了有史以来最大的一次转换,倾听学生真正的声音,那是太阳升起的地方!

名师档案

王曼利,女,1977年生,本科学历,中共党员,中小学一级教师,洛阳市骨干教师,洛阳市优秀班主任、教学标兵,洛龙区优秀教师,洛龙区名师、洛龙区师德标兵。撰写的多篇论文曾荣获市、区级一等奖,执教的优质课曾多次荣获省、市级奖励。2009年在第三届农村中小学青年教师技能竞赛中荣获河南省信息技术优质课小学组一等奖,2014年5月在洛阳市小学教师优质课评比中荣获小学数学一等奖,2014年11月执教的《亿以内数的认识》荣获河南省数学优质课一等奖,2007—2010年连续四年荣获"华罗庚金杯"数学邀请赛国家级优秀教练员称号。2016年,再次荣获"华罗庚金杯"数学邀请赛国家级优秀教练员称号。

| 教育随笔 |

他变了

　　小胡是一个白白净净的男孩子，他是班里最高的一个学生，也是男孩子中学习最不理想的一个。虽然他的学习一直落在大家的后面，但是他却从来不在乎。正如他在作文中写的那样，他的家里很有钱，他从来不会为钱发愁，他对自己的未来没有打算过，因为他有一个特别会挣钱的爸爸。他的父母也拿他没有办法，实际上，从一年级开始，他的父母就没有对他的学习抱很大希望。从三年级到四年级，小胡的数学成绩一直稳稳地居于全班倒数，从不曾改变，而且很少突破60分。面对这样的一个他，我十分着急。我和他的妈妈交谈过多次，但无济于事。十岁的他已经把妈妈的话当作耳旁风，他的爸爸妈妈对他也是听之任之。

　　但是作为老师的我，总是想方设法转变孩子的态度，使他爱上学习。课堂上，只要有适合他回答的问题，我总把机会留给他。只要他回答对了，就报以热烈的掌声，并在全班同学面前表扬他。只要他的作业有了一点点的进步，我就会在全班同学面前为他竖起大拇指，并奖励他一张表扬信。课下，我会寻找一切机会和他聊天，让他感受到老师的喜爱和重视。下课了，他偶尔也会和我开开玩笑："王老师，我忘写作业了！"看到我的脸上写满了伤心，他马上就会笑着跑开："王老师，我逗你呢！我作业上的错题已经改完了！"我特意给他指定了一个小老师——浩浩同学。浩浩同学总是找我诉苦："老师，小胡同学太难辅导了！你讲过的许多知识他都不会！"我当着小胡同学的面对浩浩说："正因为他有许多不会，我们才要帮助他学会！有了我们的帮助，他一定能学会！他的心里一定希望早一天学会，我们要相信他！"听了我的话，小胡同学的眼里添了几分坚定！

慢慢地，小胡同学变了！他的作业越来越干净，每次我都会给他满分的书写分，并把他评为全班的书法小明星。课堂上，他举手的次数越来越多，他讲题的思路越来越清晰。慢慢地，他的小老师也没有了怨言。

在一次月考中，小胡同学的数学成绩从四五十分提高到了70多分，而且把比他好的5名同学都甩到了后面。最令人惊喜的是，他的计算题居然全对，班里计算题全对的不到40个！为此，我给了他一个大大的拥抱！夸他为计算小能手！

当我与小胡同学的妈妈谈起他的变化时，他的妈妈脸上露出了自豪的笑容："他这段时间在家里变化特别大，每天到家都能自觉地写作业，我再也不用因为作业烦心了！"听了小胡妈妈的话，我感觉他真的变了！我为他的变化感到由衷的高兴！

每一个孩子都会有精彩的时候，只要我们不放弃每一个孩子，默默地用爱心浇灌每一个孩子的心灵，用我们的耐心去关注每一个孩子，用我们的真心去呵护每一个孩子，相信花一定会开！就让我们用一颗宽容的心静候花开，期待精彩！

获奖课例

亿以内数的认识

教学内容

义务教育教科书《数学》人教版四年级上册教材第2—4页。

教学过程

（前略）

师：孩子们，会数钱吗？这是银行用的一百元的点钞币。10张这样的一百元是多少钱？

生：1000元。

师：咦，为什么呀？

生：十个一百是一千。

师：同意吗？一起说一遍。

师：看，这是1个……

生：一千。

师：十个这样的一千就是……

生：10000。

师：咦，这又是为什么呢？

生：十个一千是一万。

师：看！你的意思是这里就是一个……

生：一万。

师：像这样一份的钱，我这还有！共有10份！想一想，合在一起一共多少钱？

生：十万元。

师：如果数一数的话，会产生哪个新的计数单位？

生：十万。

师：嗯，有想法！这只是你的想法，到底对不对呢？让我们数一数验证一下。谁愿意来数？就你了！

师：孩子，我来帮你拿着，好吗？

师：告诉大家，你数了几个一万？

生：十个一万。

师：那下面的孩子们，一共是多少钱？

生：十万元。

师：看来十个一万就是一个……

生：十万。

师：我把它捆在一起就产生了一个新的计数单位……

生：十万。

师：和我们刚才想的一样吗？

生：一样。

师：来，孩子，把十万写上去。你不仅会数数，而且字写得也很漂亮！

师：会数钱了！这是……

生：计数器。

师：会用计数器数出这十个一万吗？赶快试一试。

师：谁愿意来展示你所数的过程？

师：数得对吗？那新的计数单位是什么呢？

生：十万。

师：来，把十万这个计数单位贴上。好，认真的孩子，请回座位。

师：那想不想来感受一下这十万元？

生：想。

师：孩子们说说，什么感觉？

生1：很重。

生2：很多。

师：还有一次机会，机会留给……请你上来。

生3：如果这些钱是我的，该多幸福啊！

师：有些抱歉，因为时间关系，不能让每个同学都来感受一下。来，伸出手，比画一下，十万元大概有多厚？

师：孩子们，十万这个数在生活中还有许许多多。鸟巢里可以容纳十万人。十万张纸摞起来大约高10米，基本上与三层楼一样高。40千克黄豆大约有十万粒。这是哪里？洛阳新区体育场占地面积大约50000平方米，那几个这样的体育场就是十万平方米？

生：2个。

师：十万就在我们身边。照这样10份10份地数下去，还会产生哪些计数单位呢？先想一想，再数一数。请看活动要求。

1. 以小组（同桌）为单位。
2. 利用计数器10份10份地数下去，看一看，能找到哪些新的计数单位。
3. 将发现的计数单位补充在计数器上。

师：清楚了吗？开始！

师：哪个组愿意先来汇报你们的发现？

师：你们发现了哪些计数单位？

生：我们发现了百万、千万、亿、十亿。

师：大家同意吗？

生：同意。

师：来，写在黑板上。这里能写完吗？若写不完，那用哪个符号来表示呢？

生：省略号。

师：先看这个百万。能展示一下你们数的过程吗？

师：跟你们数的一样吗？十个十万是一百万。看来，百万是对的。咱们请这个小老师把百万贴上。谁的也是百万的，请举手！你们真棒！把热烈的掌声送给自己！

师：那接着看千万。大家同意吗？孩子，把千万贴上。谁也发现了千万的请举手！老师为你们自豪！

师：那亿呢？你们还想数啊！真了不起！咱们把机会留给别的孩子，好吗？掌声欢送他们！

师：哪个组愿意来？就你们了！

师：你们同意吗？谁这里也是亿，请举手！你们太让老师震惊了！咱们把亿这个计数单位贴上。孩子，你真像小老师！

师：老师发现有的孩子在这里写的是万万，也没错，万万在数学上就用亿来表示。

师：咱们通过想一想、数一数找到了这些计数单位，想不想来感受一下它们呀？鸟巢里能容纳……

生：十万人。

师：那一百万人得有几个鸟巢？

生：10个。

师：哪里能容纳一百万人呢？瞧！就是我们的天安门广场！十个天安门广场可以容纳多少人？

生：一千万人。

师：那一亿呢？需要几个这样的广场？

生：100个。

师：闭上眼睛想一想你面前这一亿人。感觉怎么样？

生：人多得数也数不清，密密麻麻。

师：那咱们就换个方式来感受一下一亿！大家来听要求。等会儿一秒钟你会听到"嗒"的一声，听到"嗒"的一声，你就点一个点。听清楚了吗？做好准备，预备，开始！

师：停！照刚才这样的速度，要点完一亿个点需要多长时间？请你来估一估。

生：一亿秒！

师：对！那一亿秒究竟是多长时间呢？告诉你吧，画1亿个点需要三年零两个月。如果1亿个小学生手拉手，可以绕地球赤道三圈半。

师：看来亿的确很大，有没有比一亿大的数呢？假如继续10份10份地数，还会有更大的计数单位吗？

生：十亿、百亿、千亿……

师：今天我们研究的是亿以内的数。

师：这些计数单位之间有什么关系？

生：10个一万是十万……

师：所有相邻的两个计数单位之间都会有一个不变的规律，是什么呢？

生：满十进一。

师：你不仅会观察，而且会概括！这就是数学上的十进制计数法！

师：生活中除了十进制，还有二进制、六十进制。有兴趣的同学课后可以继续进行研究。

师：这些计数单位所在的数位叫什么位？来，从万开始！

师：关于数还有一个秘密，自己来学一学吧。

师：有关数级的知识，你懂了吗？32001265这个数你会给它分分级吗？告诉大家，1265在……，3200在……。

生：1265在个级！3200在万级！

师：大家同意吗？这就是咱们数学上的数位顺序表。有了它，认识生活当中的大数就非常容易了！

（本节课荣获河南省小学数学优质课大赛一等奖，有删节）

| 好书推荐 |

《平凡的世界》

书里最让人感动的是字里行间所流淌的真情。对土地、对父老乡亲的深厚情意，有亲情、友情、爱情。这样的真情贯穿于书的始末，总让我们在感叹他们艰难的同时心里又有丝丝温暖。这样的温暖又似乎在告诉我们人世间有再多的苦，只要有情有爱，心里总是甜蜜的，珍惜身边的人，珍惜身边的情。

成长，永不停歇

◎ 王 芳

来北京第二实验小学洛阳分校工作已有两年的时间了，回望自己所走过的日子，我的心中充满了无限的感激。感谢学校领导和老师的关心和帮助，让我能在北二分这个温暖的大家庭中，点击着人生的鼠标，描绘着自己的蓝图，书写着美好的人生。

榜样示范——我成长的起点

我很荣幸成了李利文老师的徒弟，她在职业道德、教学方法、管理学生等方面都毫无保留地给了我许多的指导和帮助，使我在各方面有了较大提高。在这两年来，师傅一有时间就会来听我的常规课，并对我课中出现的问题给予中肯的建议与指导。同时开放课堂，让我随时去听她的课。听师傅的课，我有很大收获。她关注学情，有很强的语言意识，目标明确，条理清晰，丰富的评价语言，充分调动了学生的学习积极性。听她的课，时间总是在不知不觉间就流逝了，课后仍让人回味无穷。

同事帮助——我成长的动力

我很幸运，有关心我成长的领导。记得上学期开学一个多月，一次校长把我们几个新调入教师都叫到办公室，问我们在这里是否能适应，工作上有什么困惑，生活上还有什么需要。教研室的张红利老师每次在我们磨课的时候都会亲自来给我们指导。每次我接到上公开课的任务，我们数学组的老师总是不辞辛苦地调课来听我的课，毫无保留地给我提出意见，在一次次的试讲中我的教学目标更加清晰，教学流程更加明了。

研讨反思——我成长的方向

2017年，我参加了洛阳市优质课的评选活动，开始了艰辛的备课历程，我几乎把所有的空余时间都倾注到这节课上，经过一番紧锣密鼓的准备，我信心满满地迎来了第一次试讲。区教研室的张红利老师，我校的郭遇巧校长、教研组长曹淑云，对我的课堂进行了现场诊断指导。就像农民精心侍弄自己的庄稼，想获得一个好收成一样，我精心研磨自己的课堂，也想获得一个好评价。可是，我的期待瞬间化为泡影，在专家、领导面前，我的课堂是如此不堪一击。区教研员张红利老师再三强调"吃透教材最重要，你对教材挖掘的程度决定了课堂的深度"；郭遇巧校长在评价课堂教学时，对每一个环节的用时做了非常详细的记录，并逐一进行了精到细致的点评；曹老师则建议我的课堂不妨来个美丽的转身，尝试一种更开放的形式；智囊团的专家们你一言、我一语发表着各自的高见，我记录着，思考着。现在想来，恰恰是这种"体无完肤"的评课方式，才为后来课堂的蝶变重生积蓄了勇气和力量。

我强迫自己拥有一种"归零"的心态，以"归零"的心态重新挖掘教材，以"归零"的心态重新设计教学。每次，当我和张老师沟通时，她都会放下手头工作,对每一个教学环节进行微格式的分析评价并积极出谋划策。有了张老师的指导,我的内心少了一些狂躁和不安,渐渐淡定从容下来,最后的课堂,尽管许多的教学细节仍显得有些粗糙和不完美,但是,整个教学环节透着一种简约大气之美。

如果说我在"虚心学和勤实践"上有一些值得肯定之处的话,那么更值得我深思的还是在这些过程中存在的欠缺和不足。今后,我会继续努力,更加主动向大家学习、请教,在教学的这条路上永不停下前进的脚步!

名师档案

王芳,1979年生,1996年参加工作,中小学二级教师。2013年曾代表洛阳到香港参加电子白板的交流年会,撰写的论文获得省、市级一等奖,执教数学优质课多次获得市、区级一等奖。2002年执教的《时、分、秒》荣获洛阳市小学数学优质课评比一等奖,2006年被评为宜阳县优秀教师,2014年4月执教的《植树问题》荣获洛阳市小学数学优质课评比一等奖,2014年12月执教的《田忌赛马》荣获洛龙区小学数学优质课评比一等奖,2007—2012年连续六年荣获"华罗庚金杯"数学邀请赛国家级优秀教练员,2015年再次荣获"华罗庚金杯"数学邀请赛国家级优秀教练员。

教育随笔

有你们真幸福

静静地坐在办公桌前,我梳理着自己的思绪,回想这两天的经历,一个个片段、一个个细节无不感动着我。

  周一接到通知，周四上公开课，扳指一算，只有两天时间了，大脑顿时断片儿，两天如何能备出一节好课？我内心忐忑不安，抱头坐在电脑前正发呆，六年级的家人一句句鼓励的话渐渐给了我信心，瞬间有了斗志，确定课题，备课，做课件，当晚忙到半夜，一节课成型了。试讲，再试讲，几次试讲下来，红利老师提了很多建议，只剩最后一个下午，到了冲刺的时候，曼利用一个下午的时间做好了课件，正兴奋呢！我说，亲，这仅仅是个精彩两分钟的课件，她惊呆了。工作依然在持续，有了小付的加入，做课件的进程明显加快，超超老师一家三口的陪伴，璇宝贝坐在地上一边背演讲稿，一边看着我们不停讨论，改课件，做教具。郭校长也是一边安排学校的工作，一边关注我们的进度，催促大家先吃饭再干活。曹老师全盘考虑，不漏掉一个细节。此情此景，让我感动，感动之余，更多的是一种力量，是团队的力量在支撑着我前进。直到晚上十点，大家才带着孩子离开，我留在报告厅调试课件，最后一次说课，住校的碧林、静静、静路、小川做起了观众……

  利文老师安排学生，红利老师再三叮嘱我放开讲。课堂上，孩子们没有让我失望，不断带给我惊喜：高宇轩把自己封为军长，宫常凯同学向我发起挑战，更多的小手举了起来，智慧的火花在好玩的游戏中迸发。沈儒溢妈妈专程赶来照相，记录下孩子们的精彩发言，听课老师不断送给孩子们掌声，下课后孩子们不愿意离去。我是幸运的，有这么一个强大的团队；我是幸福的，有这么精彩的学生；我是满足的，有这样支持我们工作的家长。北二分的家人个个都是好样的，每天都在创造不一样的精彩，每天都会有奇迹发生！

获奖课例

植树问题

教学内容

人教版《数学》四年级下册第117页例1。

教学过程

一、创设情景，揭示课题（略）

二、经历探究，尝试解决

1. 出示例

师：2014年4月，中国的目光将聚焦在我们洛阳！知道为什么吗？洛阳牡丹甲天下！为了迎接第32届牡丹花会的召开，环卫工人要在全长1000米的小路一边植树，每隔5米栽一棵（两端要栽）。一共需要多少棵树苗？

师：哪些信息特别有价值？分别说说两端要栽、每隔5米的意思。

师：两端要栽指的是哪里呢？

生：用一把直尺表示小路，要在开头和结尾都栽。

生：每隔5米表示两棵树之间的这一段距离，我们也可以看作一个间隔。

2. 尝试解题

方法一：100÷5=20（棵）

方法二：100÷5=20（棵）　　20+2=22（棵）

方法三：100÷5=20（棵）　　20+1=21（棵）

师：观察三种解法的异同点，理解100÷5是用总长除以间隔求出间隔数。

3. 小组合作，动手操作

师：这位同学说得太好了，1000米太长，不容易研究。怎么画便于研究呢？同桌商量一下。

以小组为单位，利用老师为你们提供的材料进行研究，设计一份植树方案。出示小组合作建议：

①根据题目设计一份植树方案。

②把你们预想的植树方案用你喜欢的方式表示出来。

③小组合作设计，填写植树问题研究报告表。

4.小组汇报，交流

方案一：从手上找到植树问题。

方案二：用画小树的方法发现在30厘米长的小路上（两端要栽）每隔5厘米可以栽7棵数，有6个间隔。

方案三：把小树转化为符号，更清晰、明了，你们的思维很独特，有想法！

方案四：画线段图，这种方法不仅很简洁，而且能够很清晰地帮助我们分析数量关系，是我们数学上最常用的一种好方法。

5.探索规律

师：让我们再回过头来，仔细观察研究报告表，你们能发现什么规律吗？请同学们在小组内讨论一下。

生：在两端都栽的情况下，间隔数＝全长÷间隔，间隔数+1＝棵数。

师：根据我们找到的规律，回过头来看一看，哪个结论是正确的？

生：第三种。

师：老师觉得你们特别棒，不仅能够积极地去寻找解题的方法，还能在解题的过程中有所感悟，获得学习方法。

三、利用规律，解决问题

其实植树问题并不只是与植树有关，生活中还有许多现象和植树问题很相似，比如路灯、楼梯问题，在数学上，我们把这类的问题统称为"植树问题"。

师：接下来，咱们就利用今天学到的知识解决生活中的问题。

（出示）

1.5路公共汽车行驶全长12千米，相邻两站的距离是1千米，一共有几个车站？

2.60米的小路的两边从头到尾每4米设有一盏路灯，小路两边共有多少盏路灯？

3.奶奶家在五楼，小华用了56秒上楼。小华平均每上一层楼用多少秒？

师：看来，应用植树问题的规律，不仅仅能解决植树的问题，生活中很多类似的现象也能用植树问题的规律来解决。

四、精彩回放，画龙点睛

师：通过这节课的学习，你们有什么收获？

五、穿越时空，展望未来

师：让我们带着收获，走进20棵树的植树问题，这个问题几个世纪以来不断给人类智慧的滋养，聪明的启迪。20棵树植树问题，简单地说就是：有20棵树，若每行4棵，问：怎样种植，才能使行数更多？

（本节课荣获2014年洛阳市小学数学优质课大赛一等奖，有删节）

好书推荐

《最美的教育最简单》

这本书收集了很多有关孩子的案例，采用案例写作的手法，道出儿童教育的一些处事方法。作者用经典教育学和心理学理论为依据，以学者的严谨和妈妈的亲和，对大家面临的种种教育问题进行了深入而细致的解读，并指出教育面临的种种误区，同时为读者提出许多可操作的方法。

用平凡谱写亮丽的青春

◎ 司马会鸽

1999年从师范学校毕业,风华正茂的我怀揣着满腔热情,回到了生我养我的小村庄,成为一名普通的小学教师。登上三尺讲台,面对着一张张稚嫩的面孔,一双双求知若渴的眼睛,我明白:教师不仅仅是一个岗位,一种职业,更是一种责任,一种为人师表的责任,一种以教师的理想、智慧、激情和魅力影响学生一生的责任。

用真挚的爱,开启教育之门

我国现代教育家夏丏尊说:"教育之没有情感,没有爱,如同池塘里没有水一样;没有水,就不能称其为池塘,没有爱就没有教育。"

作为教师,我们不仅要教给孩子们知识,更重要的是关注孩子们个体成长,了解孩子心理需求。这么多年的教学生涯,几乎天天和孩子们朝夕相处,我常常被孩子们天真可爱的童趣所感染。我力求以身作则,用自己的一言一行影响学生,感染学生。班会课上友情卡的书写与传递,使学生学会用欣赏的眼光看别人,并学会了反思过错交流感情;大扫除时我和学生的擦玻璃比赛,让学生感受到了劳动的乐趣和成就感;课余经常和学生们谈天,为他们解决思想上的困惑，成了学生的知心姐姐；我为他们欢喜，为他们担忧，孩子们童年的趣事，已经成为我生命中丰富多彩的风景线。

真诚的付出也换来了学生的真情回报，我所带的班级，学生团结活跃、积极奋进，多次被评为"优秀班集体"。而我的办公桌上、讲台上也会经常出现学生悄悄放上的一盒奶、一个苹果、一盒治疗嗓子的药，我知道这是学生在向我传递他们对老师的关心和喜爱，表达他们纯真的、稚嫩的感情。我想：我给孩子们的是一缕春风，孩子回报给我的却是整个春天。

尊重生命，让激情在课堂上燃烧

课堂是师生互动、心灵对话的舞台，是师生共同创造奇迹的天空，那么，如何把课上得精彩，让课堂焕发出生机和活力，是我从教多年以来孜孜不倦致力追求的方向。近年来，我所执教的数学优质课多次荣获省、市、区一等奖，成绩的背后，是长时间的迷茫与无助、思考与摸索。记得初为人师的日子里，心头涌动的是不尽的新鲜感和兴奋感。我曾认为，只要全身心地投入，勤勤恳恳地工作，就能胜任"传道、授业、解惑"的教师天职。我使出了浑身解数，点燃了生命中所有的热情，早出晚归，加班加点，兢兢业业地耕耘着。

课堂上，我不遗余力地向学生传授书本上的所有知识，好像只要我讲得越多，学生的获得就越多。终于有一天，我蓦地发现课堂上学生们变得目光呆滞，语言贫乏，思维滞后，感情苍白。

正当我彷徨茫然之时，我有幸聆听了特级教师黄爱华执教的"24时计时法"一课，我顿时有了"柳暗花明又一村"之悟。我深深地被课堂上学生乐学、善学、爱学的热烈场面所吸引，学生们在学习中体会着参与的快乐，黄老师与孩子们心灵的沟通、情感的交融、人格的碰撞，使孩子们备受激励和鼓舞，抽象的数学课不再枯燥乏味，而变得妙趣横生。我好像在茫茫的沙漠中看到一块生命的绿洲，这不就是我想要的吗？

接下来的时间里，我拜读了《黄爱华小学数学课堂教学艺术》一书，又学习了吴正宪、张启华、邱学华等一些全国特级教师的书籍和教学视频，并尝试着将学来的东西用到自己的教学实践中，时间一久，学生的眼神也变得灵动了，思维也激活了。

深入教改，注重实效

作为一名从普通小学走出来的洛阳市名师，公开课的磨炼功不可没。曾经听人说过："讲课就像蝉蜕，过程虽然艰难，但结果却会让你受益匪浅，讲完一节课，你就会完成一次飞跃。"所以每一次的赛课机会，我都倍加珍惜，把它当成对自己教学水平的历练。困惑时，教研室张老师的悉心指导让我茅塞顿开；迷茫时，学校教研组老师的建议让我眼前一亮。挖教材，理思路，不断试讲，反复修改，多少回的环节构思，多少次的字斟句酌，伴我熬过了一个个不眠之夜。短短几年时间，我所执教的优质课从区级一等奖到市级一等奖，然后我又站到了省级优质课比赛的舞台上。一次又一次的收获，一次又一次的提升。赛课的收获远非一张张证书所能衡量。每一次赛课的成功，都像经历一次破茧成蝶的蜕变，忍过了这一时的痛，等待你的就是柳暗花明，忍着不放弃，等待你的就是拨开乌云见太阳的舒心与幸福。

播种希望，收获幸福

一分春华，一分秋实。在教育这块沃土上，我付出了辛勤的汗水，也收获了累累硕果。我执教的数学优质课《圆的周长》获洛阳市一等奖；优质课《可能性》获洛阳市二等奖；《因数和倍数》一课获洛阳市一等奖，并在洛阳"牡丹之春"上做公开展示，同时获河南省二等奖；同年9月代表洛阳市参加河南省教师技能大赛，所执教的数学优质课《年月日》获省一等奖；优质课《认识三角形》获洛阳市一等奖。公开课《倍数的奥秘》在我区"名师1+3"活动中深受好评，并获名师公开课洛阳市一等奖。

作为一名骨干教师、一名洛阳市名师，我丝毫不敢懈怠，深知后面的路还很长，我要用自己爱岗敬业的红烛形象、为人师表的楷模形象、严谨治学的求知者形象以及积极乐观的精神态度去感染身边的每一个人，在教育的田园里辛勤耕耘，挥洒汗水，默默奋斗，让自己的人生更加丰厚精彩，让自己的生命在教育中熠熠闪光！

名师档案

司马会鸽，女，1980年生，中小学一级教师。洛阳市优秀教师、名师、骨干教师、优秀班主任、业务标兵。执教的数学优质课先后获得省、市级一等奖，连续荣获"华罗庚金杯"优秀教练员称号。

教育随笔

欢喜冤家

"呀！你真烦人！又碰到我了！"

"你才烦人，我又不是故意的！"

"你就是故意的，你都碰到我好几次了！"

"战争"即将爆发！这是谁呢？我们来瞧瞧！

美子，一个活泼可爱、对人热情又责任心超强的小姑娘。她为了班级的六一节目在舞蹈方面更出效果，竟然做通舞蹈老师的工作来给我们班的孩子们做指导，这一行为让大家刮目相看。

浩起，一个看似腼腆羞涩的小男孩，言语不多，但主意超正。属于妈妈一句话说不到点儿上就会立马打翻亲情的小船，被宠溺得不像样的怪宝宝。在家唯我独尊，行事冲动，不计后果。

这俩小朋友做了同桌，经常言语不和。一个热心肠，爱管闲事；一个特立独行，不服管教。最后只能我这个班主任出马，才化解了危机，重归于好。

这不，前天的"泼水事件"刚刚平息，这边狼烟又起，又开始了"大战"。我到场时，他们两人，一个泪眼婆娑，满脸委屈，一个手握拳头，直喘粗气。真是一对冤家！

我知道又该我这个调解员上场了。谁知道，还没等我开口，他俩就异口同声地说："老师我要换同桌！""哈！还挺有默契的嘛！"我心里暗暗好笑。

他们开始互相指责、互相埋怨，数落出对方一大堆的不是，争论不休。我不露声色地听完他们的抱怨，问他们："互损完了？"他俩不好意思地点点头，彼此还送去了不服来战的眼神。唉！肯定今天调解完还有下一次，怎么能一劳永逸呢，我话题一转："做了半年同桌，你们难道就没发现对方身上的优点吗？想想看，谁先说出，给谁一个善于发现奖章！"

一阵沉默之后，浩起先开口了："老师，昨天我笔掉了，美子帮我捡了！"

"嗯，帮过你，就记住了人家的好，真不错！"我及时送上了我的表扬。

"我今天尺子忘带了，浩起主动借给我了！"美子说。

"浩起，为你点赞哦！"我略带夸张地说。

"昨天我凳子忘放到桌子上了，美子帮我放到了桌子上。"我抱臂给出了肯定的眼神。

"前天我钢笔没水了,浩起把他的墨水借给了我。"

"上次我数学题不会,美子主动给我讲题。"

…………

两人你一言我一语地互夸着,越讲越兴奋,刚才的不快一扫而光,继而是满脸的喜悦、兴奋和掩饰不住的发光的眼神。我看火候到了,就说:"哇!这么好的同桌,真是打着灯笼也难找啊,你们还要换吗?"

浩起想了想,羞涩地说:"不换了,其实美子还是挺好的。"美子也不好意思地低着头说:"我也不换了,以前老看到浩起的毛病,其实他也蛮不错的,还经常帮我。"

我看目的达到了,就给他俩每人一个奖章,奖励他们善于发现别人优点,为了巩固一下让这种美好的感觉持续下去,我又交给他们一项任务——每天给我汇报一次同桌的闪光点,"Yes!"他俩接到任务高高兴兴地回班了。

接下来的时间里,我听到的再也不是指责,而是每天的互相欣赏、互相表扬、互相肯定,以前动不动就剑拔弩张的情况再也没有出现过,遇到问题两人真诚地在一起沟通交流,那种和谐的场面让我无限感慨。这不,今年期末考试两人的数学都破天荒地冲破了90分,真心为孩子们高兴!

当孩子在学校处理不好人际关系时,他们的内心会充斥着烦躁、不满的不良情绪,继而会把这种情绪扩散给周围的人,"硝烟弥漫"的环境,"战争"往往会一触而发,不利于孩子健康成长。作为教师要适时介入,巧妙地予以引导和点拨,让孩子从不同角度看问题,多发现别人身上的闪光点,让班级充满温情,充满积极健康的正能量!

| 获奖课例 |

因数和倍数

教学内容

人教版小学《数学》第九册第二单元《因数和倍数》。

教学过程

一、激发兴趣，引入新课（略）

二、创设情景，探究新知

师：2010年的4月1日到5月10日是洛阳的什么节日呢？对了，是洛阳第28届牡丹花会，本年的花会上共选出36名同学表演节目（课件显示例题），要求每排人数一样多，可以怎样排列？

生：每排3人，可以站12排。

师：真是个善于思考、勇于发言的孩子，怎样列出乘法算式呢？

生1：$3×12=36$，我认为这个算式还可以表示每排12人，可以站3排。

生2：每排站2人，可以站18排，乘法算式为$2×18=36$。

生3：每排站4人，可以站9排，乘法算式为$4×9=36$。

师：同学们列出了这么多个不同的算式，我们来看其中一个算式$2×18=36$，我们就说2和18都是36的因数，反过来，它们的乘积36是2的倍数，也是18的倍数。

师：仿照这种说法，谁能试着说出$1×36=36$这个算式中的因数和倍数关系？

师：你听讲可真用心，说得很完整。现在同桌结合依次说出其他算式中的因数和倍数关系。

师：谁能大声地告诉老师第一个算式中36的因数是几？第二个算式呢？第

三个算式呢？那我们不难发现，只要给出一个乘法算式，我们马上能找到积的几个因数？这真是一个重大发现！

师：再来观察在36的所有因数中最小是几？有没有比1还小的数？0是36的因数吗？

生：不是。

师：为什么？

生：因为零乘任何数都不等于36，所以我认为零不是36的因数。

师：说得真好！零太特殊了，所以为了方便，在研究因数和倍数时，我们所说的数是指不包括零的整数，也叫非零自然数。

师：乘法算式你会找因数和倍数了，除法算式你会找吗？（显示：18×2=36）请大家把这个算式改为除法算式（显示），我们想想它们之间的因数和倍数关系，先跟同桌说一说，会的请举手。

师：说得真好，学习时只要认真思考就能达到举一反三的效果。下面我们做个对口令的游戏。老师说上半句，大家对出下半句，想好了不要犹豫，大声地说出来。

三、合作交流，探索找因数的方法

师：我们发现了如果说一个数是另一个数的倍数，那么另一个数就是这个数的因数，是不是这样啊！下面老师要出题考考大家（课件显示），说一说在这些数中谁是谁的因数，谁是谁的倍数。

师：老师在听的时候，发现有好几个数都是18的因数，你们发现了吗？谁能把这6个数中18的因数一口气说完？

生1：2、3、9。

生2：我认为还有18。

师：这位同学说还有18，为什么呀？

生：1×18=18，所以18的因数有18。

师：你发现了一个重大秘密，原来18也是它自己的因数。

师：是不是18的因数只有这4个呢？看来找出18的一个因数并不难，难就难在将18的所有因数全部找出来，做到既不重复也不遗漏。请同学们试着写出18的所有因数，可以独立完成也可以同桌交流。（教师巡视作业，收集答案）

第一种：2、3、9、6、18；

第二种：1、2、3、6、9、18；

第三种：1、18、2、9、3、6。

师：请同学们比较这三种答案因数的个数，他们都找全了吗？第一种少写了1，首先值得肯定的是这位同学已经找到了18的5个因数，那1是18的因数吗？

生：1×18=18，所以1是18的因数。

师：这位同学观察得非常仔细。再来比较第二种和第三种答案，都找到了6个因数，在写法上有什么不同？

生：第二种是按从小到大的顺序写的，看起来很舒服。

师：这是哪位同学写的？说说你是怎么找出这些因数的。

生：我是这样想的，18÷1=18找到了1，18÷2=9找到了2，就这样一个一个往下试。

师：哦，你是用除法一个一个找的，你的思路非常清晰。下面来观察第三种答案，从他的答案里，你能猜出他是怎么找到这6个因数的吗？

生：我认为他是用乘法找的，1×18=18，1和18就是18的因数，2×9=18，就找到了2和9，3×6=18，找到了3和6。

生：我觉得他可能是用除法找的18÷1=18，找到了1和18，18÷2=9，找到了2和9，按这种方法又找到了3和6。

师：这两位同学都有着敏锐的观察能力和推理能力。无论用乘法还是用除法，一次都能找到18的两个因数，就可以这样一对一对地来写。那你们认为这种方法怎么样？

师：这份答案是谁写的？老师要和你握握手，你太有才了，老师也是这样找因数的。（展示过程）老师先按顺序写出乘积得18的所有算式，然后把他们一对一对地写下来。

师：下面我们来个竞赛，男生写出35的所有因数，女生找出24的所有因数。（练习）

师：（课件显示）观察这些数的所有因数，看看有什么共同特征，同桌之间可以讨论一下。

四、自主探索，找一个数的倍数

师：刚才同学们通过独立思考和讨论交流，不但掌握了找因数的方法，而且还发现了因数的特征，那么一个数的倍数怎样找呢？请大家把3的倍数写在纸上，注意要按照顺序来写。

师：停，写完了吗？

生：写不完。

师：为什么写不完？

生：自然数有无数个，倍数也有无数个。

师：那写不完怎么办？

生：写几个之后点上省略号。

师：我发现了在这么短的时间里你的倍数写得特别多，把你的诀窍和大家说一说吧。

生：我用3分别乘1、2、3、4……乘得的积就是3的倍数。

师：哦，用乘法做，你的方法太好了，告诉老师你叫什么？你真棒，这样写倍数又快又对。

生：我用一次加上3的方法也可以写出3的倍数。

师：这位同学敢于说出不同的想法，用每次加3的方法同样也能写出3的倍数。

师：现在老师把找倍数的方法进行展示：从乘1开始，一三得三，二三得六、三三得九……就这样直接根据乘法口诀就可以快速地从小到大写出3的倍数了，那当写到三九二十七，再往后，根据乘法口诀还好算吗？这时候用依次加3的方法就显得更为方便了，看来这两种方法各有各的优点。

师：下面我们做一些练习，男生写出2的倍数，女生写出5的倍数。

师：大家学得真快，那么请大家观察这些数的倍数（出示课件），你发现了什么？（学生总结出倍数的特征）

五、趣味练习，拓展提高（略）

（本节课荣获洛阳市"牡丹之春"数学研讨课一等奖、河南省小学数学优质课二等奖，有删节）

好书推荐

《教师自主成长——基于名师成长案例的分析》

教师成长有两条途径：一条是来自外界的被动接受式的培训，一条是教师的自主学习、研修。本书从教师自主学习成长的角度，通过列举发生在我们身边的许多鲜活的案例，详细分析、阐述了教师成长的五种意识、八种方法，为教师生命成长和专业化发展指明了方向。

为梦想扬帆远航

◎ 赵方方

在2011年以前,我一直任教于洛龙区第六实验学校,由于地处郊区,教学点分散,所以在学校我不仅担任班主任和数学教学,还兼任英语、体育等学科教学。到2011年,我遇到了教学路上的一次转折,很荣幸地成为了洛龙区第二实验小学即现在的北京第二实验小学洛阳分校的一员。

严谨求实,勤于反思

作为一名数学教师,在教学工作中,我努力做到精心备好每一节课,细心批改每一本作业,不断探索趣味性作业、创新性作业。尤其多关注后进生,促进后进生各方面能力的提高。我始终坚持"教"为"学"服务的教育理念,一切从学生的实际出发,不断探索新教法、新课型,与学生一起共同摸索合作学习、自主探究之路,努力使自己的教学组织活动符合学生的需求。

在自己的教学过程中,时刻做到三个反思:教学前反思,从培养学生实践能力着手,拓展教学内容,优化教学过程;教学中反思,及时主动地在行动中反思,培养反思和自我监控的习惯;教学后反思,随时审视,随时修正,形成自己的教学个性。

学会思考教育问题，积极把先进的教育理念转化为教师的行为等，从反思中提升教学研究水平。每节课后，把自己在教学实践中发现的问题和有价值的东西赶快记下来，享受成功，弥补不足，在总结经验中完善自我。

用心聆听，用爱浇灌

我除了是一名数学老师，班主任是我的另一个身份，这样的双重身份决定了我还要富有一颗童心，让学生喜欢上你，这样才能亲其师，信其道。有助于我们真正走进学生的心里，理解学生，从而更有效地引导并教育学生。

教育家陶行知就说过："我们必须会变成小孩子，才配做小孩子的先生。"记得去年教师节那天，我走进教室，发现全班学生齐刷刷地站在自己的座位上，教室里异常安静。突然两个学生走上讲台齐声问："老师，你可知罪？"当时我被这突如其来的场景怔住了，不知道他们葫芦里卖的什么药，所以就站在讲台上看着大家傻呵呵地笑着说："什么罪呀？我怎么了？"这时全班学生异口同声地说："老师，您为我们不辞辛苦，您为我们操碎了心，这就是您的罪！老师，教师节快乐！"然后他们又一起给我深深地鞠了一躬。说实话，当时我真的倍受感动，当我转身面对黑板时，映入眼帘的是那一黑板花花绿绿、大大小小的字，写满了学生们的真切祝福。那个时候，我转过身面对着学生们像一个孩子一样哭了起来，我颤抖着声音对他们说："同学们，能认识你们真好，能做你们的老师更好，我不仅是你们的老师，我还是你们的朋友！谢谢你们为我做的这些！"

像这样的事情还有很多，我喜欢下课与学生一起嬉笑游戏；喜欢和学生们一起聊天说笑；学生也经常对我说："赵老师，我感觉您特别的亲切，所以我什么都愿意和您讲，喜欢和您在一起。"所以说，一个优秀的班主任一定要富有童心，只有这样才能和孩子们交心，才能听到他们的心声，才能有的放矢地对他们加以引导。

一路走来，自己在不断努力中也渐渐成长，收获了很多成绩与荣誉。这些是终点又是起点，前面的收获是为了后面能走得更远。在教育工作中，我始终坚守在班主任工作岗位上，不仅收获了成长，更收获了幸福；不仅得到了领导的帮助与信任、同事们的关爱与认可，更赢得了学生和家长们的喜爱与尊重，以及很多和孩子们共同成长锻炼的机会。落红入泥更护花，我愿为我深爱着的教育事业和我的学生付出自己全部的真诚和热情，为孩子们的健康成长"保驾护航"，为自己的梦想扬帆远航。

| 名 师 档 案 |

赵方方，女，1983年生，本科学历，中小学二级教师。曾被评为洛龙区优秀班主任，业务标兵，骨干教师。所带的班级被评为洛龙区模范班集体，辅导的学生多次获奖。

| 教 育 随 笔 |

耐心——班主任工作的法宝

连续上了一上午的课，我的嗓子沙哑得说不出话来。回到办公室，看着眼前成堆的作业本、练习册，心情就像此刻窗外的天气一样阴沉、烦闷。

这时，有个学生向我报告说班级里有两个学生由于在楼梯上打闹被值周生留了下来，并被记了名字。我一听火腾地窜了上来，来到两个学生面前，训斥的话刚到嘴边，突然看到两张涨红小脸，怯生生的目光里充满了紧张、恐惧。我的心里痛了一下，嘴边的话又咽了下去。我蹲下去看着他们，轻声说了一句："先回去上课吧。"没想到刚下课，两个孩子就来到我们面前哭着说："老师，我错了，我让咱们班扣分了。"听他们这样一说，我笑了，说："你们能这样说，说明你们认识到了自己的错误，有很强的集体荣誉感，但是你们的错误并不在于让班级扣了多少分。你们想想，学校为什么要设立值周生啊？那是为了你们的安全负责，如果每个人上下楼都像你们今天这样，一旦有人从楼梯上摔倒，后果你们想过吗？"两个小家伙若有所思地点了点头。接着我又说："可以看出你们都是集体荣誉感特别强的孩子，你们让班级扣了分，犯了错就要改正，那老师就给你们一个弥补错误的机会，你们利用下课休息的时间在楼道里监督咱们班的同学上下楼的秩序，怎么样？"两个孩子擦干了脸上的泪水，然后坚定地说："一定完成任务。"事后，两个孩子这一天真的就没有出去玩，每节课下课，两个人站在一起认真地看着每一个经过的班级同学，模仿值周生的样子，"请靠右侧通行，注意上下楼梯安全"。望着他们稚气的脸庞，我的心情豁然开朗。

　　通过这件事我认识到，当好一个班主任要用心、用爱去教育学生，学生犯错时，不要一味批评、责怪甚至训斥，尝试使用多种方法去教育学生，多给学生自我反省的机会。我们的目的是让孩子知道我们希望他怎样做，为什么要这样做，循循善诱地指导他们，而不是一天到晚指责他们这样做不对，那样做不好，让孩子手足无措，丧失了自信心和自尊心。我们面对工作上的压力也应该学会自我调节，不能带着情绪工作，这样既降低了工作效率，也影响了自己的工作热情。总之，我会积极努力，快乐工作。

|获 奖 课 例|

"鸡兔同笼"问题

教学内容

人教版小学《数学》四年级下册第九单元"数学广角"。

教学过程

一、激趣引入（略）

二、新知探究

（多媒体展示）"今有鸡兔同笼，上有三十五头，下有九十四足，问鸡兔各有几何？

1.感受化繁为简的必要性

师：谁有什么好的解决办法给同学们介绍一下？

生：有15只鸡，20只兔。

师：你是怎么得到的？

生：我是猜出来的。

师：那我们要验证一下。

…………

生：我觉得数字太大了，不好猜。

师：有道理，那你认为该怎么办好呢？

生：我们可以从小的开始慢慢算。

师：好办法，可以把数字变简单一点，其实这也是我们在解决问题时经常用到的一种策略——叫化难为易。这样吧，我们就先从这个简单的题入手（多媒体展示），这回好猜了吧！

笼子里有若干只鸡和兔。从上面数,有8个头,从下面数,有26只脚。鸡和兔各有几只?

2.经历列表法的形成过程

师:下面请同学们沿着刚才的思路以小组为单位,把你们的猜测填在表格中。

师:同学们端正的坐姿告诉老师,已经有结论了,你们组先来展示一下!

生:我们组是先从1只鸡开始,那么兔有7只,脚就有30只,脚的只数不对,继续试,2只鸡,6只兔,28只脚;3只鸡,5只兔,26只脚,符合题目要求。

师:听懂了吗?还有不同的列法吗?好,你们来展示,边展示边讲。

生:我们小组是从7只鸡,1只兔开始的,脚有18只;继续6只鸡,2只兔,脚有20只;5只鸡,3只兔,脚有22只;就这样一直试下去,结果也是3只鸡和5只兔。

师:看这两种方法,谁能评价一下?

生:他们一个是从小往大,鸡的只数依次增加1只,另一个是从大往小,鸡的只数依次减少1只。

师:你再来说说。

生:他们的方法都很有顺序,这样不容易漏掉。

师:评价得很到位,这两种方法看起来很清楚,并且是按照一定的顺序依次列举出来,非常棒。(板书:有序列举)

师:哎,这边还有小手举着,来说说你们的想法,请展示出来。

生:我们是从4只鸡和4只兔开始试,脚就有24只,不行,然后就5只鸡和3只兔,脚有22只,脚又变少了,那就3只鸡和5只兔,脚数正好是26只。

师:你们的方法很独特,直接从中间开始列举,然后根据情况分析调整(板书),也找到了答案。

师:你们都很会思考问题。

师小结：看来大家都能把自己的想法用列表的形式展现出来（出示列表法），还能做到有序列举，并及时地分析调整，很快找到答案，真了不起。这种方法我们叫它列表法。

3.探索假设法

师：观察这几个表格，你能发现什么规律？先独立思考，在小组内交流。

师：哪一组愿意和大家分享一下你们的想法？

师：你来说说看。

生：我发现鸡的只数依次增加了1只，兔的只数依次减少了1只。

师：噢，你是观察第一个表格发现了规律。

师：你还有补充，请你来说说。

生：我发现第一个表格中脚的只数依次减少了2只。

师：你还有发现。

师：我还发现虽然鸡增加了1只，但兔却减少了1只，所以每一列中鸡和兔的总只数都是8只。

师：同学们不仅会观察，还能从中找到这么多信息，真不错。（师记录：鸡每多1只，兔就减少1只，脚就减少2只）

师：那再来看看第二个表格，你有什么想说的？好，你来吧。

生：它和第一个表格差不多，只不过这个是鸡依次减少1只，兔依次增加1只，脚的只数是依次增加2只。

师：你还有补充，来说说看。

生：这两个表格的规律正好相反。

师：大家同意吗？大家都很会总结。（师记录：鸡每少1只，兔就增加1只，脚也增加2只）

师：观察我们发现的规律，在什么情况下脚减少2只，什么情况下脚增加2只呢？你的手举得最高，那就你说吧。

生：第一个表格中是增加鸡减少了兔，每增加1只鸡，脚就增加2只，但减少1只兔，就又减少了4只脚，这样合起来反而就减少了（4-2）只脚。第二个表格同样也是，减少1只鸡就减少了2只脚，但增加了1只兔就增加了4只脚，合起来就增加了（4-2）只脚。大家听明白了吗？

师：看来这里都藏了一个神秘的2，听了刚才这位同学的讲解你们会用这个2吗？那我可要考考你们，假设我要增加4只脚该怎么办？

师：你来。

生：就减少两只鸡增加两只兔，4÷（4-2）=2（只）。

师：厉害，那如果我要增加10只脚呢？

师：你来。

生：把5只鸡换成5只兔。

师：能用算式表示吗？

生：10÷2=5（只）。

师：如果要减少6只脚呢？

师：你说。

师：看来大家都发现了鸡和兔的脚数当中隐藏的秘密。

师：孩子们，如果仔细观察的话你就会发现无论鸡和兔怎么变化，有一个量是始终没有变的，你找到了吗？请你说。

生：鸡和兔总数都是8只。

师：火眼金睛，对，鸡和兔的总只数都是8只。

师：好了，找到了规律，你们还有更好的办法来解决这个问题吗？小组先讨论，然后把你们的想法记录下来。

师：哪个小组来展示你们的成果？（展示题板）

师：好，你们组来讲讲。

生：（黑板上展示）假设笼子里全是鸡，

脚的只数：8×2=16（只），

少的脚的只数：26-16=10（只），

兔的只数：10÷（4-2）=5（只），

鸡的只数：8-5=3（只）。

师：噢，你们是这样想的，然后用算式来计算，听明白了吗？有问题吗？

生：4-2表示什么意思呢？

师：对哦，谁能来解答？请你来。

生：表示1只鸡和1只兔相差了2只脚。

师：同意吗？真好，你帮助大家解决了一个问题。

师：还有问题吗？那老师想知道10÷（4-2）=5（只）是什么意思？

生：用少的10只脚除以鸡兔相差的2只脚，就是需要把5只鸡换成5只兔，所以这5只就是兔子的只数，剩下的便是鸡的只数。

师：还有不同的算法吗？你们组来。

（黑板展示）假设全是兔，

脚的只数：8×4=32（只），

多的脚的只数：32-26=6（只），

鸡的只数：6÷（4-2）=3（只），

兔的只数：8-3=5（只）。

师：有和他们的一样吗？真不错，这种方法是把他们全假设成兔。

师：这里的6是什么呢？谁来解释？你来。

生：多的6只脚，那就需要减少6只脚。

师：同意吗？那就需要把3只兔换成3只鸡，看来这里算出来就是鸡的，剩下的就是兔的。

师：仔细观察这两种方法，你有什么发现？你来说。

生：他们一个假设全是鸡，另一个假设全是兔。

师：大家也发现了，像这两种方法我们可以叫它假设法（展示）。

师：你还有话要说？

生：它们虽然算式不同，但结果都一样。

师：也就是说它们有异曲同工之妙。

师：其实，像这样假设全是鸡，呈现在表格中，实际上就是鸡有8只，兔有0只，脚是16只，那这个呢？

生：鸡有0只，兔有8只。

师小结：孩子们，我们无论是用列表法，还是假设法，其实都是在假设的基础上进行调整，最终找到正确结果。

三、利用探究出的方法解决问题（略）

四、精彩两分钟

师：想不想知道古人是如何解决这个问题的呢？接下来有请今天精彩两分钟的同学。

五、点题升华（略）

六、回顾与总结（略）

（本节课荣获洛阳市小学数学优质课大赛一等奖，有删节）

| 好书推荐 |

《中国著名班主任德育思想录》

这是一本集中了窦桂梅、丁如许、任小艾、李镇西、魏书生等名师优秀思想的书籍。他们用自己的实际经验给我们诠释了班主任德育工作的真谛，您值得一看。

青春四重奏

◎ 赵洪涛

苦中也有乐，学习中成长

1995年7月大学毕业后，我到洛阳市实验小学教英语。那时候小学五、六年级才有英语课，全校只有我一名英语教师，而且还是一名长得帅帅的男英语教师。很多同事都在私底下议论说，我不过就是来这里走走过场，很快就会离开这里。更重要的是，我不是师范院校毕业，没有任何教学经验。

就这样，我在别人异样的目光中开始了我的职业生涯。学科不同，但教学方法总是有很多的相似性，没有英语教学的"师傅"，一有空我就去听学校里各个学科教学经验丰富、有个性和特点的教师的课。别人的经验总是有借鉴意义的，下班后我就去书店、图书馆里找关于英语教学方面的书和资料。

慢慢地，我感觉自己在课堂上越来越得心应手，对教材的把握也越来越准确，各种教学方法的使用也越来越科学。特别是1996年以后，学校又招了几位英语老师，我们利用教研时间相互学习和交流，有机会也会和区里的老师面对面地切磋和学习。就这样，我参加了几次区里面的优质课比赛，从得不到奖到获得三等奖、二等奖、一等奖。我在1999年4月第一次参加了市优质课比赛，获得了市优质课三等奖；同年12月我写的《小议英语教学中如何激发学生的学习兴趣、活跃课堂气氛》获市小学英语优秀论文三等奖。现在看来，这个成绩不算什么，但当时对我是一种莫大的鼓励。我有了一点小小的名气，大家都知道市实验小学有我这样一位英语老师，就像诗中那句"小荷才露尖尖角"，那时我感觉自己就是那个尖尖角。

利用平台发展自己，成长中慢慢成熟

到了2000年左右，随着小学英语在各校的普及，英语教师队伍迅速庞大起来，随之而来的就是各种学习和比赛机会的增多。从2000年左右开始，我参加各类比赛，利用各种平台锻炼和发展自己，也取得了不错的成绩。2002年1月观摩课被中央教育科学研究所外语教育研究中心评为优质课三等奖；2002年12月观摩课被中国教育科学"十五"规划课题组评为优质课一等奖，同名光碟同步在全国发行；2003年在"牡丹之春"英语教学研讨会上为全市教师做示范课《What are they doing?》，受到专家好评并获优质观摩课奖；2004年12月洛阳市首届"英语周报杯"小学生查字典比赛获辅导一等奖；2005年5月论文获中小学现代教育技术应用论文评比二等奖；2005年7月所讲《小学英语课堂用语运用》在全市教师培训会上深受好评；2006年4月所讲《小学英语阅读教学示范课》为全市教师做示范，并获得市优质课二等奖；特别是在2006年11月，我有机会代表河南省参加了中国第二届小学英语教师教学技能大赛，并通过自己的努力获得教学设计团体和教学评价一等奖。这六年时间，是我从成长期进入成熟期的过程，我有了自己的教学思想和理念，也形成了自己独特的教学风格。如果工作前六年是"小荷才露尖尖角"，这六年则有一种"忽如一夜春风来，千树万树梨花开"的感觉。

向专家型教师努力，发挥引领作用

2006年9月我走上学校行政管理岗位，可以不用担任英语教学工作，但我依然坚持担任一线英语老师。因为担任管理岗位，有了更多接触教育发达地区各种先进理念的机会，有了更多与教育大师们对话的机会，有了更多到大学进修和学习的机会。在课堂上，我不断探索和实践各种学习到的先进教学理念和方法，反思和总结后再实践。"用歌谣教语法""导学案在阅读教学中的应用""Phonics帮助语音教学"……各种尝试有成功，有失败，但更多的是积累下的经验。2008年我被市教研室聘为洛阳市双语教育专家，2012年被聘为市教研室兼职教研员。

面对年轻教师时，我从不摆资历，而是把自己的教学经验与他们分享，积极指导，悉心培养，从思想上进行敬业精神教育，组织他们探讨教学方法，提高教学水平。其中指导的王健老师获得市优质课一等奖，孟桦老师获得国家优质课一等奖。

我在帮助年轻教师成长的同时，也不忘继续发展自己。2007年5月所撰写的论文和制作的课件同时被市教研室选送省里参赛，并获得省级二等奖。2006年后，多次在"牡丹之春"教学研讨会上做观摩课和报告，2013年9月在市小学英语课堂研讨会上执教的《语音教学》课和所做的报告更是深受好评。

角色转换，把培养更多的年轻教师作为己任

从第一天站在讲台到现在已有二十一个年头了，我也从青春小伙变成了中年人，上有老、下有小的生活压力常常让我感到力不从心。随着2013年10月我来到北京第二实验小学洛阳分校担任教学副校长，我的角色又发生了变化。

我的工作重心虽然放在了学校整体教学上，但我依然按期参加学校英语

组的教研，努力把我这些年学到、悟到的教学经验无私地与教师们分享，把培养一支过硬的英语教师团队当成我的使命。随着和北京总校先进理念的接轨，我也不断接受新的教学理念，并在我的课堂上不断尝试。

我尽心辅导学校的英语老师参加比赛。2015年辅导的陈聪聪、白亚平老师获得市优质课一等奖，辅导的陈燕和陈慧芳老师获得"一师一优课 一课一名师"市级一等奖和二等奖；2016年3月辅导的白亚平老师获得了省第九届小学英语优质课一等奖。2016年5月自己也获得了洛阳市小学英语优质课比赛一等奖第一名。

教师永远是我的第一身份。我爱教师这个职业，我爱英语课堂。在北京第二实验小学洛阳分校这个大家庭中，我要把自己的经验传授给更多的年轻教师，努力培养出一批在小学英语教学阵线中出类拔萃的教学骨干，让北二分的孩子们在精彩的道路上走得更稳、更远。

名师档案

赵洪涛，男，1972年生，大学本科学历，中共党员，中小学一级教师，市双语教育专家组成员，洛阳市教研室英语兼职教研员，2013年10月调入北京第二实验小学洛阳分校任教学副校长。2002年12月做的观摩课被中国教育科学"十五"规划课题组评为优质课一等奖，同名光碟同步在全国发行。2006年11月代表河南省参加中国第二届小学英语教师教学技能大赛并获教学设计团体和教学评价一等奖。2007年5月所撰写的论文和制作的课件同时被市教研室选送省里参赛，并获得省级二等奖。2015年辅导的陈聪聪、白亚平老师获得市优质课一等奖，辅导的陈燕和陈慧芳老师获得"一师一优课 一课一名师"市级一等奖和二等奖。2016年3月辅导的白亚平老师获得了省第九届小学英语优质课一等奖。2016年5月参加洛阳市小学英语优质课比赛获一等奖第一名。

| 教 育 随 笔 |

家长如何辅导孩子

小学阶段是学习英语的黄金时期,在这种观念的引导下,家长越来越早地送孩子去学习英语,有些孩子甚至在幼儿园时就开始学习英语。一些家长过于看重孩子的英语学习,盲目地让孩子参加各种英语培优班,或布置过多的听、说、读、写练习,反而忽视了对孩子学习兴趣、学习方法的培养。

我和很多家长交流时,听到最多的是不知道怎样辅导孩子才能更加有针对性,既能让孩子对英语学习感兴趣又能让孩子学到知识。作为家长到底应该怎样在家辅导孩子呢?

首先,作为家长心态要放松,不要给孩子施加太大压力,要以表扬鼓励孩子为主。孩子第一次学英语会感到新奇,有兴趣和积极性。家长要善于利用孩子的这种积极性,在家中要鼓励孩子多讲英语,并及时表扬。我给孩子设计了过关卡,只要他完成了自己规定的任务,就可以得到小红花。攒到一定数量的时候,孩子就可以用小红花换取她想要的玩具或者看一场电影或者购买喜欢的书等。每次遇到孩子发音不准确、表达有错误或者说话不连贯时,不要笑话他而是找机会给他纠正发音。得到家长的表扬和鼓励,会成为孩子学习的一种动力。每天孩子回到家中,家长可以询问一下今天英语学了什么,怎么说的,陪孩子共同练习一下。虽然家长可能听不懂,孩子说的也不那么准确,但家长只要表现出极大的热情,多讲一些鼓励性语言,孩子就不会认为学习英语是件难事了。

其次,在家中要尽量营造一个学习英语的氛围。家长可以翻看一下孩子学习的教材,选一些适当的图配上英语单词,贴到孩子房间的墙上。在家中,家长可以经常指着这些图片和孩子一起练习英语，这样可以经常刺激孩子的感官，孩子就会对英语学习产生更大的兴趣。在日常的家庭生活中，我们可以和孩子说一些简单的单词和句子，如"Thank you""I am sorry"等，也可以做一些简单的游戏，比如把课本里的英语单词制成小卡片，比赛看谁读得多、读得准，这样在不知不觉中就复习了单词，学习英语也就变成了一件轻松而快乐的事情。如果有可能的话，多收集日常生活中常用的英文，一有空就创造语言环境，陪孩子反复操练，诱导孩子用英语对话，直至脱口而出。只要不断鼓励，就会让孩子充满成就感和"卖弄"的渴望。

最后，按照学习母语的方式来让孩子学习英语。让孩子在刚开始就接受最纯正的发音的办法之一就是让孩子听以英语为母语的国家录的一些语音材料。这几年出现了一些课外教辅读物，都是原版引进，图文并茂，和孩子生活联系密切，画面形象有趣，语音纯正。比如《典范英语》《泡泡龙英语》《芝麻街》等，每天坚持让孩子听20—30分钟，孩子在这种语言环境中熏陶久了，他的英语能力会有很大提高，特别是发音的语音语调会模仿得很形象。

获奖课例

What colour is the hat?

教学内容

2003年科普版小学英语第四册《Lesson 8 What colour is the hat?》Let's learn。

教学过程

第一阶段：设计情境，引入课题（略）

第二阶段：实物引入，以旧引新

T：Mm…, I feel very hot. Are you hot? You're hot, too. OK, don't worry, today I've brought you my favorite cold drink. What is it? Look! That's ice-cream. Here are many different coloured ice-creams.（出示冰淇淋）It's a red ice-cream. It's a…（启发学生回答，同时把冰淇淋粘到纸上）

S1：It's a white ice-cream.

S2：It's a green ice-cream.

S3：It's a blue ice-cream.

……

T：It's a new colour. Follow me, a pink ice-cream.（领读 a pink ice-cream，三组齐读，抽查一组）…（同样的教学方法教授purple和 brown）

S1：A pink ice-cream.

S2：A pink ice-cream.

S3：A pink ice-cream.

T：We have learnt so many colours. Let's use them name your group. You two lines are Red Ice-cream Group/ White Ice-cream Group/ Yellow Ice-cream Group/ Green Ice-Cream Group. We'll have a competition in your groups. Let's see which group will win at last.

Now show me your colour pencils, OK, find those colour in the paper. I read the words and you show me the colour. Are you ready? A pink ice-cream…（听认练习）

OK, this time, I point to the ice-cream and you speak it out. Ready?（认读练习）

【设计意图】引入实物，激发学生学习兴趣，复习旧知识，并引出新知识。

第三阶段：新授重点句型

T：Please come to my shop.Let me introduce you my clothes.This is a hat.It's a blue hat.It's a …

What colour is the hat?It's blue.（板书句型，领读句型）师生间练习，男女生间练习。

T：（简笔画a sock）Look, it is a sock（领读sock，简笔画socks，启发学生回答：Socks, yes, they're socks.They're red.）（三组齐读，抽查一组，同样的教学方法教授shoes）。

What colour are the socks? They're red.（板书句型，领读句型）接下来师生间练习，组与组间练习。

【设计意图】利用生动的句型帮助学生理解句型。

第四阶段：反馈检测，巩固操练

T：OK, now let's play two games.The first one is Memory Game. Try to remember the colour in 30 seconds.Let's find which group remember best?Ready?Let's begin.（播放课件，哪一组猜对得一个冰淇淋）

S1：Red.

T：Maybe it's red.

S2：blue.

T：Maybe it's blue.

T：Look! It's yellow.Let's do it again.Are you ready?Go!

（这个游戏进行一到两分钟）

T：Let's play the second one—Guessing Game.The Red Ice-cream Group turn back.You three groups ask, and the pupils in Red Ice-cream Group to guess.

Ss：What colour is the hat?（猜出来的得一个冰淇淋）

Three Groups：What colour is the hat?

The Red Ice-cream Group：It's black.

Three Groups：No/Yes.

（这个游戏进行一到两分钟，中间可以换其他组来猜）

【设计意图】通过两个游戏，帮助学生运用所学句型进行交际，对所学句型进行操练和巩固。

第五阶段：拓展学习

T：Look, this is a doll.I think she is not beautiful.Because she doesn't wear beautiful clothes.Let's make clothes for the doll.（领读该句，抽查男生）Let's make her a blue hat, a red dress, two yellow socks and two brown shoes. OK.What colour is the hat/dress/are the socks and the shoes.

Ss：It's blue/red. They're yellow.

T：Is the doll beautiful now?Yes, how nice the doll is!（领读该句，抽查女生）Let's have a pair-work.Look at your desks, each pair has a paper.On the paper you can see a doll.Let's make clothes for the doll.Colour the clothes with the colour you like and make a dialogue like me.

（学生两人一组进行涂色和练习）

Which pair wants a try?（学生表演，哪个组的学生参加表演就为该组加一个冰淇淋）

（三分钟的学生表演，让学生充分把今日所学句型用于交际）

【设计意图】通过课件演示，学生理解语言交际的用法。

第六阶段：两人合作，创编情景对话

T：Each pupil has a small paper like this.Try to find answers and fill them in the blanks.

（两个学生一组，利用手里的图片进行对话练习，并到讲台上进行表演）

【设计意图】培养学生灵活、综合运用语言的能力，促进学生英语思维的形成。

第七阶段：总结

(本节课荣获中国教育科学"十五"规划课题组优质课一等奖，有删节)

好书推荐

《活了100万次的猫》

我多次阅读这本书，并推荐给教学组内的教师一起读。读完后交流时，有的老师说，这是一个关于责任的故事，只有有了对家庭、对事业的责任，才能活得有意义。有的老师说，这是一个关于生命的故事，死了、活了……一百万次的死、一百万次的活，没有爱过，生死只成过往而没有意义。人又能有多少次生死轮回，能把握的也就这一生一世，我们为谁流下热泪，又为谁而生、为谁而死……推荐这本书是想到我们的理念"爱育精彩"，我们要让孩子们学会怎样去爱，这本书也许真的有一些启发意义。

做最好的自己

◎ 陈惠芳

弹指一挥间,将近十几个春秋就在绘声绘色的讲课声中,在孩子们的欢笑声中,在一节又一节课的交替中滑过。回顾教坛,有欢笑也有泪水,虽然脚印参差不齐、深浅不一,但每个脚印都倾注了我满腔的爱心和辛勤的汗水!我心中有一个信念,那就是:做最好的自己,做最好的教师!

在困惑中寻找出路

还记得2001年9月我走进了洛龙二实小的大门,第一次接触到一年级那群爱哭爱闹的小朋友,第一次体会到寄宿学校老师们的辛苦和不易!2002年,我由教数学课改为教英语课!当时的我真的很茫然和困惑!为了能更快提升自己,适应新的课堂,我利用一切课余时间观摩英语课课例,一句一句地记录老师的课堂用语、教学游戏、肢体语言……一遍遍地思考和体会。虽然是照猫画虎式地模仿,却也使得课堂教学效果良好。至今,课堂上同学们欢快地读歌谣、生动地表演的场景,还依稀在眼前。

在不断的学习和思考中,我在教学中开始有了自己的思索和灵感,有时会为自己设计的小游戏和小歌谣而开心,并在慢慢地摸索适合自己和学生的教学模式。还记得那年秋天的那个周末,我没有回家,一直待在学校里准备李楼乡的英语优质课比赛,并找有经验的老师给予指导。最终,功夫不负有心人,我获得了乡里第一名的好成绩!再后来,获得区级第一名!对于一个年轻老师来说,我为自己这个收获而感到无比的幸福。

但不久我又懂得,一个好的老师,除了要掌握调控课堂的基本方法,还需要有更多的理论支持、丰厚的文化底蕴、扎实的基本功,并能很好地把它们运用到课堂实践中去。

于是,我更加努力学习,每天晚上骑自行车由北王村到八一路,自费参加大山英语学习班,进一步提高英语口语水平,一学就是一年多。在这一年里,不知道有多少次,雨水溅湿了衣服;在刺骨的寒冬里,把自己包裹得严严实实,淘气的哈气小子总是捉弄我的眼镜。但这一切始终没有击退自己学习提升的决心!

随后的几年里,我多次参加市、区级的优质课,并多次获得一等奖。2010年河南省同步课堂,要召集全市优秀教师参与录制,组织了层层选拔赛,我通过自己的不懈努力,加入了这个优秀的团体,录制了12节优秀课例,并播放于河南基础教育网。同时,我撰写的论文获得省级一等奖,辅导的学生英语短剧比赛、演讲比赛也获得省级一等奖。

在学习中成长

还记得张校长在我的札记中写过这样一句话:"你不能只会一条腿走路!"我知道他在告诉我不要只会教学,还要学会管理学生!在十年的毕业班工作中,我所教班级的教学成绩始终名列全区前列,我得到学生和家长的一致认可和好评。在这十年里,我很幸运与很多优秀的班主任搭档,默默地学习他们的管理经验和爱学生的那份智慧!于是,在自己带班的时间里,我用爱心、细心、诚心、耐心、苦心去换取学生的开心、家长的放心。

还记得刚刚接触到北京总校的课堂理念,就要在"名师1+3"活动中上一节展示课。我翻阅杂志,观摩北京录像课,向赵校长讨教,英语组一起商讨。一次次的试课中课堂思路逐渐清晰,课堂模式逐渐成形,在洛龙区"名师1+3"活动中得到一致好评!这节课最重要的是改变了我的教学观念,从而引发学生学习方式的改变!在其中不仅收获了成长,同时感受到集体力量的强大,从心底感谢英语组家人们的付出与陪伴!

还记得2016年9月,北京代培的亚平老师回归后,要参加河南省优质课的层层选拔。她的课,我一节不落地听!感受着亚平老师磨课的一路艰辛,同时觉得自己也有了很大的提升!在赵校长的指导中,我学到如何快速理出重点,巧妙设计板书;在关老师的指导中,我学到如何更好地激发学生思维,准确地运用语言拉近师生间的距离,在课堂中真正地以学生为中心。

张校长一直激励我们,要做最好的自己。我的信念就是"做最好的自己,做最好的老师",今天的我和昨天的我相比——备课是不是更认真?上课是不是更精彩?读的书是不是更多?布置的训练任务是不是更科学?和学生的相处是不是更和谐?帮助学困生是不是更细心?教育反思是不是更深刻?听到各种"不理解"的声音时是不是更冷静?……我坚信每天都这样和自己比较,每天都做最好的自己,坚持不懈,我便能不断地向"最好的教师"的目标靠近。

名师档案

陈惠芳,女,1980年生,本科学历,中小学二级教师。曾获得市级骨干教师、市级业务标兵、市级优秀班主任等荣誉称号,在市、区各级别的优质课、说课和教学技能比赛中多次获得一等奖,所写教学论文多次获得省级一、二等奖,所辅导的学生也在省、市级的英文歌曲、演讲比赛、短剧大赛中屡获一等奖。

| 教育随笔 |

我为学生喊"加油"

一年一度的春季运动会又要召开了,这不能不让我头痛。前两年的运动会上,我们班的总分是年级里"垫底"的,今年非要打个翻身仗不可。

古人云:"知己知彼,百战不殆。"赛场获胜的关键,一是技术,二是气势。我们班孩子的体育水平不佳,这首先在气势上就输了。经过一番思考,我与孩子们推心置腹地谈了一次。

"同学们,春季运动会马上要召开了!"一听到这个消息,孩子们个个眉飞色舞,摩拳擦掌,他们已经盼望很久了,"大家想不想获胜?"

"想!"回答是干脆响亮的。

"你们说说看,怎么才能获胜?"

"只要运动员多跑出几个好名次,我们就能获胜!"这个道理自然大家都知晓。

"他们平时要训练。""他们比赛前要休息好。""鞋子要穿轻便的运动鞋。"……我让孩子们畅所欲言。

"同学们,你们说得都对,现在陈老师请大家想一想,如果你是运动员,在赛场上什么最能鼓舞你?"孩子们开始进行"角色互换",从另一个角度来思考,最终形成统一认识:加油声。

光有认识还只是第一步,至关重要的是要转化为行动。

"不知道你们想过没有,全校那么多的班级,运动员怎么知道我们在为他助威?"

"我们可以举小旗子,像电视里的啦啦队一样,边喊加油边挥旗子,这样运动员一眼就能看到。"

"我们可以做一面横幅。"

…………

虽然仅仅是三年级的孩子，可是当他们的积极性被调动起来时，所表现出来的聪明才智还真令人赞叹。

"孩子们，老师和你们一起努力，咱们一起在赛场上奔跑，好吗？"

这次春季运动会，我们班获得了年级总分第二名的好成绩！比赛那天，我也早早挥舞着小旗，与孩子们并肩站在跑道边儿上了。

获奖课例

Doing a good job

教学内容

科普版五年级下册，第三课"Read"。

教学过程

Step1：Greeting（略）

Step2：Lead in（略）

Step3：Presentation

1. Pre-reading

T：When you see the title, what do you want to know?

S1：Where is it?

T：Good, and…

S2：When is it?

T：When is it? And…

S3：Who is doing a good job?

T：A good question! Any others?

S4：What are they doing?

【设计意图】教师出示题目，让学生根据短文题目进行质疑。培养学生提出"Five W，One H"的能力，锻炼了学生的英语思维能力。

2．While-reading

T：Do you have more questions？

Ss：No．

T：OK，please read quickly and silently，then find the answer.Let's be from the three questions…

T：All ready? Who wants to try?（学生回答，老师板书）

Q：Where is it?/When is it?/Who is doing a good job?

Mike	Jill
Lilin	Liuxin
Mary	Ann
Meimei	

【设计意图】学生整体读课文，了解文章大意，带着问题从文章中提取有用的信息，学会自主阅读。

T：You did a good job. We will get much more information，Please read again and circle the words you don't know．

T：Bingo?Have a try?

S1：D-r-o-p．

T：Drop，Who can help him?

S2：掉落。

T：Good, can you do it?

T：Clever! You drop the paper on the ground. I drop the pencil on the ground, I should pick it up.

T：Any others?

S3：T-h-r-o-w.

T：Who can help her?

T：OK, I can help you. Can you read the words? (three, throw)

T：And how about this word "throw"?

S4：扔，抛。

T：Wonderful. Look, I throw the paper and I throw the bottles. （运用黑板上的实物图片进行演示） Can you make a sentence with "throw"?

S5：I throw a ball.

T：Oh, clever!

T：OK! Any other words?

S6：S-h-o-u-l-d-n-'t.

T：Oh, shouldn't. Follow me please! Should, shouldn't. （出示词卡） You should listen carefully in class. You shouldn't eat in class.

T：Please think about what you shouldn't do in our classroom.

S7：we shouldn't play football in our classroom.

S8：We shouldn't run about in our classroom.

T：Good boy.

【设计意图】引导学生自学，学会运用圈、画的方式并通过上下文猜测词义，学生互助，教师帮助来处理文章的难点，从而教给学生阅读的学习方法。在这一过程中教师通过与学生交流，提供真实的情景、动作，形象直观地化解难点。

T：Do you have more questions?

T：You did a good job. But I want to know what they are doing.

How many bottles?

How much paper?

T：Please read and underline the answers.

T：Bingo? Who wants to try?

Q1：What are they doing?

S1：Mike and Lilin are picking up the bottles. Jill and Liuxin are putting them into the bag. Mary and Meimei are picking up the paper. Ann is putting them into a bin.

T：Good boy!

Q2：How many bottles?

S2：There are about forty-five.

T：And how much paper?

S3：Half a kilo.

【设计意图】让学生通过画线的方式，细读文章，让学生通过再精读、再讨论，对文章重点进行梳理。

T：OK, you did a good job. Let's talk about it.

T：It's Sunday. There are many pupils in the park. Mike and Lilin are picking up the bottles. Jill and Liuxin are putting them into the bag. Mary and Meimei are picking up the paper. Ann is putting them into a bin. Now the park is clean and beautiful. They're doing a good job. They are very happy. （边复述边用实物图片演示）

T：Can you say it? Please talk about it with your partner.

T：Bingo? Try please!

（学生在讲台上运用实物图片进行复述）

T：The park is clean. You did a good job.

【设计意图】有效利用板书，整合文章信息。通过形象直观的演示辅助语言输出，让学生边动手，边动脑，边动口，降低了复述文章的难度，调动学生运用英语表述的欲望。

T：Let's read after the recording.

【设计意图】回归文本，帮助学生掌握正确的语音、语调。

T：Do you have any questions?

【设计意图】关注学生的学习情况，鼓励学生质疑，敢于表达自己的想法。

Step 4：Post-reading

Teacher shows a messy room of a picture. Let students discuss "how to make the room clean and tidy".

T：You did a good job, but I have a problem. Here is my son's room. What's your feeling?

S1：It's messy.

T：Can you help me?

（学生边口述，边移动实物图片，把房间收拾整齐）

T：Oh, good idea! You're picking up basketball and football. And you're putting them into a box. You are doing a good job.

T：Please discuss in your group.

T：It's show time.

S2：We are picking up the books and toys, and putting them into a blue box.

T：Oh, the room is clean. You're doing a good job.

T：After class, please write it down.

T: In our daily life we shouldn't throw the things away. We should have a good habit and make the world beautiful.

【设计意图】学生运用所学的语言知识重组、整合信息，进行语言的输出。运用所学语言解决实际问题，提升了学生语言的运用能力，再一次让学生感受到要养成好的生活习惯，保持洁净环境的重要性。

Step 5：Homework

Write a short passage.

【设计意图】巩固所学知识，锻炼写作能力。

(本节课荣获洛阳市小学英语优质课大赛一等奖，有删节)

好书推荐

《中小学外语教学》（小学篇）

这份杂志是我教学路上的良师益友，它开办的栏目有《教学研究》《经验共享》《教研之窗、教师发展、评价思路》以及《课例分析》等，理论与实践紧密结合，可以让你足不出户地学到最前沿的教学理念、教学智慧。

收获幸福

◎ 陈 燕

　　幸福就像一泓潭水，静谧而又清澈，洗涤我们心灵的尘埃；幸福又似一轮明月，皎洁而又无瑕，照亮我们前进的道路；幸福又如一个港湾，宽阔而又风平浪静，给航行的我们一个憩息的地方。作为一名小学教师，我深深体会着"幸福"这两字的含义。

幸福源于信任与支持

　　记得刚到二实小，张胜辉校长就给我留下了深刻的印象。他外表严肃，对待工作十分严谨，对老师们的教学要求很高。作为一名新入职的教师，我压力自然很大。张校长为了锻炼新人，起初给我时间让我随班听课，同时在办公室整理材料、打字、打印卷子等。一段时间后，张校长找到我，问道："来到二实小有什么感觉？"我自然地说出了心中的想法："我的压力好大。因为我看到身边的老师们对待工作尽职尽责。我随便听的每节课都是尽心准备的，堂堂都是优质课。而我却还是'门外汉'。"这时张校长鼓励我说："不要着急，一步一步来。你要多看、多学、多想、多练，有了这'四多'，总有一天你也会和他们一样优秀的！"很快，我开始教四年级的数学。在一次参加校内的公开课时，由于经验不足，课堂组织欠佳，效果很不好。课后我十分沮丧，就想找个地方躲起来。但是张校长等老师、学生们都离开以后特意找到我："一节高质量的公开课，时间虽短，但考验的不仅有老师理论与实践的长期积累，还有老师准确的自我定位。我听说你英语理论功底很好，口语也不错，以后兼任一段时间英语课试试。只要你牢记那'四多'，不断地积累完善，你所收获的将不仅仅是优质课上的'昙花一现'，而是'昙花涌现'。"

2003年，我开始教英语。为了能够胜任，我通过函授获得英语本科学历，提高自己的专业素养。多方的努力、长期的坚持，我终于迎来了英语执教后的首次成功：2004年第一次参加全区英语公开课比赛，获得了评委们的一致好评。赛后，我做的第一件事就是找到张校长，并对他说："校长，我没有给咱学校丢脸。"其实，我更想说：我个人的成长与进步离不开张校长一直以来的鼓励和支持。随后几年，我没有辜负张校长的期望，先后在河南省小学英语教师技能大赛上夺得第一名，英语教学论文荣获省二等奖，和同事们辅导的英语短剧也荣获河南省一等奖。

幸福源于不断进取

2007年我任教小学英语学科的第三年，是我最充实难忘的一年。那年春天，学校通知我参加"河南省首届小学英语教师技能大赛"的选拔。初生牛犊的我只知道这是一次难得的机会，是学校对我的信任，欣然接受了这项任务。当我拿到正式文件时，才明白这项任务的重要性和难度。要想参加河南省的比赛，需要经过区级、市级层层选拔。参赛的要求是全英文说课，说课内容是小学英语八册书中的任意一课，赛前提前48小时抽课。这样的比赛我还是第一次参加。开弓没有回头箭，我心中始终想着那句话"只许成功，不能失败"。从接到任务的那天开始，我没有准点睡过。为了整理出说课稿，我先将小学英语八册书每一课"talk""read"都备出详案。为了每一课都达到优质课的效果,我在各年级借班试课,请同事们评课指导,确定最佳教案。与此同时,为了使全英说课达到最佳效果,我还需要不断地训练英语口语。每天早晨起床之后,就听MP3里下载的《新概念英语》。讲课与说课还是有很大差别的。为了设计出适合科普版小学英语的全英说课稿,我查阅了大量的资料,包括语文、数学、英语各科的说课稿,精心研究。记得当我整理出第一份全英说课稿时,那种心情好像是发明家制造出第一个作品。为求达到最优,我带着这份说课稿到处求师,和我的中学英语老师、大学英语老师一起讨论,斟酌每个词、每句话。在这个过程中,我学习掌握了大量的英语教学专业用词,收获满满。最终,我通过了层层选拔成为河南省技能大赛参赛教师中的一员。比赛前,我和其他五名来自其他地区的小学英语教师一同参加了培训。培训的那段时间,我们每天都要背会两篇不同的说课稿,以备教研员关老师随时抽考。通过关老师严格的培训,自我感觉进步飞速。最大的收获是我对小学英语教学的理解又上了一个台阶。7月,我带着满满的收获,参加河南省首届小学英语教师技能大赛,并且取得第一名的优异成绩。

幸福就是和谐

2014年,我有幸成为北京第二实验小学洛阳分校的一位家人。是的,在这里同事们都以家人相称,工作中也是亲如一家人,有事一同承担,有喜一同欢乐。在这里年级组长有着带头冲的拼劲儿,也有着关心老师、关心学生的那份温情。每个家人过生日,都会收到学校送来的蛋糕和家人们的祝福。在这里,我不但承担了六年级毕业班和二年级两个班的英语教学,同时也是二年级一个班的班主任。我没有感到工作繁重,因为我的同伴、家人们在工作中主动分担、相互鼓励。在这里我收获了班级管理的经验,取得了市级优秀班主任的荣誉称号，并积累了毕业班的教学经验，取得了优异的成绩。

幸福就是分享

作为一名教师，一定会有参加优质课评比和公开课展示的经历。我也不例外。从教十五年，我参加了数次省、市级的公开课评比活动，收获了荣誉，积累了经验。可是这些经历也让我更加了解，每节优质课都是同事、家人们共同的智慧结晶。记得刚接触北京二实小的课堂理念时，就接到了一节展示课的任务。这样的机会难得，却也有很大压力。要想将新理念融入课堂，不仅老师要变，学生也要变。英语组的全体教师都将这次公开课展示视为自己的任务，集体备课，共同研讨。在我不断备课、试课的过程中，英语组家人们几乎没有缺席过。每次试课之后总要讨论很久，大家各抒己见，毫不吝啬。毫无悬念，这节展示课获得了在场评委的一致好评。之后又获得了市级一等奖和省级二等奖。毋庸置疑，在这样的团队中每位教师都会飞速成长。

幸福就是成就

从小就有教师梦的我，大学毕业后，步入小学校门实现了自己的梦想。在这三尺讲台上，我送走了十届毕业班，第一年教的毕业生现在已经大学毕业。在这三尺讲台上，我收获了许多荣誉，得到了很多证书。但是作为一名教师，这些并不仅仅是我个人的成就，更是家人们集体智慧的结晶。从二实小到北二分，不仅仅是学校单位在变化，我们每一个家人都在这变化中不断地汲取新的理念、积累更多经验，为了更好地服务教育工作，培养出适应新时代发展的学生而努力。

幸福是什么？我们不用诠释得太多。在北二分，充实、和谐、分享、温馨、有成就感，我时时享受着收获的幸福！

名师档案

陈燕，女，1980年生，本科学历，中小学一级教师。在省、市、区各级的优质课、说课和教学技能以及演讲比赛中多次获第一名的佳绩；在国内核心和一般学术期刊上发表学术论文若干篇，所写的教学论文多次获得省级一、二等奖；所辅导的学生也在省、市英文歌曲、短剧大赛中屡获一等奖。

教育随笔

We are a big family

从教十几年，经历了一次又一次的公开课比赛和展示，每次都会给我带来不同的感受和收获。多次讲课的经历让我明白：站在讲台上的我，代表的不仅是我一个人，展示的不仅是一堂课，而是凝聚了众多老师的关心和帮助，凝聚了大家的智慧和灵感。

记得那个学期，我接到在全市做观摩课的任务时，离展示时间仅有四天。又是限时备课，我当时笑称自己要做fast food，但是我很清楚，它必须very delicious。我有这样的信心，也源于我们强大的北二分大家庭。首先是英语组同事们的鼓励和支持。周一接到任务，周二备课，要在周四展示之前试课。这么紧张的安排，英语组的同事们全力支持。我要说课，就在微信群里一说，就会有同事调课等着与我说课、评课。每个老师都会献出自己的宝贵意见和建议，力求把课备到完美。周三试课，教具要做出来，办公室的同事们放弃下班时间帮我赶制。试课前一天，我备课到深夜，谁知睡觉时碰到孩子才发现，她发烧了，我焦虑万分。我一边给孩子灌水物理降温，一边在微信上唠叨孩子的情况。很快就有张校长的回复："孩子情况怎样？不可大意。先照顾好孩子！"这条信息让我又重新拾回勇气，原来张校长一直在默默地关注、支持着我们。第二天，张校长见到我又关切地问候孩子的情况。他的问候使我感到温暖，让我紧张的心情放松了很多。周四，我的公开课展示异常顺利。站在讲台上，我很自信，因为身后有北二分强大的团队支持。我的课得到了市里教研员和专家们的一致好评，每一句评价和夸奖都是给我们北二分全体老师们的。赵校长在百忙中发来祝贺的短信，最后他说："We are a big family。"

Yes, we are a family. We have a happy family. We have so many dear friends. Thanks god. We are all here.

获奖课例

A happy family

教学内容

科普版小学英语四年级下册Lesson11。

教学过程

Step1：Two minutes wonderful time."My family"

Student introduce her/his family with some family pictures。

【设计意图】本课有一篇和家庭有关的短文。通过学生"精彩两分钟"展示自己的家庭，自然地将本课话题引入课堂。并且课前有学生展示英语才艺，能够锻炼学生英语口语的表达能力，活跃课堂氛围。

Step2：Presentation

1. **T**：Just now ××× has introduced her family. And everyone has a family. Everyone wants a happy family. Today I want to introduce Mike's family.（展示PPT图片）What do you want to know about Mike's family?

（教师出示题目，让学生根据短文题目提出质疑。引导学生积极思考，参与课堂，培养学生提出"Five W，One H"的能力）

2. **T**：OK! We have so many questions. We want to know "When? Where? Who are they? What are they doing? Why are they happy?" So we can listen the tape and look for the answers.

（学生听两遍录音，回答提出的问题）

S1：It's Sunday.

S2：They are father, mother, Mike and Kate.

S3：They are in the garden.

3. Expand vocabulary.（Mind Storm 头脑风暴，拓展词汇）

①Words "water".

T：Please discuss and make sentences with "water". Think about other words that both are verb and noun. Then make sentences.

（通过water一词拓展类似的单词并练习造句）

②Phrases about "housework".

T：OK! Now we know that Mike's family are doing housework in the garden.

（引导学生说出自己知道的有关家务劳动的单词，不可重复）

S1：Mop the floor.

S2：Tidy the room.

Ss：Sweep the floor, clean the window, wipe the floor, wash clothes, cook food, do the dishes…

T：Good children! We should do some housework to help our parents.

【设计意图】在学生完成提问、听录音寻答案等任务过程中，培养他们预测、跳读的阅读能力。拓展相关"housework"的词汇时，要求学生不重复，也是为了创造良好的英语学习氛围，培养他们倾听的能力。

Step3：Read and answer

Show two questions. Ask students to read the text and look for the answers. Underline the answers.

Question 1：Why doesn't Mike carry water by himself?

Question 2：Why are they happy?

【设计意图】本环节给学生提供了一个完整阅读语篇的机会，并在语篇语境中感知课文，加深对课文的理解，渗透情感。

Step4：Practice and consolidation

1. Try to retell the text with your own words according to the Mind Map. Practice in your group.

（要求学生根据Mind Map复述课文，注意尽量用自己的语言）

2. Write about your family.

Teacher shows some information of her/his own family. Then ask students try to write about their family.

T：And I want to know something about your family. Write about your family in your group.

【设计意图】本环节设计了两个任务，将练习和输出结合起来。在本环节中，学生学会利用思维导图，处理和存储文本信息。并且能够根据自己画出的思维导图描述自己的家庭。每位学生都能够动手、动脑、动口，在做中学。

Step5：The ending

T：Do some housework that you can do. The more housework you do, the more happier you will get.

（本节课荣获洛阳市小学英语优质课大赛一等奖）

好书推荐

《第56号教室的奇迹》

初次接触这本书是因为网络上大量的评论，太多的好评使我不得不关注这个特别的"教室"。浏览这本书，让我认识了一位对学生充满爱、对教育充满激情和智慧的雷夫老师。细读这本书，让我深深地感动。雷夫老师表现出来的那种爱与执着，让我明白：当潜心要在教育上为孩子们做出点什么时，不仅要有用心良苦的创意，更要有百折不挠的勇气和激情四溢的行动。

爱在心里成长

◎ 白亚平

时光匆匆流逝，转眼间从事教师工作已经有13个年头了。这些年来，我立足本职，默默耕耘，用大爱做小事是教育事业生活的真实写照，没有豪言壮语，没有惊心动魄，更多的是普通的、具体的、琐碎的小事，"爱"是其全部的内涵。

胸怀热情，自我摸索

参加工作时，全校仅有我一个英语专业的老师，但非师范类院校毕业的我对于如何教小学生毫无头绪。我怕难以胜任，就虚心向经验丰富的教师取经，不论是语文、数学、英语课，还是班主任的管理工作，我都仔细揣摩，不断学习，汲取精华，寻找自己的教学之道。上课时，除了一台录音机，没有任何多媒体的辅助教学手段，仅有一本教材，学生学起来觉得枯燥乏味。于是，我就请专业美术老师绘制图片、制作词卡，吸引孩子们的注意力，为课堂添姿添彩；同时，我结合教学内容搜集课外英语歌曲教学生唱，让课堂充满欢声笑语；我还和孩子们一起玩各种教学游戏，让课堂变得活泼有趣。这些活动既培养了学生对英语学习的兴趣，又拉近了我和学生间的距离，赢得了学生们的喜爱。记得在教授食物的一节课上，当学生们看到我不同以往地拿出实物来教单词时，都兴奋不已。在练习句型"Please have some coke"时，我请他们亲口品尝可乐，学生刚开始还有些不好意思，慢慢地就变成了争先恐后地举手参与。我的课堂，充满欢声笑语，学生们在开心快乐中学到新知，他们不仅喜欢上了英语，也和我成了很好的朋友。

潜心学习，积累提高

2009年我所在的学校和洛龙区第二实验小学合并，站在这个平台上，我见到了更多优秀的老师。他们潜心教学，行走在教育的路上，他们引领着我，我虚心学习，不断地充实自己。我学会了每次上课前都充分准备，给学生以最精彩的课堂；学会了在课堂上关注每一位学生，鼓励他们通过努力获取最大收益；学会了在课后严格要求学生认真完成作业。对比他们的教学，我发现一切优秀的教学效果都源于他们对学生认真负责的态度。以前的我仅仅抓住了学生的兴趣，没有严谨的理论支持，缺乏有序的安排，因此教学效果欠佳。于是，我开始细心观察，学习他们如何备课写教案，从导入到新授，再到操练，设计每个环节都从学生出发，并且和其他老师一再讨论，保证可行性。课堂上，根据设计一一推进，有良好效果的保留经验，实施不当的反思改进。

我的成长也离不开一次次的学习听课。每当我感到身体和精神上的疲惫而想懈怠时，每一次的听课都能让我重新抖擞精神鼓起勇气，继续为我的学生、我的教育事业拼搏。每当看着这些前辈们源源不断地设计出一节又一节精彩的英语课时，我对自己说：看啊，他们在不断进步着，我怎能停下前行的脚步呢！为了提高课堂效率，向40分钟要质量，我除了向资深教师请教，多看、多听观摩课，还珍惜每次学习的机会，积极参加区、市教研室组织的各种教研活动，不断提高自己的执教能力。所幸多次参加区、市级的优质课、教学设计比赛，都取得了一等奖的好成绩，辅导学生参加省级演讲比赛并获奖，撰写的论文也获得了省级奖励。

而每一次的备赛我都记忆犹新。在参加河南省优质课比赛中，我为之付出很多精力、很多努力，帮助我、指导我的老师同样付出了很多。这节课使我懂得了优秀的教师就是在一次次的赛课中锻炼出来的，优秀的教师就是在不断自我否定、自我反思、自我修正中磨砺出来的，优秀的教师就要敢于挑战自我、超越自我。

同时，接连几年任教高年级，使我明白不积跬步，无以至千里。要想取得好的教学效果，不仅要有高超的技能，更要有强烈的责任心和针对性的练习。几年来，一张张试卷，一次次讲解，看似枯燥乏味，实则为爱心浇筑。教学生活有苦有乐、有泪有笑，使我的人生变得光彩充实。成绩只能代表过去，但我不会满足，我将更加信心百倍地去挑战自我，扎实工作，全心全意地付出，努力提高自己的业务水平，用心血换得满园春色，用汗水浇开智慧之花。

北京深造，学以致用

2014年9月，我有幸到百年名校北京第二实验小学参加一年的顶岗代培工作。这次培训，是生活再次开始燃烧激情的日子；是信念再次开始扬起风帆的时刻；是梦想再次开始翱翔蓝天的季节！在那里，我不仅感受到了"以爱育爱"合作团队大家庭般的温暖，还学习并体验了以学生为出发点的优秀教学经验。教育并不是多么的高大上，也不是多么高深的理论，而是对学生的尊重、对细节的观察与掌控、对倾听习惯的培养。比起教授学生知识，对学习英语的兴趣和英语思维的培养更为重要。在那里的每一天，除了用心地开展教育教学工作，我抓住每一个机会向身边的老师学习，用心观察、记录每一个值得学习的育人细节，写下自己的思考，每一天都在收获中成长。学习，将成为我终身不变的习惯，因为我是一名老师，我有责任成为最好的自己！

回到洛阳的教学实践中，我教授的是二、六年级，使用的分别是人教版和科普版的教材，而三年级更换为北京的外研版教材。刚从北京学习回来的我义不容辞要为大家示范引领，这样我就需要同时备三种教材的课，但我并没有退缩，而是借鉴北京的课堂模式，以"生本"为出发点，鼓励学生开口说英语，养成英语的思维习惯，自主表达自己的所见、所思、所想，课堂随即变得灵动起来。2015年11月我带领学生在洛阳市教学研讨会上做示范课，新型的教学方式得到了市教研员和老师们的肯定。2016年4月参加河南省优质课比赛，获得了河南省一等奖的好成绩。

同时，作为教研组组长，我不仅追求个人的成长，还带领全体英语教师共同学习提高。每周一次的教研活动，我们集体备课，共同研讨，一起寻找总校课堂模式与分校学生水平的结合点；每月两次的行政听课，共同评课、磨课，寻找教师与北京课堂模式的切入点。我带领教师们在实践中一点点改进，一步步提升！

教师的爱是教育的推动力。教师的深情厚爱使学生产生自尊、自信、自强的心理，促进学生奋发向上。我会用自己的行和自己的心去教育我们的孩子，让每一天生活因我而精彩，让每一颗心灵因我而高贵。

名师档案

白亚平，1980年生，本科学历，中小学一级教师。多次在市、区级的优质课、教学设计比赛中获得一等奖，所辅导的学生参加省级演讲比赛并获奖。2014年9月论文《小学英语学习档案袋评价实效探讨》获得河南省教育研究成果二等奖；2015年12月在洛阳市课改研讨会上所做的观摩课《First floor or second floor》获得一致好评；2016年4月在河南省优质课比赛中获一等奖；2016年所授课获得"一师一优课"部级奖。

| 教育随笔 |

成长　蜕变

随着南阳的十一节课展示完毕，省优质课比赛终于落下了帷幕。一路走来，我的感想颇多、收获颇多。

记得比赛期间一位评委老师说过，站在舞台上展示的老师并不是一个人，而是一所学校、一个团队。那么在我的团队中，首先要感谢的就是关老师！有了关老师的引领，我才能快速成长！还要感谢的就是各位家人们！有了他们的支持，我才能一步步走上这个舞台。

市教研员关老师引领我从框架建构到细节填充，不仅要规范课堂用语，还要使课堂设计符合个人风格，可谓量身打造，专属定制！试课、评课、改课、再上课，她带领我一次次地探究阅读课该如何上，阅读前如何巧妙地导入，阅读中如何有层次地设计问题，如何让学生多开口，一节课要教会学生什么阅读技巧，阅读后学生会说些什么……关老师在实践中教会了我在设计一节课时，立足点就是学生，要眼里有学生，心里有学生，以学生为本。

而在赛课过程中，关老师对我说得最多的就是"灵活"。微课比赛要根据自己抽取的语言材料，灵活备课。展示课要根据学生的程度和状态，灵活上课。环节不是固定不变的，若是学生听不懂，怎么办？若是学生没学会，怎么办？若是学生不活跃，怎么办？……无数个设想及应对措施使我明白：唯有赛前的充分准备、未雨绸缪，才能在比赛中灵活机智、应付自如。

一个人若要成长，就要取人之长、化为己用。这次展示的十一节课中，有句型、对话、语音、阅读和绘本，课型十分丰富。其中济源的卫欣欣老师，把枯燥无味的语音训练与网络素材相融合，为我们呈现了一节生动有趣、简单易懂的语音课。这就给了我启示：只要老师用心，可以借用辅助材料，整合教材，使教学更有趣，更能吸引学生。这次展示课中还有两节绘本课，以往都是专家授课采用的素材，而安阳的侯鹏燕老师和三门峡的李芳芳老师大胆采用，她们语言素质过硬，反应机智而灵敏，肢体语言更是夸张有趣。拥有如此个人魅力的老师，学生怎能不喜欢？以后我要在这方面多多锻炼，不仅仅以知识吸引学生，更要通过老师的轻松演绎使学生极有兴趣地学习。

一场比赛！一次挑战！一次成长！一次蜕变！

获 奖 课 例

It's on the fifth floor

教学内容

科普版六年级上册。

教学过程

Step 1：Pre-reading（略）

Step 2：First reading

T：What about Bruce and Jess? Which floor do they live? Please open your book, read quickly and answer "Which floor do they live?"

S1：Bruce lives on the first floor. Jess lives on the first floor, too.

S2：Bruce lives on the second floor. Jess lives on the first floor.

S3：Bruce lives on the second floor. Jess lives on the first floor.

T：He says Bruce lives on the first floor. But she says Bruce lives on the second floor. First floor or second floor? I want to know more about them. Please read carefully and circle the words about Bruce and Jess. Like friend, class or floor.

Step 3: Second reading

S1: Bruce comes from the UK. Jess comes from the USA.

S2: They are friends. They are in Class 3, Grade 5.

S3: They live in the same building in Beijing.

S4: Bruce lives on the first floor. Jess lives on the first floor.

T: Look. He is Bruce. He comes from the UK. She is Jess. She comes from the USA. They are friends. They are in Class 3, Grade 5. They live in the same building in Beijing. Look, Bruce lives on the first floor. Jess lives on the first floor. Do they live on the same floor? Why?

S1: Because in the UK, the first floor is the same as the second floor in the USA.

S2: Because in the UK, the first floor is the same as the second floor in the USA.

S3: In the UK, the first floor is the same as the second floor in the USA.

T: Look, the same floor, in the UK, it is the first floor. But in the USA, it is the second floor. Do you know other words like this? I'll show you some. (Pants and trousers. Fries and chips. Taxi and cab, etc.)

T: Look at the blackboard, listen. Bruce comes from the UK. Jess comes from the USA. They are friends. They are in Class 3, Grade 5. They live in the same building in Beijing. Look, Bruce lives on the first floor. Jess lives on the first floor. In the UK, the first floor is the same as the second floor in the USA. Who can talk about them?

S1: Bruce comes from the UK. Jess comes from the USA. They are friends.

They are in Class 3, Grade 5. They live in the same building in Beijing. Look, Bruce lives on the first floor. Jess lives on the first floor. Because In the UK, the first floor is the same as the second floor in the USA.

T: Super good!

S2: Bruce comes from the UK. Jess comes from the USA. They are friends. They are in Class 3, Grade 5. They live in the same building in Beijing. Look, Bruce lives on the second floor. Jess lives on the first floor. But In the UK, the first floor is the same as the second floor in the USA.

T: Great!

S3: Jess comes from the USA. Bruce comes from the UK. They are friends. They are in Class 3, Grade 5. They live in the same building in Beijing. Look, Bruce lives on the second floor. Jess lives on the first floor. Because In the UK the first floor is the same as the second floor in the USA.

T: You did a good job!

Step 4: Third reading

T: Now let's go back to the text. Please listen and enjoy. If you have any questions, please ask me.

T: No questions?OK, you are so great. In the beginning of the class, you know my name, my city and which floor I live on. Do you want to know more about me?

Step 5: Post reading

T: My name is Grace. I live in Luoyang. I live on the fourth floor. I always go to school on weekdays. My office is on the third floor. Sometimes I read books in the reading room. It is on the third floor, too. What about you? Please talk about it in pairs.

Ss：…（Discuss in pairs）

T：Who wants to show us your passage? You, please.

S1：My name is Edison. I live in Luoyang. I live on the fourth floor. I always go to school on weekdays. My classroom is on the third floor. I like reading books in the reading room. It is on the third floor, too.

T：So we have the same hobby. It's good. Next one?

S2：I am Bony. I live in Aoti Huacheng. I live on the nineteenth floor. I always go to school on weekdays. My classroom is on the third floor. I like dancing. The dancing room is on the third floor.

T：Good girl!

Step 6：Homework（略）

（本节课荣获河南省小学英语优质课大赛一等奖，有删节）

好书推荐

《作业太多有妙计》

本书针对当今中小学生作业太多的现实，不回避问题，不高谈阔论，实实在在地告诉读者应该怎么做，都有哪些具体思路和方法。书中提炼出应对作业太多的26个关键词，首先举出典型案例，然后剖析关键要点，最后点明关键之处。书中介绍的理念和方法，不仅对于家长十分有用，而且对于教师更是提供了一些具有实效性的操作建议，如怎样高效布置作业，可以帮助孩子从作业堆中解放出来，达到事半功倍的效果！

努力成为一棵树

◎ 郭欣欣

一个人的成长是一个漫长而又艰辛的过程。一直以来，一个小故事《鹰的重生》深深地触动着我：鹰要想活得更长，必须在40岁时用它的喙一遍又一遍地击打岩石直到喙脱落重新生长，然后用新的喙把自己的趾甲一根根拔出，等到新的趾甲长出后，再用它们把羽毛一根一根地拔掉。5个月后，新的羽毛长出来了，鹰就能再次飞翔，并从此获得新生，可以再度过30年的岁月！虽然这个过程就是涅槃重生，但让我真切领悟到：在面临困难和挑战时，要像鹰一样改变自己，迎接挑战！

从1996年参加工作，上好每一节课就是我最根本的事情。从最初的认真工作到用心工作，我经历了一次次面对困难、迎接挑战的过程，收获的是成长的快乐，听到的是拔节的声音！2008年，我被选拔参加洛阳市一年一度的"牡丹之春"小学英语优质课大赛。大赛前一个月我就开始着手准备这节课，从选课型、确定单元到训练基本功、磨课、试讲……一个个环节都充满了艰辛和曲折。当时大家的课件制作水平都还不高，我就一遍又一遍地向精通课件制作的同行请教，修改，试讲，再修改；晚上常常是哄孩子睡着后重新从床上爬起来，趁夜深人静时思考教学环节、课堂用语，修改课件。好多灵感都来源于深夜不眠时刻，在舍弃和保留哪些内容之间纠结。因为到时要借班上课，所以我就主动联系周边几个学校去试讲,在最后几次试讲后因为重感冒的干扰,身体与精神负担异常严重,许多突发状况考验着我。困难面前,理智与意志力成为我精神上的支撑,家人与领导的鼓励、同事的帮助是我继续走下去的动力,经过无数次打磨,我终于站在工人俱乐部的舞台上,向全市的同行做了展示。展示结束后,我感觉名次已不重要,重要的是我战胜了自己,挑战了新的高度,从刚上场时的心跳加快、双手颤抖到中间的平静自然,一直到最后结课时的挥洒自如,我就像一只毛毛虫,经历了痛苦与挣扎后才体会到破茧成蝶的快乐!

　　成长的过程就像在爬山,每个阶段都会呈现出不同的风景,让人体验完全不同的幸福感。时间到了2016年,我有幸加入了北二分这个大家庭,发现周围的优秀同事如此之多,我默默地观察,用心地学习,从他们的身上学到许多可贵的品质,比如坚持、淡泊、智慧、担当……在这里我深深感受到家人们的关怀和温暖,当再一次面临挑战时,是一群人在和我一起奔跑,所以有了更多的力量和信心,走得更加坚定!2016年6月10日,我接到通知,在区五校联盟活动中展示一节复习课。我当时一听就蒙了:复习课?全书复习?没有文本?怎么整合?当我静下心来把理好的大概思路与赵校长沟通时,他提出完全不同的建议,甚至用思维导图把思路梳理下来,感动的同时我为赵校长超前的理念深深折服,他独到的见解、中肯的建议让我茅塞顿开。端午节放假时,赵校长一遍又一遍地在微信中就这节课的准备情况与我沟通。为了不辱使命,我用三天时间在十几张大白纸上写教案,写写画画,修修改改,在家自己讲自己听,在学校同办公室的几位老师帮我磨课,提醒我该注意的问题,她们帮我提建议、组织学生,甚至在生活上无微不至地照顾着我,数次感动得我热泪盈眶。讲课当天,我身体不适,璐璐、聪聪两位年轻老师帮我打水,静怡帮我复印材料,课前,全校英语组的老师都尽力帮忙,才使得这节课在二实小顺利讲完。尽管准备仓促,尽管还有许多不完美,尽管在面对新学生时我表现得不够智慧,但我同样收获满满:教学技能与理念上的进一步提高;挑战自我时的痛并快乐着;在同事帮助与领导关怀下的感动满满……就像张校长说的：一个人，可以走得很快；一群人，却可以走得更远！

对于有十几年教龄的我来说做班主任工作也是一个全新的挑战，学校给我提供了这个舞台，那么如何做好学生的思想工作，培养学生良好的道德品质，净化学生的心灵，如何做好班级管理，努力培养德智体全面发展的人才就是我面临的最大课题。

开学初，我就和搭班老师反复商讨，就班级管理思路与做法达成一致，确定学生的思想工作从两方面入手：一是重视每周的班会课，开好班会课；二是重视与学生的思想交流，多与学生谈心。重视班会，开好班会，为的是在班中形成正确的舆论导向，形成良好的班风、学风，为学生提供一个好的学习环境，重视的是学生的共性。现在的学生自尊心很强，直接批评换回来的可能是思想的叛逆，利用班会课对学生进行思想教育的好处就是避免单调重复的批评说教而引起学生的反感，容易为学生接受，能切实帮助学生澄清思想上的模糊认识，提高学生的思想境界。另外，利用我们学校特有的德育十分钟时间开小班会也取得了良好的效果，就十分钟时间，不必长篇大论，我把随时发现的不良思想苗头一针见血地指出来，对事不对人，进行警示性的引导教育，往往能把一些影响班风、学风的不良思想消灭在萌芽阶段。而重视与学生的思想交流，多与学生谈心，注重的是学生的个性和因材施教。我常利用课余时间和学生促膝谈心，及时对学生进行有针对性的教育。

不管在哪个岗位上，我都想努力使自己成为一棵树，扎根于北二分这片沃土，春天提供美景，让莺雀在我身上歌唱；夏天叶茂枝繁，用密叶把风雨遮挡。未来的路很长，我要不断为自己注入能量，让我的学生从我的身上汲取营养，和孩子们一起，和家人们一起，在该努力的时候不虚度光阴，在该盛开的时候精彩绽放！

| 名师档案 |

郭欣欣，女，1978年生，中小学一级教师。曾获得洛阳市优秀少先队辅导员、洛阳市骨干教师、洛阳市名师等称号，优质课数次获洛阳市一等奖，在市"英语短剧比赛""英语书写比赛""英语查字典比赛"等活动中获得辅导奖。

| 教育随笔 |

不经意的幸福

开学初，丛丛的妈妈跟我沟通，说孩子是个早产儿，先天耳部发育不全，同时还伴有其他疾病，每月为她打针做治疗就要花费上万元。望着被生活百般考验却坚强乐观的丛丛妈妈，我突然感觉心很痛："我能怎么帮助你呢？"丛丛妈妈说："我想让孩子先自信起来，以后我每隔一段时间编辑一条短信发给您，您再以自己的名义发过来，鼓励鼓励孩子好吗？""当然可以，没问题！"没过几天，丛丛妈妈果然给我发来第一条短信："孩子，听妈妈说你参加了关爱盲童活动，你现在天天为盲童读书，你能这样坚持，真的太棒了，老师为你感到骄傲，相信盲童听到你甜美的声音会很高兴，同时你的阅读水平也会越来越高，加油，宝贝！"看完这条短信，我的眼前一片模糊，眼眶被泪水充溢，伟大的母爱在字里行间滴滴渗透，我想我要每隔几天主动给丛丛妈妈发信息，夸夸孩子，相信爱的鼓励会给一个孩子带来灿烂的阳光。同时，我尝试给学生家长单独发信息，表扬进步、鼓励成长，每个孩子都是独一无二的，今天夸几个，明天夸几个，在平凡的工作中做些有意义的事情其实真的挺幸福！

半个学期过去了，忽然有一天，收到一位学生家长的微信，这位妈妈的信息内容和其他妈妈不一样，既不是询问孩子的学习情况，也不是交流家教心得，而是说："老师，今天想跟您分享一些事情，孩子在背单词的时候跟我说，我们郭老师从来不歧视任何一个学生，像我们班的某某，学习成绩很不好，习惯很差，郭老师没有整天批评他，而是一直鼓励、关心他，他现在英语学得可认真了。"我看到后心里暗暗高兴：班里的学困生由于基础差，好习惯没有养成，所以，成绩提高起来非常不容易。严厉地批评、指责，对他们来说，不但毫无效果，还会产生逆反心理，只能耐心地从点滴引导，虽然他们成绩提高很慢，但我发现他们浮躁的心态、应付的学习态度、拖拉的习惯都有了不同程度的改观。我在欣慰的同时，也为自己每天默默地付出而喜悦，那种喜悦跟考试得第一名的成就感不同，它来自内心深处，生发于师生交流的一个眼神，或信任，或尊敬……亲近，就是这么简单。

获奖课例

I Like Football

教学内容

外研版小学英语三年级第二册。

教学过程

Step 1：热身（略）

Step 2：游戏导入（略）

Step 3：句型呈现及操练

T：（出示课件）Oh, so many balls. Wow. I like football.（做出喜欢的表

情）Like,"喜欢"。

（板书like）

T：Look at my face. Let's do the action "like". Who want to try?（领会like情感）

T：Now, we're learning Module 3 I like…（激发学生说出课题）

Ss：I like football.

T：（示范）This is a basketball/ping-pong. Look at my face. I like…

Ss：（激发学生说）I like basketball/ping-pong.（整体、个别、小组说）

T：Do you like football /basketball?

S1：Yes, I like football.

S2：I like basketball.

T：Look and listen.（指着桌上的球）I like football/basketball. Can you?

T：Who want to try? You can ask and answer.（3名学生上台展示）

（呈现句型I don't like …及操练）

T：Boys and girls, do you like ping-pong?

Ss：Yes/No.

T：If you like ping-pong, stand up, please. Say it together.

（演示don't like情感）

T：Oh, you like ping-pong, but I don't like ping-pong.

（表情与动作示范 don't like）

（板书don't like, 领读don't, don't like）

T：Let's do the action about "don't like".

T：（指乒乓球）I don't like ping-pong.

（板书并领读 I don't like ping-pong）

T：Look at my face.（逐个出示ping-pong/football /basketball）

Ss：（激发学生说）I don't like...

T：I don't like ping-pong. Do you like ping-pong?

S1：Yes/No.

T：If you don't like ping-pong, stand up and say it together.

Ss：I don't like ping-pong.

T：Do you like football/basketball?

S1：Yes/No.

T：If you don't like football/basketball, stand up and say it together.

Step 4：区别与操练

T：（分别出示ping-pong /football/basketball）I ...（激发学生说）

Ss：I don't like ping-pong/football/basketball.

T：I ...（激发学生说）

Ss：I like ping-pong/football/basketball.

T：（指着桌面上的球示范）I like football/basketball. But I don't like ping-pong. Can you? Come here, please.

T：Now, you can talk with your classmates. I like... I don't like ...

T：I have a chant for you. Look and listen.（嘘！暗示学生不出声）Let's Chant.（出示课件）

Football, football.

This is a football.

Do you like football?

Yes, yes. I like football.

Ping-pong, ping-pong.

This is a ping-pong.

Do you like ping-pong?

No，no. I don't like ping-pong.

T：Read after me.（打节拍）

T：Listen and say together.

T：I have another chant for you. Wow, dogs！I…（激发学生说）

Ss：I like dogs.

T：Cats！I…（激发学生说）

Ss：I don't like cats.

T：Can you? Let's try!

T：Wonderful！Boys and girls, I have a form for you. Look and tick""√""fill in this form. If you like, you can tick in this line.（举例）If you don't like, you can tick in this line.（举例） Can you?

（把表发给学生，学生填写表格）

T：You can say by yourself.（要求学生先打招呼，自我介绍）

T：Look, so many teachers are there. You can say to the teachers. I like… I don't like…（把你喜欢什么、不喜欢什么，告诉老师，看谁说得最棒！）OK? Let's go！

T：（拍手） Well done!

T：Now, let's sing a song. Let's sing and dance.

T：I have a new song for you.（鼠标点击题目）I…（激发学生说）

Ss：I like teacher.

T：（激发学生说歌词）（替换练习）I like teacher. I like school. I like pencil. I don't like knife…

T：Wow, you can sing now. Please come here. Let's sing and dance.

T：I'm happy today. Are you happy? Do you like English?

T：After class, you can tell your father, mother or your friends. I like … I don't like …

T: That's all for today. Goodbye, boys and girls.

（本节课荣获洛阳市小学英语优质课大赛一等奖，有删节）

好书推荐

《玫瑰与教育》

这是语文特级教师窦桂梅的一本教育随笔集。它记录了她作为一名教师、一名家长、一名专家对教育现象的种种反思。和其他一些书籍相比，该书没有长篇大论的教育理论、理念论述，而是记录了她对教育教学的积极态度，以及对教育的无奈与困惑。

在经历中成长

◎ 陈向珍

  金秋的天空明净高远，内敛中蓄积着活力，豪放豁达中却又如此丰盈深邃。一切是那样自然与和谐。就是在这样一个美丽的季节，作为一名双语教师，我踏入了洛龙区教育的这片沃土，成为一名洛龙教育人。

  作为第一批双语教师，一切都在学习、摸索中前行。也许是初生牛犊不怕虎，当时青涩的我，有的是尝试的勇气，有的是不怕苦不怕累的拼搏精神。怀着一腔热忱，我投入到双语教学的研究实践中。一边上网查资料，学习沿海地区先进的双语教育理论以及教育经验；一边编写适合自己学生的双语教案，一遍遍地在课堂中实践、修改，再实践、再修改……力求在完成原有学科教学目标的基础上自然融入英语学科的学习目标，使学生在新的双语教学模式下，能乐于接受，逐步提高英语水平。这段岁月是难忘的，也是煎熬的，但就是在这一次次痛并快乐着的磨炼中，对于双语教学，我逐渐有了明晰的方向。

  2008年11月，刚上班两个月的我，就被选中代表洛龙区参加洛阳市第一届双语观摩课大赛。心中虽倍感荣幸，但对于当时稚嫩的我，无疑是一个巨大的挑战，心理压力可想而知。在学校领导的关心下，在当时教研室杨玲主任以及李鹏坤老师的引领下，我开始了一段艰辛难忘的磨课历程。我还清晰地记得那节双语课：Making a helicopter。二外宽敞的、明亮的阶梯大教室里，面对下面黑压压的听课教师，没有新老师的怯场与畏缩，有的是青春的自信和洒脱。我充分调动学生的积极性，让学生在动手制作飞机模型中，大胆地张口用英语表达，呈现了一节非常自然的双语课堂，受到了听课老师们的一致好评，并有幸荣获一等奖。经历就是财富，经历就是成长。在随后的日子中，我努力锤炼好自己的基本功，潜心研究双语教学，所写论文《双语教学中遇到的障碍与解决策略》获得洛阳市一等奖，并多次迎接参观团，上展示课。时任河南省副省长徐济超来到龙城双语小学考查双语教学，走进了我的课堂并给予了肯定与鼓励，更是让我信心倍增。荣誉的背后，我知道除了自己的努力付出，更是离不开领导的关爱、专家的引领、同事们的帮助，这些都让我感受到了洛龙教育人的认真与执着。

随着双语教学热潮的退去，我也逐渐转成了一名专职的小学英语教师，虽说有一年在高中教学的经历，但小学英语课堂对于我来说仍是一片陌生的领域。虽然觉得自己满腹专业知识足以应付这些"小不点"，但面对着一群天真懵懂的"小麻雀"，却不知从何下手。迷茫中，我又清楚地知道，我必须勇敢地面对一切，努力地适应一切。于是，我又开始努力学习，学习小学英语的课堂教学模式、教学方法，学习怎么激发起这些"小不点"学英语的兴趣。

就这样，学习着、经历着、成长着、收获着。在参加工作后的第一年，我参加洛龙区优质课比赛获得一等奖，并在随后洛阳市技能大赛中获得一等奖。第二年，所教的五年级英语参加洛龙区期末考试质量抽查，取得了全区第五名的好成绩，作为一名年轻的新教师，在全区内做了经验交流分享。

2013年，又是一个人生的新起点。我有幸调入了北京二实小洛阳分校，加入到这个团结友爱的大家庭，感受到的是同事间家人一般的温暖以及满满的正能量。在这里，不容你有半点懈怠，因为有很多比你优秀百倍的家人，他们仍一直在爱的路上，努力前行……作为一名新的成员，更是要改变思维、快速融入、加速成长。

还记得，刚加入北二分时，五校联盟教研活动，我执教三年级的英语课《Have some coke》。这节课不拘泥于课本内容，大胆尝试，充分激发学生思维，恰当充分地利用前参；新知识的教授也从当初传统的从词到句的操练、拓展，转变为对句子的整体感知、运用；最后以开设party为真实的情境设置，学生在轻松愉悦的氛围中分享着美食、交谈着英语。学生享受着这样的课堂，变得越发自信从容。这样的课堂自然也受到了听课老师们的一致好评。

一路走来，每次挑战都经历了无数次的磨课、试课的洗礼。每次最终的呈现与第一次试课相比，已是"面目全非"。我体味着这期间的煎熬与痛苦，也欣喜着每次的尝试与改变。因为我知道，每一次都是在努力寻求一种最能启迪学生智慧、锻炼学生思维、提高学生英语能力的设计。就像我所执教的《We all enjoy watching TV》一课，在最后一次试课后，我又做了大胆尝试，把拓展部分交给学生作为前参，把自己最喜欢的电视节目，在课堂上与大家分享。果真，孩子们的思维是开阔的，他们所呈现的节目各式各样：Boys and Girls Rushed Forward, Happy Camp, The Invention……远远超出了我的想象。这也让我更加理解北二分的课堂文化：老师要"勇敢地退、适时地进"。

名师档案

陈向珍，女，本科学历，中小学二级教师。不去刻意地追求"师道尊严"，不去一味地信奉"严师出高徒"，一直坚信"感人心者莫先乎情"。良好的师生关系使学生爱上了英语课、爱上了英语。多次获得市、区级教学技能大赛、优质课一等奖，所写教学论文《影响小升初衔接的因素与对策》获得省级一等奖，所辅导的学生在听力比赛、演讲比赛中均获得佳绩。

|教育随笔|

爱的蜕变

新学期第一周的班会,依然发挥自主管理的功能,各个小干部总结本周的工作,并对存在问题的学生提出改进意见。让我欣喜的是,被指出问题的同学都能认识到自己的错误,而且诚恳地表达了感谢,并决心改正。班会进行得很是和谐顺畅。

"我没说,我没说,我就是没说……"一声怒吼使教室和谐的空气立马凝结。紧接着我看到一脸满不在乎的小贺,摇晃着小脑袋,两只大眼睛往上瞥一下,往下瞥一下。哦!又是他,刚接这个班第一个认识的就是他,最大的特点就是蛮不讲理,即使有错也死不承认,真是一个令我头疼的家伙。用餐管理员批评他吃饭时说话,他不接受反而无礼地反驳。我强压着怒火,问其他同学他是否用餐时说话了,还没等把问题说完,同学们都纷纷指责他每天吃饭的时候话最多。再看看小贺依然一副无所谓的表情。我说:"那下周的餐桌长就由小贺来当吧。"没想到这孩子立马喊道:"我不想当!谁爱当谁当!切!"看着他那一副不屑的表情,我内心里那团愤怒的火苗越烧越旺,但理智告诉我:要淡定!记得暑假读李烈校长《给生命涂上爱的底色》一书,文中告诉我:教师对学生的爱是一门艺术,因为"爱"不仅包含赞扬与鼓励,也包含批评与教育。对于特殊孩子的爱要讲方法,有智慧。他是个"顺毛驴",现在立马打压下去不是解决问题的根本办法,冷处理吧,继续我们的班会。

班会结束后,我拉着他的手到我办公室,从他慢慢悠悠的步伐中,可以看出他的不情愿,肯定想着:老师又该批评我了!进了办公室,我拉了把椅子对依旧满脸不屑的小贺说:"来,先忘掉不愉快,坐下休息一下吧。"然后拿出一颗很别致的糖果递给他说:"尝一尝,奖给你的。在刚开始学习组长指出你的问题时,你能意识到错误并表示感谢,说明你是一个讲道理有礼貌的孩子。"他接过糖,我看到他脸上的表情缓和了些,但似乎还带着些疑惑。紧接着,我又拿出一个包装更好看的糖果,笑着递给他说:"这个糖更好吃,也奖给你了,因为今天你英语课上表现很好,还能积极发言,与上学期相比有了很大的进步,说明你是一个上进的孩子,老师喜欢积极向上的学生。"小贺脸上露出了一丝浅浅的笑容。看着孩子情绪趋于平静,我立马把话题转到今天的班会:"那老师现在来问问你,餐桌长反映的你的问题你有委屈吗?"他连忙摇了摇头。"那你能接受别人的批评吗?""能!"小贺脸上不屑的表情已经不见了。"很好,那咱们班的同学是怎么接受别人的批评与建议的?""向提出自己缺点的同学表示感谢,而且以后还得改正!""真是聪明的好孩子!那老师给你一次改正的机会,下周的餐桌长由你来当,由你来管理咱们的餐桌纪律,愿意吗?"小贺连忙点头说:"愿意!"看到孩子态度的转变,我在心里偷偷地笑了,但还不能松懈,连忙说:"好样的,你看这颗糖是老师最爱吃的那种,现在奖给你,这是对你当餐桌长的鼓励,老师期待你当餐桌长的精彩表现,去吧!"小贺高兴地点点头跑出了办公室。

办公室的同事开玩笑说:"你这三颗糖堪比陶行知的三颗糖啊,就是不知道能否收到陶老的效果,很期待哦。"

其实更期待的是我。接下来的一周用餐时间,我注意着他的改变。吃饭的时候,小贺不再像以前那样爱讲话了,而是用手势提醒其他组员不说话。等组员们都吃完了,他留下来把餐桌擦得干干净净。看来,三颗糖是起到作用了!

林清玄的一本书里说:"爱,是人生追求的目标,但更重要的是在追求的过程中变得更温柔、更有艺术、更有智慧。"作为一名老师,在班级管理工作中,有爱,更要会爱,因爱我们更精彩。

> 获 奖 课 例

Have some coke

教学内容

本节课是科普版小学英语三年级下册Lesson11 "Let's learn" 部分。主要是学习句型：Have a …/Have an…/Have some…以及答句：Thank you. /No, Thanks. "Let's learn" 是每一单元的第二课时，是对本单元主要句型进行学习、操练。

教学过程

Step1：Two- minute English presentation：My Three Meals（略）

Step2：Presentation & Practice & Expand

T：An apple a day keeps the doctor away. So, please have more fruit every day, it is good for your health. Today I also prepared some fruit. Because I will hold a party later.

1.利用实物大量操练句型Have a …/Have an…。练习书中出现的词汇，夯实基础，与饮料相关的词汇分开练习，帮助学生区分a/an/some的使用，在此环节中可能会自然生成It's yummy/delicious…You are welcome等，及时鼓励学生，大胆张口表达。

T：Boys and girls, look, what's this?

S1：It's an apple.

T：What are these?

Ss：They are apples.

T：xxx, have an apple, please.

S1: Thank you.

T: ×××, have a cake, please.

S2: Thank you.

T: ×××, very good. Go ahead using the fruits and foods that I prepared.

S2: ×××, have a banana, please.

S3: Thank you very much. (S3 eats the banana and says: It's yummy)

S2: You are welcome.

S3: ×××, Please have a bun.

S4: No, thanks.

S4: ×××, Have an egg, please.

S5: It's delicious. Thanks a lot.

S4: It's my pleasure.

S5: Have some pears, please. ×××.

S6: No, thanks.

S7: Have some cakes, please. ×××.

S8: Thank you. I like cakes.

2. The students can be the little teachers to teach the relevant words about foods and fruits that they meet in the preview.

T: These foods or fruits are what I prepared. What different kinds of foods or fruits have you brought?

S1: Doughnut.

T: Can you teach us?

S1 (little teacher): Everybody, follow me: doughnut, doughnut, 甜甜圈 doughnut...

Ss: Doughnut, doughnut, 甜甜圈 doughnut...

S1：Have a doughnut, please.

Ss：Thank you.

T：You are so great, ×××. Anyone else?

S2：I have cookies.

T：OK, come here, you are the little teacher now.

S2 (little teacher)：Everybody, follow me：cookie, cookie, 饼干cookie…

Ss：Cookie, cookie, 饼干cookie…

S2：Have some cookies, please.（走向S3）

S3：Thank you. En, It's really yummy.

3.由食物、水果导入饮料。练习书中出现的Have some coke/water/milk/tea，摆脱由词到句的练习，直接整句感知、输入，在整句的练习、表达中掌握这些"三会词汇"。

T：Just now we had some foods and fruits. Now I am a little thirsty. Let's have some drinks.Look, what's this?

S1：coke.

T：Yes, you are right.

T：（教师往杯子里倒入一些可乐，走到一个学生跟前）Have some coke, please.

S2：Thank you. It's yummy.

T：（教师往杯子里倒入一些可乐，走到另一个学生跟前）Have some coke, please.

S3：Thank you. It's yummy.

T：（教师往杯子里倒入一些水，走到另一个学生跟前）Have some water, please.

S4：No, thanks.

T: I have milk and tea here, who wants to try?

T: ×××, please.

S5: （S5往杯子里倒入一些牛奶，走到另一个学生跟前）Have some milk, please.

S6: Thank you, It's delicious.

S7: （S7往杯子里倒入一些茶，走到另一个学生跟前）Have some tea, please.

S8: No, thanks. I don't like tea. I want some milk.

S7: Have some milk, please.

S8: Thanks a lot.

S7: You are welcome.

4.学生当小老师，拓展前参中学习的有关饮料的词汇。

T: Who has different kinds of drinks?

S1: Me.

T: OK, come to the front, share it with us.

S1: Look, juice, juice…Everybody, follow me: juice, juice, 果汁juice.

Ss: Juice, juice, 果汁juice。

S1: Have some juice, please.（走向S2）

S2: Thank you. It's yummy.

T: Anyone eles?

S3: I have milk tea.

T: OK, come here. You are the little teacher.

S3: Milk tea, milk tea, 奶茶milk tea。

Ss: Milk tea, milk tea, 奶茶milk tea。

S3: Have some milk tea, please, ×××.

S4: Thank you very much.

S3：Not at all.

T：I like milk tea too. It's very delicious. OK, anybody else?

S5：I have coffee.

T：OK, very good. Come here, share your coffee with us.

S5：Coffee, coffee, 咖啡coffee。

Ss：Coffee, coffee, 咖啡coffee。

S5：Have some coffee, please.（走向S6）

S6：Thank you.

5.阶段总结复习。巩固总结学生拓展的词汇，通过领读正音，加深记忆，为后面在party中的表达扫除障碍。

T：We learnt so many new words from you. Let's read together.

（Students read these words together）

Step3：Practice & Consolidation

1.Role-play time。

T：Everybody, look at me.（教师装扮成服务员）Who am I?

S1：You are a waitress（服务员）.

T：Yes, super.（走向S1）Have some coke, please.

S1：Thank you.

T：（走向S2）Have some milk, please.

S2：Thank you.

T：Who wants to be the waiter or waitress this time?

S2：Let me have a try.

T：OK. Come on!

S2：（走向S3）Have some water, please.

S3：No, thank you.

S2：（走向S4）Have some milk, please.

S4：Thanks a lot.

T：You are so great! You are a good waiter/waitress.

2. Party time。Party开始，学生在真实的情境中互相交流，大胆用英语表达，并享受美食与分享带来的快乐。

T：Boys and girls, it's our party time now, are you ready?

Ss：Yes.

T：Let's enjoy the party, share your things with your classmates. Don't forget to use the sentences：Have a…/Have an…/Have some…

Ss：OK.

The teacher plays the music and the students share their foods and drink with each other, meanwhile they use the sentences：Have a…/Have an…/Have some…and Thank you/No, thanks…to express themselves.

Step4：Homework.课堂上创设了开party的情景来学习运用本课的句型，鼓励学生在家中进餐时或在其他情境中也能大胆张口用英语表达。在生活中学习，在学习中生活。

(本节课荣获洛阳市小学英语优质课大赛一等奖，有删节)

| 好书推荐 |

《英语教学活动设计与应用》

本书是在学习、实践《英语课程标准》的基础上，结合全国多种英语教材的内容编写的，每个实例都呈现了明确的设计思路、完整的应用过程和详尽的操作方法，可以帮助你有效组织教学活动。

We are a big family!

◎ 陈聪聪

洛龙区第四届"名师1+3"课堂教学艺术节终于落下了帷幕。时至今日，"We are all Chinese. We are a big family!"同学们洪亮的声音依然时常回荡在耳畔。也许是磨课的过程太过刻骨铭心，回想这段时间的备课之路，第一句想说的话竟也是——We are a big family!

接到任务，首先要做的事就是选择课题。说实话这看似平常的一件事，做起来却并不是那么容易。首先，选择几年级的教材？脑海中首先浮现的就是高年级，对于我来说，高年级的内容更加容易掌控。但是，师傅郭欣欣老师对我说："高年级适合你不假，但是'名师1+3'的课堂需要家长接送，你现在教四年级，如果用高年级，家长沟通是一个问题，这是其一；其二，你从初中下来，对中低年级段的课程不熟悉，正好借这个重要的平台锻炼一下，把你这个弱项给好好补起来。"听完师傅的话，我顿时豁然开朗，思路也更明晰了，就选四年级的课！级段定下之后，师傅又耐心帮我筛选课题，终于选择了四年级下册的Lesson 4《We are a big family》。

课题选定之后，接下来就要准备课了，这是一篇中年级的阅读课。"Reading"部分有自己比较明晰的教学模式，三段式阅读法，before reading，while reading，after reading。如何将课文文本教材分散成这三个阶段，我觉得必须要吃透教材。首先，我必须弄清楚一个问题：我要在"reading"里面着重教给孩子什么知识？是单词用法还是句型操练？我认真思考着这个问题，"reading"从来都不是头两个课时，在第一课时和第二课时中已经进行过扎实而有效的句型操练，我需要在这里再重复教学一遍吗？答案是否定的。"reading"还是要将获取文本有效信息作为教学的重点，这是课程根本，是基石。那么问题又来了：如何教会孩子掌握文本信息？

刚开始，我的教学思路是在活动中进行，多进行一些pair-work和group-work。我还很清楚地记得，第一次试课的时候，我很有信心，自己准备得很充足，满满20多页的PPT，心里想：这样孩子们还练得不够吗？周二下午一试完课，我还记得赵校长脸上挂满了黑线，但是他还是一如既往温和地说："我问你个问题，你觉得孩子们上这一节课能学会文本教材吗？"这一问不要紧，一下子把我问得心里没底了，我摇了摇头。他接着说："活动很多，但是感觉都是你一个人在牵着走，学生很被动，教学效果没有体现。你要记得，英语课堂要语言热不是学生身体热！"这几句话一下子点醒了我，我意识到所有的课堂设计都是为了自己，而没有考虑到学生的接受情况，说白了我是在"炫技"，而没有做好实实在在教授知识的工作。这是典型的"Teacher-centered"的课堂，当务之急是我要转变思路把它转化成"Students-centered"的课堂！摆正自己的位置，我虚心向各位老师请教。北二分英语组的老师们给予我无私的支持：亚平、郭老师、陈燕、向珍、惠芳、李培经验丰富，在具体教学设计环节上给我提了很多非常有价值的建议；曼曼和娜娜给我板书上提了不少建议；菲菲给我提供了不少音频、视频的素材；璐璐、靖倚帮我准备教具；远在北京代培的赵岩老师得知我要讲这节课，还把以前她精心制作的PPT发送给我，让我参考。最要感谢的还是赵校长，在学校如此繁重的行政工作中还抽出时间，一遍又一遍地帮我磨课。

正所谓"众人拾柴火焰高"，经过一段时间的打磨，又到检验的时刻了。

在接下来的试课中，首先我对二十多张的PPT进行了大刀阔斧的改造——有利于孩子知识掌握的予以保留，反之一律删除。删减下来，一下子少了一半。PPT的减少不仅没有减少课堂教学的容量，反之课堂内容更加充实了。活动少而精，练习得更加扎实、更加到位。在这个环节中，原先一读中的问题由两个变成了一个，二读中Information Card填写过后，增添了几组对话练习。同时为了增强学生对于少数民族地域特点的认知，又增添了一个视频，课堂一下子就活了！最后的小组练习，在解释game rules时，我说了一大串英语，结果孩子们听得云里雾里，这次我请两位同学帮助我，在共同展示下，边说边做，复杂的事一下子就变得简单起来了。最重要的retell环节，我充分利用了板书，这样学生们不用看课本，看着黑板就能轻松地把整篇课文复述出来。整堂课上下来收获不小，但是还是有些不足需要在今后的课堂实践中进行改进：关老师提到，学生在接受情况这么好的情况下，需要老师对所教内容进行扩充，不然就会有"吃不饱"的感觉。关老师的一席话使我明白了：一个成功的英语教师要在教学中把孩子们当成课堂的主人，使他们对英语乐学、善学、会学，学而忘我，乐此不疲。

名师档案

陈聪聪，女，1984年生，中小学二级教师，河南大学硕士研究生。曾荣获河南省初中英语优质课大赛第一名，多次荣获市、区级初中和小学英语优质课大赛第一名，在2014年教育部举办的"一师一优课"活动中，所报送的课例被评为优质课。

| 教 育 随 笔 |

英语精彩两分钟教学心得体会

在小学英语课堂教学中适时地使用磨刀工具——精彩两分钟，是使刀具——学生口语交际能力"寿命延长"且磨刀效率提高的不二法门。

学生喘息的需要

当急促的上课铃声把孩子们拽进课堂时，他们仍然沉浸在嬉戏之中，意犹未尽。学生气息未定，情绪未稳，这时教师马上要求他们进入新课堂，学习新东西，必然会有这样那样的排斥行为：慢腾腾地拿出课本，懒洋洋地假装思考。学生完全没有刚才玩耍时的兴奋与惬意，因为他们没有学习新知的喜悦与冲动。他们知道又是一样的教学流程，一样的我问你答，一样的读读背背，一样的……要让学生愿意学习，要使学生"有强烈的学习兴趣，就必须使他有一种丰富多彩的、引人入胜的智力生活"。不妨就在上课伊始，搭建一个会话平台，让学生喘匀气息，调整心态，准备思绪，酝酿情感。这就是为课堂智力生活开一扇小窗——运用精彩两分钟，让学生磨磨"刀"，以便快速进入角色，毕竟磨刀不误砍柴工。

上课伊始，每每看到孩子们兴奋的小脸，红扑扑的，挂着汗珠，浑圆的小脑袋，冒着热气，我不急于上新课，而是利用上课前的几分钟，让他们进行展示。尽管只有两分钟，尽管只是只言片语，尽管没有一个主题中心，但只要孩子们想说，说出自己的真实活动、真情实感，只要孩子们的话匣被打开，只要他们的兴致被调动，花些时间磨磨那些小"刀"，又何尝会耽误"砍柴"呢？

课堂教学的需要

心理学研究表明：小学生活泼好动，有意识的注意力持续的时间较短，自制力较差。一般他们的注意力最长持续10—15分钟，大脑就会出现阶段性的疲劳，就会有一些小动作出现，一些小烦躁产生。正如爱因斯坦说得那样："我们的教育应使提供的材料让学生作为一份礼物来享受，而不是一项艰苦的任务让学生去负担。"再次唤醒他们，尽量做到以人为本，在课堂中开展精彩两分钟活动就非常必要了。

总之，课前口语交际的扎实开展，必将成为提升小学英语教学的"磨刀石"，必将促进课堂教学"和谐高效"，大步迈前!

获奖课例

We are a big family

教学内容

科普版四年级下册Leason4。

教学过程

Step 1：Before reading（Two-minute English Show）

T：Good morning, everyone. At first, let's welcome Zhao Yifei to give us the English show.

Zhao：Look! They are the cards of new words. It's nationality. What does it mean? It's 民族。Read after me. Nationality! Do you know how many nationalities are there in China?

Ss: Fifty-six.

Zhao: Yes. Look! It's hunt. What does it mean? It's 打猎. Read after me. Hunt! Look! What is it? Can you guess?

Ss: It's a map of China.

Zhao: This is the Hui Nationality. They are from Ningxia. They are good at cooking.

Zhao: This is the Yi Nationality. They are from Yunnan. They are good at singing.

Zhao: This is the Olunchun Nationality. They are from Heilongjiang. They are good at hunting.

Zhao: This is the Hani Nationality. They are from Yunnan. They are good at dancing. Do you remember how many nationalities there are in China?

Ss: Fifty-six.

Zhao: Yes. That's all. Thank you.

(Then students give Zhao the marks and some advice)

Step 2: While reading

T: Look at this picture. And what can you see from this picture? How many people are there in this picture?

S1: Six.

T: And how many girls and how many boys?

S2: Two girls and four boys.

T: Are they from Luoyang?

S3: No.

T: Are they from Zhengzhou?

S4: No.

T: Are they from Beijing?

S5: No.

T: Where are they from? Now please read the passage and find out the answer.

T: Time is up. Who can tell me?

S6: They are from Xinjiang, Jilin, Heilongjiang and Tibet.

T: Do you know these places? Now let's take a look at this. (And show the pictures of these places to let the students have a general idea about these minorities)

T: Look at this picture. It's an information card. There are four characters on it. Please read the passage again and fill in the blanks.

(Then choose several students to fill in the blanks. Meanwhile, put the cards of places on the Chinese map which has been drawn by the teacher on the blackboard)

T: Wow, you really did a wonderful job! Now let me ask you some questions. Where is the girl from?

S7: She is from Heilongjiang.

…

T: They are good at so many things. Do you want to know what other things they are good at? Now let's watch this video.

T: Some are good at cooking. Some are good at hunting. Do you like their life? Can you tell their stories? Now read the passage for another time and try to retell the whole story. I will give you an example.

T: She is from Xinjiang. She is good at singing. He is from Heilongjiang. He is good at fishing. She is from Jilin. She is good at dancing. He is from Tibet. He is good at riding. We are all Chinese. We are a big family.

T: Now, read it and try to retell the story as I do.

(Then choose several students to retell the story)

Step3: After reading

T: It's time for us to play a game. This is a map of China. And you can find an envelope in each group. There are some cards of nationalities in it. You can choose a card and ask and answer the questions according to the information given on the back of each card. Understand? OK, here we go!

…

T: Today we know there are so many nationalities in China. Where are you from? Yes, we are from Luoyang. And we are from Henan. We are also from China. Why?

Ss: Because we are all Chinese. We are a big family.

T: Great! Today the homework is to introduce five nationalities with be from and be good at. That's all. Goodbye, Class!

Ss: Goodbye, Ms Chen!

| 好书推荐 |

《*The Importance of Living*》（《生活的艺术》）

《生活的艺术》是林语堂旅美专事创作后的第一部书，也是继《吾国与吾民》之后再获成功的又一英文作品。该书于1937年在美国出版，次年便居美国畅销书排行榜榜首达52周，且接连再版40余次，并为10余种文字所翻译。

爱，让教育更美好

◎ 陈向芳

曾有人说"班主任工作是一门学问"。我就想这"学问"应该是"爱"。因为爱是阳光，可以照亮学生的心房；爱是春雨，可以滋润学生的心田。我们身为人师，自己的行动都应该是爱的传递，是真理的诠释。"千教万教，教人求真；千学万学，学做真人"，我一直把这句话作为自己的座右铭。在班主任工作中，我注重学生良好习惯的培养，时刻提醒自己，班主任是班集体的引路人。多年来的班主任工作，我得到了领导的赏识和信任，我也常常以此为荣。有人问我："为什么能把班级带得那么好？"我说："只要有爱心，体贴入微地关注他们的成长，就会得到学生的信任。"一句话，只要我们全身心融入孩子中间，就会得到我们所希望的结果。作为班主任，关心学生就像关心自己的子女一样，既要关心他们的生活，也要关心他们的健康，还要关心他们是否懂得学习的方法，更重要的是关心他们是否懂得怎样做人。这正是作为班主任的职责所在。爱心是具体的，具有浓厚的感情色彩。例如：每天早晨巡视教室，先看看学生有没有到齐；遇到天冷或天热的时候，照料学生们衣服穿得是否合适；关心学生们早上是否都吃过了早餐，各种学习用具是否都带齐了；集体活动前要安排好学生们应必备的用品；等等。总之，学生们在学校的饥寒冷暖、喜怒哀乐几乎事事关心，家长感激，学生感动。我认为：这是一个班主任最基本的工作，也是一个班主任爱心的具体体现。

在学生管理方面，我认为班主任工作很重要的一项就是学困生的转化。每接到一个新班，我首先深入调查摸底，做到因材施教，对学困生处处真诚相待，时时耐心相帮，真正做他们的知心朋友，及时对这些孩子进行心理疏导，帮助他们消除或减轻种种心理负担，让他们认识到自己的价值。同时，我还创造条件和机会让学困生表现其优点和长处，使他们体会到成功的欢乐和喜悦。我班原有几个调皮学生，整天起哄，课堂上从不安宁，自己不守纪律，还经常告别人的状。我一开始并没处罚他们，而是和他们套近乎，设法找他们的闪光点，找到一点就大力表扬。当孩子和老师拉近距离，产生了感情，成了无话不说的好朋友，以前的缺点也随之改掉。几位调皮同学的进步，带动了整个班级的进步。我所带的班级连续几年被评为优秀班级，同学们在学校的表现深受老师们的赞扬。

"务实创新"是我教学工作追求的原则。在教学中，我注重学有专攻、教有特色。平时，为了弄清一个小问题，我认真查阅大量资料，请教有经验的教师，力求以最简捷的思路，做到"以向学生传播基本知识、培养基本技能为主线"进行教学活动。小学语文重在培养学生的听说读写能力。因此，我在深入研究教材、备好每一节课的同时，注重根据学生的年龄特点，有针对性地开展教学，有目的地向学生传播知识的同时拓宽学生思维，并注重课堂民主，突出学生的主体地位，创设民主和谐的氛围，从而激发学生主动参与的意识，进而开发学生的潜能，指导学生学会学习。

爱，让教育有温度！爱，让教育更美好！

| 名师档案 |

陈向芳，女，1980年生，中小学一级教师，北京第二实验小学洛阳分校德育副校长。参加工作至今，获得了一系列的荣誉：洛阳市学术技术带头人、洛阳市业务标兵、洛阳市师德标兵、洛阳市文明教师、洛阳市骨干教师、洛阳市优质课一等奖，所写论文曾获得国家级、省级奖励，所辅导的学生在各级各类活动中取得了优异的成绩。

| 教育随笔 |

用爱打底，学会感恩

每天走在校园里，看着身边天真活泼的孩子，第一反应就是：每个孩子都是父母心血的结晶，都带着全家人的希望，面对这么多本性纯真的孩子，我想最应该教会孩子的就是"感恩"了。

每年十一月的第四个星期四，是西方国家传统的感恩节，原意是为了感谢上天赐予的好收成。近几年感恩节被"引进"国内，也延伸了内涵，包括感念父母、老师等有恩于自己的人。感恩节虽然是个舶来品，但感恩的美德却是中外相通的。中国社会同样倡导感恩，人间需要感恩，社会需要感恩。

在我国传统文化中，有着诸多关于感恩的箴言，如"谁言寸草心，报得三春晖""羊有跪乳之恩，鸦有反哺之义"……朋友圈中"晒"娃的特别多，"晒"娃怎么吃，"晒"娃怎么穿，"晒"娃怎么玩，"晒"娃如何有出息……但是"晒"如何教会孩子感恩的却是少数。

什么叫感恩？并非报大恩大德的大举动才叫感恩，对父母的点滴孝行，对他人看似微不足道的关心，也是一种感恩。

感恩父母。早上起床，有早餐吃，你可知道父母几点起床做的早点；衣服脏了，拿起干净的衣服来换，你可知道晚上你睡觉的时候父母还在洗衣服；晚上回家有现成的晚餐，你可曾想到顿顿晚餐背后父母的辛劳。

感恩孩子。因为孩子，我们见证参与了一个人的成长；因为孩子，我们得以重新学习提升自己；因为孩子，我们获得从未有过的体验和快乐。

感恩是相互的。让孩子们多一份理解，少一份抱怨。感恩，不仅是一种礼仪，更是一种健康的心态，能折射出一个社会的文明程度。孩子如果能常怀感恩之心，不仅能培养他们与人为善、与人为乐、乐于助人的品德，促进他们健康人格的形成，而且对其今后和谐人际关系的建立有重要作用。

感恩，可以如此简单。不仅是感恩亲情、友情、爱情，任何触动心灵的情感都可以从善心、从感恩出发。感恩教育，从家长做起，家长有感恩之心，孩子才能学会感恩。

子非鱼焉知鱼之乐，你非他焉知他之惑？走进学生—读懂学生—发现学生，让课程、让德育更贴近孩子，这一切，都需要我们用一颗感恩的心做好课程设计！学会了感恩，我们便拥有了快乐，拥有了幸福，也拥有了力量！我们才不会在生活中轻言放下，才会勇往直前！

| 获 奖 课 例 |

做诚信的人

教学内容

浙教版《品德与社会》五年级上册。

教学过程

一、听故事

师：上课前，老师想给大家讲一个故事，故事的名字叫作《九色鹿》。（PPT出示图片）（故事略）

师：听了这个故事，你有什么感想？

生：我非常痛恨被救的人，他忘恩负义（师：看你咬牙切齿的样子，我也感受到了）；被救的人不守信用，九色鹿才会被捉的（师：我也这么认为）；答应别人的事要说到做到。

师小结：嗯，同学们说得真好！是啊，做人一定要诚实守信，诚信是中华民族的传统美德，是每个中国人都必须具备的品质，今天我们就一起来学《做诚信的人》。（板书课题）

二、明诚信

师：同学们来想一想，什么是诚信？

生：做人要诚实，不能说谎；还要守信用，说到做到。

师小结：大家说得都很好！诚信即诚实守信，"诚"就是忠诚老实，诚实做人，不说谎，不作假；"信"就是信守承诺，有信用、讲信誉、守信义，答应别人的事一定要去做。（PPT出示）

三、赏由来

师：要想做到诚信首先要做到诚实，关于诚实，还有这样一个故事呢，请同学们把书翻到第55页，我们一起来看《诚实节的由来》。

埃默纽五岁的时候就成了孤儿，一个叫顿诺的酒店老板收留了他，老板看似慈悲，目的却是想让他干更多的活。

很快，埃默纽八岁了。一个晚上，埃默纽睡得正香，忽然听到一声巨响，他连忙起床到外面去看，可怕的一幕出现在他的眼前。原来，老板夫妇正在杀人。不一会儿，老板收拾干净外面的血迹，走进埃默纽的房间，告诉他如果明天警察来问这件事，就说是为了自卫才把人砸死的。埃默纽不想说谎，老板顿时恼羞成怒，用绳子把埃默纽捆绑起来，吊在房梁上，用鞭子狠狠抽打他。最后，埃默纽被活活地打死了。埃默纽小小年纪，至死不肯说谎，他的事迹深深地感动了人们。为纪念这个诚实的孩子，当地的人们就把这一天，也就是每年的五月二日，定为诚实节。（PPT出示）

师：同学们，你们想不想说点什么？

生：埃默纽真是个诚实的孩子，我们要向他学习；酒店老板太可恶了；埃默纽没有错，他只是实话实说；我心里很难过。

师小结：孩子们，看到这些，老师心里也很难过，仅仅八岁的埃默纽用自己的生命捍卫了"诚信"二字，他的精神值得我们学习，他身上的这种品质更值得我们敬佩。

四、树榜样

师：当然，社会上还有很多很多这样坚守诚信的人，正是因为他们的存在，我们的世界才会那么明净、那么美好！（PPT出示图片）

信义兄弟——孙水林、孙东林

春节快到了，为了遵守不拖欠农民工工资的这个承诺，哥哥孙水林顶着恶劣天气往工地上赶，最终因交通事故而遇难。弟弟孙东林为了完成哥哥的心愿，在春节前把工资安全地送到农民工手里。

玉树不会忘记的康巴铁汉——才哇

2010年4月14日，青海省玉树县发生7.1级地震。为了救地震后的村民，才哇牺牲了救家人的机会，但他却成为人民心中永远的好社长。

师：同学们，他们都是社会上普普通通的人，但他们的精神却不普通，他们拥有一颗讲诚信的心、一种高尚的品质。大家想一想，我们身边有没有讲诚信的人或事呢？

生：有一次，明明在教室里捡到一支铅笔，交给了班长；我天天不迟到，遵守学校和班级的规定；同桌问我借了一本故事书，说明天就还，到了第二天，果然看见书已经放在了我的桌子上；一次，我想买玩具，就拿了妈妈的钱，但后来觉得这样不好，又还给了妈妈。（师：嗯，知错能改，还是老师眼中的好学生、爸妈眼中的好孩子）

五、莫要学

师：刚才我们所看到的都是诚信的楷模，也是我们学习的榜样。但是，偏偏有这么些人，他们想破坏社会的安定，违背自己的良心，做一些没有道德的事。（PPT出示）

师：同学们想一想，如果没有诚信，后果会怎么样？

生：假酒喝了，会伤身体，爸爸有一次因为这个住院了，还要做手术呢。（师：不讲诚信，后果多么可怕啊！这些人虽可恨，但只占社会的一小部分，国家法律规定，制售假冒伪劣商品的商贩要受到严厉的惩罚）

生：缺斤少两的人最没有道德，我跟妈妈买菜时也遇到过，别人知道后，都不去他那里买；这种人会受到别人的批评，大家都会看不起他；他的生意会越来越差。（师：这就是不讲诚信的后果）

生：考试作弊是不对的，虽然得了高分，但不是自己的本领；做人要诚实，如果这样做，老师和同学都会指责他的；没有人愿意和他交朋友了。

师小结：可见，诚信是多么重要，它大到影响我们的社会安定与团结，小到影响我们自身的方方面面。

六、看行动

师：那么，接下来，老师就要看看，如果遇到这样的情况，你会怎么做呢？（PPT出示）

情况一：一个中国留学生在日本餐馆洗盘子，老板要求盘子必须洗七次，但留学生却总是少洗两次，工钱自然照拿。后来老板发现了问题，立刻把他辞退了。

情况二：明明今年已经上二年级了，一次，他手中拿着一元钱乘车去上学。可是，上车后，他没有投币，躲在人群中。

情况三：有个男孩叫赵东，他看到值日老师来了，就赶紧用脚踩住地上的一个纸团。果然，值日老师给他们班加了一分，他们班也终于获得了卫生红旗。

师：下面各小组进行讨论，看哪一组讨论得最认真、最激烈。

师小结：看来大家对诚信已经不陌生了，相信同学们能在今后的学习和生活中，时时讲诚信，处处讲诚信。

七、玩游戏

师：同学们来看，这是诚信树。秋天到了，快来看看我们的诚信树都有什么收获。一起来摘苹果吧！（PPT出示）

生：说到就要做到，作业不抄袭，考试不作弊，有错就改正，待人讲真诚，言行要一致，做人要诚实。

师：大家的收获可真多啊！相信每一年，我们的诚信树都会硕果累累的。

八、学儿歌

师：老师把大家摘的诚信果编成了一首儿歌，同学们快来跟我一起学吧，请你跟我这样做（拍手）：

　　人人讲诚信，说到就做到。
　　作业不抄袭，考试不作弊。
　　做人要诚实，言行要一致。
　　待人讲真诚，有错就改正。

师小结：同学们，希望你们把这首儿歌牢牢记在心里，化作自己的行动，做一个诚实守信的好孩子。

九、善总结

师总结：诚信是做人的根本，如果一个人连诚信都做不到，那么在这个社会中就难以立足、难以生存。诚信也是做人的一种优良品质，要想做到诚信，就要从生活中点点滴滴的小事做起，希望同学们能牢记这一点。试想，如果我们自己、我们身边的每个人都能做到诚信，那么明天该多么美好啊！

十、动动手

师：课下请大家制作诚信卡，把诚实守信的行为记录下来，和爸爸妈妈一起分享吧！

（本节课荣获洛阳市小学品德优质课大赛一等奖，有删节）

好书推荐

《把信送给加西亚》

《把信送给加西亚》讲述的是1881年毕业于西点军校的美国军人罗文与美国陆军情报局一道完成了一项重要的军事任务——将美国总统的信送给古巴将军加西亚的故事。故事的内容虽然简单，但却是一个永不过时的故事，它传达给我们这样一些精神——忠诚、责任、创造性和执行力。忠诚、责任是一种美德，也是一种职业道德，我们需要这种美德，我们需要罗文这样的人。读这本书，做具备这种品质的人，我们的教师工作一定会更加精彩、更加成功。

精心育桃李，润物细无声

◎ 曹淑云

自从踏上三尺讲台的那一天起，我就深深地把"敬业爱岗，严于律己"作为自己的座右铭，时刻牢记"学高为师，身正为范"，并以实际行动去学习、去实践、去努力做一个充满智慧的园丁——精心育桃李，润物细无声。

学高为师，身正为范

教学中，我积极参加业务学习，不断提高自己的教学水平，积极利用课余、假期时间参加各种进修培训，先后取得大专和本科学历。同时，订阅各种报刊积极学习，提高自己的业务水平。

在备课时，结合新课程标准，深入钻研教材，精心设计教学环节。课堂上，我以学生为主体，采取灵活生动的教法、幽默风趣的语言、直观形象的教具，充分调动了学生主动学习的积极性。为了切实减轻学生的课业负担，我精心设计作业，使学生在巩固课堂所学知识的同时，动手能力、创新能力也能得到锻炼和提高。批改作业时，我坚持精批细改，及时纠正共性问题。对于后进生，采取"面批面改"形式进行单独辅导，多鼓励，少呵斥，使之奋力赶上。十几年的从教之路让我深深体会到：只有不断学习，不断提高自身水平，自己的教育教学工作才会越来越得心应手。

情系学生，以"爱"相伴

每接到一个新班，第一个班会，我总会告诉孩子们：我们要学会感恩，感谢我们的父母，感谢我们的老师，感谢我们的朋友，感谢帮助过我们的人，感谢批评过我们的人……今天走进教室，我们首先要学会向老师打招呼；其次，当你坐在这么干净明亮的教室时，你要学会向老师说"谢谢"，因为这一切都是老师所为，为了让大家有一个舒心的环境，老师把教室的每一张桌凳都摆放得整整齐齐。每一个角落都打扫得干干净净；最后，你要会说"对不起"，为你们今天不礼貌的行为而感到愧疚，并因此而懂得与人相处的技巧。

我每周都会给学生布置不同的任务：给父母洗脚、捶背，帮父母做一次家务，陪父母聊天一小时，同父母一起做游戏……时间久了，孩子们围着我诉说着自己的心情：我发现妈妈的脚有了裂纹；我为妈妈洗脚时妈妈哭了；我觉得妈妈每天上班太累了，我要经常给妈妈洗脚……听着孩子们发自肺腑的话，我知道他们已经体会到了父母的艰辛，懂得了为父母付出。

孩子在成长中犯错是难免的，如何正确地对待犯错误的孩子？正确的态度是包容，具体的做法是提醒。有人曾说过："如果孩子一生中犯100个错误，我宁愿让孩子在学校犯下99个错误。"作为班主任，我手中有两大武器：一是宽容，二是等待。我相信每个孩子都是一朵待开的花，我要学会静待花开。

耕耘结硕果，坚定奋斗路

一份耕耘，一份收获：我先后荣获洛阳市文明教师、骨干教师，洛龙区优秀教师、优秀班主任等称号；数学、思品优质课多次荣获省、市级一等奖；所带毕业班成绩优异，多次荣获洛龙区教育教学质量检测第一、二名；辅导学生参加全国"华罗庚金杯"数学邀请赛，连续多年荣获国家级优秀教练员奖。

追求永无止境，奋斗永无穷期。这些成绩已经成为过去，在今后的工作中，我将继续做一颗小小的铺路石，铺就孩子们的成才之路，在教师这个光荣的岗位上，奋斗一生！

名师档案

曹淑云，女，1979年生，中小学一级教师，所带毕业班成绩优异，多次荣获洛龙区教育教学质量检测第一、二名，多次辅导学生参加全国"华罗庚金杯"数学邀请赛，并荣获国家级优秀教练员奖。连续多年荣获洛龙区教学技能大赛一等奖，优质课分别荣获省级、市级一等奖。荣获洛阳市文明教师、骨干教师，洛龙区优秀教师、优秀班主任等称号。

教育随笔

友谊的小船怎能说翻就翻呢？

现在的学生多为独生子女，他们虽然渴望与同龄人交往，但又习惯以自我为中心，与人交往能力较为欠缺，表现出唯我独尊的个性，所以常与同学因小事发生矛盾，真可谓"友谊的小船说翻就翻"。

李和吕就是这样一对冤家，天天爱闹别扭，但还天天爱往一块儿凑。这不，又有同学来告诉我两人打起来了。一看，还真是让人生气。班里闹得乱糟糟的，一群人在数落着吕的不是，说是他把李的杯子弄坏了还打架……再看，吕还挺有理，气鼓鼓地站着，红着眼睛，还说李把自己的什么东西也弄坏了……唉，真是断不完的"家务事"。

马上要上课了，我只好说：你们自己先反思原因，想想自己什么地方不对，怎么办，想好了来找我。

两个人认识到了错误，知道不该动手，东西谁弄坏了谁负责赔对方。我想，考虑得怪周到，事情可以解决了。可是过了几天，李又来找我说，自己已经还过吕的东西了，但是，吕还没有赔他的杯子。据说，他的杯子是某快餐店专用杯，是吃饭达到一定金额后才能买的，不好买。

可是，看着吕那种无所谓的态度，我不得不说：你们已经协商好了，就应该按照协商的来办，不能遇到困难就违反约定吧！第二天下午，李又来说吕不还杯子。我一听还真生气。一个杯子，说好了的事情，被人催几次，还不还，唉，也不知道吕是怎么想的，我只好找他再问问了。

一问才知道，自己幸好没直接批评吕。他已经给李买了一个杯子，但是却不是某快餐店的那种杯子，李却非得要某快餐店的那种杯子，不愿意，所以吕也没办法了！

早知今日何必当初呢？架也打了，人家东西也赔你了，该人家要求你了，你不说话了。可是，事情到了这种地步，再苛求吕，又觉得于心不忍，毕竟经过这个过程，他已经受到了教育。

在这个物欲横流的社会，孩子们缺的东西并不多，可是他们失去的也许更多。爱他们的人太多，给他们的也太多，可是他们很少去爱别人，他们往往只会索取，不会付出，不会站到对方的角度思考问题，更不懂得珍惜那宝贵的感情——友谊的小船怎能说翻就翻呢？

我把他俩叫到我的身边，告诉他们说："这件事，你们已经吸取了教训，以后还是不是好朋友？"他俩你看看我，我看看你，点了点头。

"那好朋友和杯子哪个更重要呢？"

"老师，我觉得友谊更重要，我不要吕赔我的杯子了！"还是李比较懂事。

"老师，我已经给他买了一个，可是和他的不一样！"

"著名科学家培根说：'友谊能使快乐倍增，使痛苦减半。'李白也告诉我们，桃花潭水尽管有千尺深，也不及朋友的情谊深。所以……"

"老师，我们知道该怎么办了！"我相信他们这次是真的知道了。

两个小冤家，又开始凑到了一起，可是之后他们俩再没有闹过矛盾，总是一副亲热的样子，我相信他们收获了一份友谊，也收获了一份幸福！

获奖课例

我喜欢自己

教学内容

教育科学出版社《品德与生活》二年级上册第一单元主题二"我真棒"活动一"我喜欢自己"。（教材第9—10页内容）

教学过程

一、情景对话，引入课题（略）

二、活动一："夸夸我自己"

师：谁来讲一讲，你喜欢自己的理由是什么？

生1：我唱歌很好听，大家都喜欢听，所以我喜欢自己。

生2：我学习好，老师经常表扬我，我喜欢自己。

生3：我的字写得好，经常受到表扬，我喜欢自己。

生4：我跳绳很好，不仅会跳单摇还会跳双摇。

师：（很吃惊的表情）哦，展示一下好吗？掌声有请！

师：（生展示完）再次把掌声送给他！你不仅跳绳好还能在大家面前展示，真是个小勇士，来，握握手，咱俩交个朋友好吗？

师：（面朝大家）其实勇敢也是一个优点，老师就很喜欢勇敢的孩子，你们呢，还有谁很勇敢？到讲台前面展示一下自己。

（鼓励学生展示自己特长）

师：有特长的喜欢自己。可是没有特长的呢？还喜欢自己吗？

师：（指着一位小朋友）看，这个小朋友衣服整洁，头发梳得整整齐齐，一定是一个讲卫生、能自理的孩子，其实这样爸爸妈妈和老师就很喜欢，你们有这样的优点吗？

生：有。

师：这其实都是我们喜欢自己的理由。

师：老师还想问一下，我们和长辈、弟弟妹妹在一起是怎么做的？

生：给爷爷奶奶捶捶背，爱护弟弟妹妹……

师：（竖起大拇指）尊老爱幼是我国的传统美德，多好！

师：看，这个小朋友，乌黑的头发，圆圆的脸，喜欢自己吗？

生：我有点胖，但是我很有力气，可以帮妈妈干很多活。

师：真是一个懂事的孩子，你很热爱劳动，妈妈有你这样的孩子真有福气！其实我们还有一个最大的理由喜欢自己，那就是我们都有健康的身体，有明亮的眼睛，有甜甜的嘴巴，有机灵的耳朵，有灵活的大脑，多好啊，这也应该是我们喜欢自己的理由啊！同学们，我们喜欢自己的理由多不多呀！

生：多！

师：那就在小组中讲一讲喜欢自己的理由吧，看谁的理由最多！

三、活动二："击鼓传花大家夸"

1.激发学生去发现别人的优点

师：每个人都有喜欢自己的理由，都有比别人棒的地方，看到自己的优点会喜欢自己，如果能看到别人的优点并且把它变成自己的优点，我们会进步很快，会更喜欢自己。

2.一起玩"击鼓传花"的游戏

师：喜欢玩游戏吗？

生：喜欢。

师：游戏要想玩得好，游戏规则要记牢，请看大屏幕！

师：谁来宣布游戏规则？（指名朗读游戏规则）

生：击鼓传花大家夸——由一名同学担任鼓手，鼓声起，开始传花，鼓声停，花传到谁那儿，谁就是幸运星，大家开始找他的优点。

师：知道怎么玩了吗？

生：知道。

师：谁来当鼓手？（指名到前面）

（鼓声起，大家传花，然后停。学生兴致很高）

师：第一位幸运之星产生了，来，跟大家打个招呼，介绍一下自己吧！

生：大家好，我叫xxx，是二（1）班的一名同学。

师：真是一个有礼貌的孩子，谁先来夸夸他，说一说你要向他学习什么。

生1：他听讲时很认真，写作业速度很快，我要向他学习。

生2：我有时数学题不太会，他就给我讲一讲，我要向他学习。

师：原来他是个乐于助人的好孩子，互相帮助会进步得更快。还有谁要说？

生3：老师，我们有一次放学回家过马路，看到一个可怜的老奶奶眼睛看不清楚，他赶忙扶着老奶奶过了马路。很多人都夸他是好孩子。

师：帮助老年人是我们每个人应尽的义务，（走到这个学生的身边，摸摸他的头）真是一个有爱心的孩子，老师也要向你学习。

师：听到同学们的话，你有什么要说的吗？

生：我要更加努力……

师：相信你一定会越来越棒，（面对大家）对吗？

生：对！

师：我们继续，谁会是第二个幸运之星呢？

（鼓声起，大家传花，然后停）

师：第二位幸运之星是谁呢？朝大家笑一笑吧！

生：咧嘴一笑。（大家都笑了）

师：好可爱的小姑娘呀！谁先来夸夸她？

生1：老师，她虽然学习不好，可是她跑步很快，经常在运动会上给我们班争光，我要向她学习。

生2：老师，那一次她跑步摔倒了，可是却不顾疼痛爬起来接着跑，我们都很感动，我们要向她学习。

师：大家都为我们班有这样的榜样而欣慰，让我们再次把掌声送给她。

（小姑娘脸红了，很感动）

师：大家都要向你学习呢，今后你要怎么做呢？

生：我要继续努力，也要向大家学习。

师：相信你一定会越来越出色！

师：会欣赏别人其实也是一个优点。大家不仅能看到同学身上的优点，还能学习别人的优点，相信大家一定会取得更大的进步。下面，看一看我们班的所有小朋友，你看到了谁的优点，还想向谁学习，去告诉他，和他握握手，交个朋友。（同学们开始主动走到别人面前，点明他人的优点并握手）

师：看到同学们都找到了自己的好朋友，老师真为你们高兴，相信大家一定会越来越棒！

四、生活大课堂

师：我们都是很优秀的孩子，能找到自己的优点还能欣赏并学习别人的优点，不断地完善自己。生活是个大课堂，在这个大课堂里，我们是怎么做的呢？

大屏幕出示：当你和妈妈一起乘坐公交车时……

师：你是怎样做的呢?好,你来讲。

生1：我们总是排队上车。

师：遵守公共秩序,你是个文明的孩子。

生2：如果遇到老人或者小弟弟、小妹妹,我们会给他们让座。

师：尊老爱幼的好孩子。

师：在公共场所如果我们都能遵守公共秩序,我们的社会大家庭会越来越文明,人人都能献出一份爱心,我们的大家庭会越来越和谐温馨。

大屏幕出示：当忙碌的父母下班回家时……

生1：我给妈妈捶捶背,妈妈可舒服了。

生2：我到楼下接妈妈,替妈妈提东西。

生3：爸爸妈妈不开心的时候,我给他们讲讲笑话。

师：真是孝顺的孩子。虽然我们不能给爸爸妈妈做很大的事,但我们的一点点懂事的举动都会给他们带来莫大的幸福。

五、改正缺点我会更棒（略）

六、总结（略）

(本节课荣获河南省小学品德优质课大赛一等奖,有删节)

好书推荐

《爱心与教育》

"让人们因我的存在而感到幸福",是李镇西老师在《爱心与教育》这本书中《关于"爱"的见面礼》的一句话,也是我最喜欢的一句话。此书值得我们用心品读,用心感受做教师的幸福,并用行动去诠释这一句话。

严中有爱，爱中有严

◎ 李文燕

2010年9月，我怀着既憧憬又忐忑的心情，走进这个美丽的校园，那个时候学校门口还挂着"洛龙区第二实验小学"的牌子。我憧憬的是，来到这里，可以踏上一个更优质的平台，学到更多；忐忑的是，一直在小学任教的自己，能否完成学校的各项任务，做到"不误人子弟"。

在和学生一周五天的朝夕相伴里，我经常会问自己：我能做好这个"孩子王"吗？在迷茫中，细心的张校长看出我的不安，笑着安慰我说："你只要谨记'严中有爱，爱中有严'这八个字就好。"听了张校长一席话，我仿佛眼前一亮，豁然开朗。

从此，这八个字便被我镌刻于心。带着对教育的执着和热爱，跟随着这个温暖而团结的大家庭，学习着、收获着、成长着！

觅良师，得益友，班级管理渐明晰

虽然自己不是很优秀，但天生有一股不服输的劲儿。面对着和以前学校截然不同的班级学情和教学环境，我想：只要多做、多想、多学，总能有改善、有收获。于是，每天中午大家午休时，我会悄悄走进其他班教室。一点点的思考、模仿、学习、尝试，把他们做得好的方面借用到自己班级中来。

坚持了一段时间后，虽然班级学风有所改观，可是面对着一波波工作中层出不穷的问题，缺乏经验的我似乎依然每天都陷在被动的忙乱中。这时候，我的第一个搭档——直率聪慧、做事雷厉风行的张杏利老师站在了我的身边。她劝慰我，要我把心静下来，试着去阅读一些有关班级管理方面的书籍。首先用知识去充盈自己，去试着梳理出一套自己的班级管理方法，哪怕粗糙一些，也可以逐渐完善。经过反复比较，《班主任兵法》一书成了我的指导宝典，边阅读、边思考、边实践，终于，我对于如何去管理班级，怎样做一个"严中有爱，爱中有严"的班主任，越来越清晰了。

多采撷，勤付出，磨课路上得蜕变

在班级管理初具心得之后，刚刚觉得可以稍微松一口气了，又接到了学校安排我参加市品德与社会优质课比赛的通知。我立刻蒙了：常态课上起来感觉都很吃力，还要去比赛？我当时心里一点底都没有。翻开教材，久久的发呆……在网上一个一个地看案例、看视频，越看心里越虚。

教学目标、教学流程，看别人的优质课都那样地紧凑巧妙，自己提起笔想写个教案，却无从下手。正在为难的时候，教研室的秦凡丽老师、峰亮主任、小宋、圆圆和淑云都纷纷来到我身边，帮助我研读教材，分析学科特点，制订教学策略。

经过一番准备，我战战兢兢地开始了第一次磨课，结果却效果不佳。大家走了之后，我躲在角落里哭了一场。可那股不服输的劲头又上来了，别人能上好，我难道就真的做不到吗？

于是，我就像着了魔一样，教材走到哪儿带到哪儿，反反复复、逐字逐句地看，直到教材烂熟于心；一有空闲就找个空教室，仪态、手势、表情、语气、板书，反复地琢磨，反复地练。

终于，到了比赛那天，站在讲台上，面对着全新的学生、比赛现场的评委和听课老师，我信心满满，收放自如，脱颖而出。最终先后拿到了市、省级品德优质课一等奖的好成绩。

经过这一次讲课，我对于教学有了全新的认识，不论在以后的课堂上，还是后来的多项优质课比赛中，都得心应手。

新挑战，蓄沉淀，支教路上掀新篇

洛龙区第二实验小学挂牌成为"北京第二实验小学洛阳分校"的第一年，学校面临着新的机遇和发展，大家都鼓足了劲，团结奋进，教育教学研讨活动如火如荼地展开，家人们都奔行在学习、实践和提升的路上。

2014年8月29日，我突然接到了洛龙区教育局的通知：开学后将前往嵩县第一实验学校进行为期一年的支教工作。

作为一名从洛阳分校走出去到嵩县一实小支教的老师，以前的自己，只认为上好每节课，管理好每个学生，认认真真完成学校布置的每项工作就好，却从来没有想过，我这样做，其核心目的到底为了什么。对于"爱育精彩"这四个字，理解得还是很肤浅。而这次支教，恰恰给了我一个机会，走在支教之路上的我不仅是教育教学的参与者，更是两所学校建设和发展的旁观者。在静心观察、对比思考两所学校教育教学理念的同时，再次深入阅读教育教学理论，对比借鉴，实践反思，融合吸收，把自己对于班级管理、教育教学的思考，重新进行了梳理，形成了一套比较完善的方法。

归家园，重开始，低段教学细雕琢

2015年9月，支教回来，我回到了久违的北二分家园。担任了一年级（3）班的班主任和语文课之后,我很快就明白了学校领导关注教师成长的良苦用心。

自来到北二分以来,我所任教的班级都是中高学段的学生,孩子们的自主能力、学习习惯都已经有了一定的基础。教师无论是在管理还是教学上,都有迹可循。而一年级的学生,处于幼儿与少儿之间的过渡阶段,无论是从生理还是心理水平、认知能力、行为习惯上,都跟中高学段的孩子有很大差距。虽然提前做了不少准备,但是自以为掌握了一套有效方法的自己,依然被这些刚从幼儿园小朋友转换为小学生角色的孩子们,来了一个下马威。

我烦躁过,但是终归耐下心来,依然围绕"严中有爱,爱中有严"这八个字下功夫。严的是纪律和要求,更多的是有方法的爱,蹲下身子用孩子视角来思考的爱。

一年的时间,我对班级里常规习惯常抓不懈。我从细处关爱学生、亲近学生,让学生也亲近自己,既当老师又当"妈妈",除了安排有趣的课上活动,还给他们梳头、剪指甲、系鞋带等,用实际行为拉近孩子和我的距离,引领孩子们遵循发展规律渐渐长大。

经过岁月的洗礼与淬炼,我发现留存下来的,更多的是幸福和快乐。一批批孩子的成长是我努力的剪影,学校家人们的帮扶和建议是支撑我前行的力量,学校领导和一本本证书是全方位的镜子,折射出这个在教育路上不懈追求精彩的自己。

| 名师档案 |

李文燕,女,生于1985年,本科学历,中小学一级教师。曾被评为洛阳市优秀班主任,洛阳市骨干教师,洛龙区师德标兵,洛龙区业务标兵等荣誉称号。撰写的论文多次获省、市级一、二等奖;优质课《认一认祖国政区》《四季大本营》被评为省、市级一等奖;优质课《我喜欢的小动物》获市级一等奖。辅导学生的习作、书法曾多次获奖。

| 教 育 随 笔 |

牵　手

开学不久，我就注意到，班里有个男生，性格内向，不喜交流。上课时，他总是动作迟缓、精神涣散，一副忧心忡忡的样子。课后，他则一人默默地坐在座位上，摸索着自己的笔、本、文具，不说、不闹，只是埋头干自己的事，将自己禁锢在一人天地中。即使学习上遇到了问题，他也是不声不响，从不找老师和同学交流。开学一个月了，除了最简单的几句问好，再也没有听到他任何的声音。询问他，他总是低头摆弄着自己的衣角，不回应，不争辩。

满怀疑问，我拨通了他妈妈的电话。刚浅谈几句，我便听到电话那头的抽泣声。从他妈妈断断续续的哭诉中，我了解到：小男孩的爸爸是一个不务正业的酒鬼，家里充斥的就只是吵闹和打骂，天长日久，孩子越来越孤僻，越来越沉默。上周休息日，回到家，他竟待在房间里两天都没迈出一步……与他母亲的电话挂断了，心痛与自责却在关上手机的一刹那，将我的心填满。一棵刚破土的幼芽，本该接受阳光雨露的爱抚，却偏逢凄雨与罡风。家中的鹤唳风声让幼小的孩子企图在自闭中自保。而我，学校这个大家庭中的长者，又何曾给予他春暖花开般的关爱与庇护？

接下来的日子，我总是有意与他接近，微笑着和他打招呼，主动地找他玩游戏……我想通过这种特别的"情感投资"，让他在二实小这个大家庭中受到关注，学会交流，享受到家的温情与温暖。

现在的小男孩跟以前比起来，已经有了很大改变，而我想对他说：孩子，请伸出你孤单的小手，放在老师温暖的大手中，让我们十指相扣，温暖彼此。无论何时，都不要对生活失去勇气，老师们的关注、陪伴与呵护，会给你撑起一方澄澈、湛蓝、宽广的天,让你有足够的空间绽放那阳光般灿烂的笑脸。

| 获 奖 课 例 |

四季大本营

教学内容

广东教育出版社《品德与生活》二年级下册第3课。

教学过程

一、活动一:火星人探访地球

1.导入

师:同学们,今天老师给大家带来一位神秘的客人。他是谁呢?让我们一起去认识他吧!

2.火星人自我介绍

大家好!我叫乐乐,我来自火星。听说地球上的四季非常美丽,也非常神奇,我特别羡慕。这次来访就是来了解一下地球上的四季的。

3.出示图片,板书课题

(1)揭题谈印象

师:哪位同学先来告诉乐乐,地球上都有哪四个季节呀?

生:乐乐你好!我来告诉你,我们地球上有四个季节,分别是春、夏、秋、冬。

师:乐乐知道了四个季节,那我们一起来玩一个猜猜看的游戏好吗?

(2)看图猜季节

师:大家看,这里有四幅不同季节的荷塘图,请你们仔细观察,猜猜它们分别是哪个季节？为什么？

生1：我觉得第一幅是春季，因为我看到了小蝌蚪。

生2：第二幅我认为是秋天，你们看，荷叶都枯黄了。

生3：第三幅是冬季，湖面都结了层厚厚的冰。

生4：最后一幅是夏季，因为荷花是在夏季开放的。

师：现在揭晓答案。这几位同学真了不起！你们都有一双善于观察的眼睛。

（3）小结

师：同学们，荷塘在四季神奇而又美丽，其实在我们地球上，每个季节都有着不同的美，不同的季节也会呈现出不同的色彩，现在就让我们一起走进四季大本营去看看这多彩的四季吧！（板书课题）

二、活动二：四季面面"秀"

1.走进多彩的春天

师：同学们，现在是什么季节啊？你有什么发现呢？

生1：现在是春季，我发现小草都发芽了，河里的冰都融化了。

生2：我看到公园里的迎春花开了。

师：就在这个季节，迎春花开了，我们的国花牡丹也开放了，每到这时候，我们洛阳就会吸引中外游客来观赏牡丹。（播放图片）

师：孩子们，在前不久，我们一起度过了一个传统的节日，大家还记得吗？

生：我知道，我们一起度过了清明节。

师：那你们知道在清明节这天，人们会干些什么呢？

生1：我们和高年级的大哥哥大姐姐们一起去烈士陵园扫墓。

生2：我和爸爸妈妈一起去郊外踏青，放风筝。

师：孩子们，春天美吗？大家快看，那绿树红花，那莺歌燕舞，真让人陶醉呀！孩子们，让我们一起唱着欢快的歌儿去拥抱它吧！（播放视频）

乐乐： 地球上的春天实在是太美了！

师小结： 乐乐，别着急，你的四季之旅才刚刚开始呢，现在和我们一起再去感受一下夏季的魅力吧！出发！（播放知了叫声，走进夏季）

2. 拥抱热情的夏天

师： 伴随着知了的鸣叫，夏季到了，谁先向乐乐介绍一下地球上夏季的特点呢？

生1： 夏天很热，我们可以吃到甜甜的冰淇淋。

生2： 夏天，我们可以在游泳池里尽情地玩耍。

生3： 到了夏季，树木的枝叶会更加茂密。

师： 夏季这么炎热，孩子们，现在就让我们带着乐乐投入那清凉的怀抱吧！（播放戏水视频）

师： 乐乐你觉得夏天怎么样啊？

乐乐： 夏天不仅能让人心情愉悦，还能给大家带来快乐。我好羡慕地球上的小朋友们呀！

师小结： 能给我们带来快乐的不仅有那清凉的河水，还有那凉爽的秋天。现在让我们告别夏季，乐乐，别只顾着羡慕了，走，我们带你到秋天去看看吧！秋天的景色更迷人呢。

3. 收获硕果的秋天

师： 一阵凉风吹过，你发现有什么变化？

生1： 我发现树叶变黄了，一片片树叶从树上飘落下来。

生2： 天气变凉了，我们都换上了毛衣，穿上了外套。

生3： 我们可以吃到美味的果实。

师： 是的，秋天是个丰收的季节，让我们一起走进秋天的果园去看看吧！（播放收获场景）

师： 秋天，不仅能吃到美味的果实，还能吃到香甜的月饼呢，因为在秋季有一个传统的节日,大家知道是什么吗?

生:是八月十五的中秋节。

师:对了,就是八月十五中秋节。在这个节日里,除了吃月饼,我们还会做些什么呢?对了,赏月,人们在这一天仰望明月,期盼家人的团聚呢。

师小结:乐乐品尝完这香甜的果实,走,我们带你走进冬天去玩有趣的游戏吧!

4.迎接寒冷的冬天

师:刺骨的北风呼呼地刮着,雪花漫天飞舞,寒冷的冬天来了,我们穿上了厚厚的棉衣,戴上了手套、围巾、帽子,把自个儿裹得严严实实的。在这个季节里,你们最喜欢做什么呢?

生1:冬天我最喜欢的就是打雪仗。

生2:我喜欢堆雪人。

师:在冬季,还有一个最盛大、最热闹、最重要的节日,大家知道吗?

生:春节!

师:从大家的小脸上,我看到了兴奋。老师和小朋友们一样,在过年的时候最兴奋、最快乐!(出示课件)

师总结:同学们,春节的到来,预示着新的一年将要开始。一年四季,气候变换,每个季节都有着迥然不同的特点。但是,无论是春、夏、秋、冬,都是那样的美不胜收。

师:听了大家的介绍,火星小朋友忍不住要赞美一下地球上的四季了,大家掌声欢迎。

三、活动三:**我来赞四季**

1.火星小朋友赞美四季

2.制作赞美四季的彩色卡片

3.作品展示

四、活动四：话别火星人

师：同学们，时间过得真快啊！火星朋友要和咱们说再见了，它也邀请咱们到它们火星上去参观呢，它们那儿也有四季，希望未来我们也能到火星上去做客，看看火星的四季有哪些有趣的事吧！

师：同学们，四季的景色很美丽，也给我们带来了许多的乐趣，让我们做一个爱护花草、保护环境的小使者，让我们的四季更加绚丽多彩！

（本节课荣获河南省小学品德与生活学科优质课大赛一等奖，有删节）

好书推荐

《小学语文主题教学研究》

本书是窦桂梅校长长期从事小学语文教学研究与教学实践的结晶，荣获2014年首届基础教育国家级教学成果一等奖，而且是在获得东北师大优秀博士论文基础上修改完善而成的学术专著。本书在国内首次对主题教学的基本原理和独特价值进行了系统阐释，又对小学语文主题教学的目标、主题选择原则、教学内容、实施策略、综合评价等方面进行了系统梳理，并配以大量鲜活、生动的课堂教学实录、教学思考以及教育观察，深入浅出、生动活泼。

出 发

◎ 马 青

我的成长,从出发开始。

我的青春,在出发的彼岸。

每一次成长,我要向爱不断地迈进。

每一次出发,我都充满了爱的力量。

2006年我毕业于洛阳师范学院音乐学院音乐教育专业,以洛龙区招教考试音乐第一名的成绩考入了洛龙区教育局。步入工作岗位后,凭借自己踏实、勤奋和较强的进取心,取得了一些成绩,自己也在磨炼中不断地成长着。

2006年,我作为一名代课老师参加了涧西区音乐基本功大赛,获得二等奖;之后编排的英语短剧《孤独的牧羊人》荣获市一等奖;辅导学生参加校园集体舞比赛荣获市一等奖;代表涧西区参加成人广播操比赛获得市一等奖。

考入洛龙区教育局以来,我在无数次活动中锻炼自己、提升自己,从而快速成长。辅导学生参加洛阳市"童心向党"红歌大赛、经典诵读比赛,洛龙区"龙城之春"合唱比赛、竹笛比赛、经典诵读比赛,均获得一等奖的好成绩。

在教学上,我不断追求进步。从洛龙区优质课比赛一等奖、说课比赛一等奖,到洛阳市优质课比赛一等奖,再到河南省优质课比赛三等奖,我在努力蜕变,默默成长。

我的成长离不开一次次的赛课和听课。每当我感到身体和精神上疲惫而想懈怠时，每一次的听课都能让我重新抖擞精神，鼓起勇气继续为我的学生、为我的教育事业拼搏。每当看着年轻教师或是有经验的前辈们滔滔不绝，设计出一节又一节精彩的音乐课时，我对自己说：看啊，他们仍在不断进步着，我又怎能停下前行的脚步呢？仍记得，我的优质课，从区到市，从市到省，多少个夜晚挑灯夜战，和同伴们反复讨论、磨课、试课，从否定到肯定，一步一步走过来。这次磨炼使我懂得了：优秀的教师就是要在一次次的赛课中锻炼自己，优秀的教师就是要在不断地自我否定、自我反思、自我修正中挑战自我、超越自我。

我的成长也离不开北二分的家人们。北二分的老师都很敬业，在他们身上有一种强烈的责任感。感谢你们，让我知道了怎样的老师才是一名好老师。北二分的老师都很好学，繁忙的工作之余还不断地"充电"。感谢你们，让我知道了只有不断进取才能不落人后。北二分的老师都很无私，刘玉慧老师和任海娟老师为了我的课一次次地和我讨论分析，修改教案，给我意见，听我试教，甚至亲自陪我去录课。每当我一筹莫展觉得压力很大时，他们总是不断鼓励我，尽其所能帮助我。而我同一办公室的同事们也是纷纷出力，借班级、做道具，甚至借衣服。我的搭班王老师更是体谅我，看见我忙不过来二话没说就帮我代管学生，换课更是有求必应。校领导也不断地关注我讲课的情况，对我嘘寒问暖。还有很多琐碎的事情我都铭记于心，如果没有各位领导和老师的帮助，我也不会有现在的成绩。

我的成长同样离不开我可爱的孩子们。虽然有时候这些小家伙叽叽喳喳的就像一群小麻雀，每当我在校园中老远就听到"马老师"的喊声，每当我的孩子们在音乐课上自信地唱歌、跳舞时，我心里总有说不出的温馨与甜美，我感受到我对孩子付出的爱得到了回报。孩子们在慢慢长大，而我也在一旁静静地陪着他们一起成长！

| 名 师 档 案 |

马青，女，1984年生。中小学二级教师，洛龙区教育局音乐学科中心组成员，洛龙区优秀班主任。音乐优质课曾多次获奖，荣获河南省音乐优质课三等奖、河南省教学设计及课件制作二等奖、洛阳市音乐优质课一等奖、洛阳市音乐展示观摩课一等奖、洛龙区优质课一等奖、洛龙区说课比赛一等奖等，多次指导学生参加经典诵读比赛、红歌大赛、合唱比赛、竹笛比赛等，均取得市、区一等奖。

| 教 育 随 笔 |

校园四季

春

洛阳新区的春天，像一位温婉的姑娘，安静而迷人，温暖而美好。暖暖的阳光洒满了人工湖岸的新校区，远远望去，她是那样的闪亮而美丽。我爱学校的春天，因为它生机勃勃、鸟语花香。校园里樱花烂漫、桂树飘香，鸟儿在枝头歌唱，我们在音乐的伴奏下一起来到校园里做操：有强身健体的广播操、活力四射的啦啦操，还有放松身心的放松操。接下来就是我们学校最具特色的跳绳运动，师生们在五彩绳的摇动下像一个个快乐的精灵，一个个跳得大汗淋漓，但却乐此不疲，满脸的愉悦和欢喜。我们的北二分不正像这春天一样吗？勃勃生机，带着无限的朝气与希望，去迎接更加美好的未来。

夏

　　知了的叫声迎来了夏天，夏姑娘总是火辣辣的，让人烦躁。可是我们的校园却是另外一番景象。学校食堂准备了一大锅绿豆汤给师生们解暑，后勤的生活老师们将校园内外打扫得清爽干净，让我们不再烦躁。一声声老师好，让老师们心里比吃了蜜还甜；一句句你好、请、对不起、没关系等文明用语让整个校园充满了爱的味道；一句"小心烫伤"的提示语让你顿感亲切；一句"轻轻向右拧，小水缓缓流"让你觉得文明就在我们身边。这就是充满爱的北二分，这就是与文明同行的校园氛围，让你不由自主地爱上这个大家庭，心中永远像夏天的清泉一般滋润甘甜。

秋

　　秋天是个收获的季节。秋风送爽，校园门前碧波荡漾的人工湖把清爽的风儿送进我们的校园，校园里传来了悠扬的笛声，这是我区特色教育之一——竹笛进课堂。老师不厌其烦地指导和示范，学生认真反复地练习，一遍一遍地演奏，谱出了秋的赞歌。功夫不负有心人，我们的演奏在全区竹笛汇报中获得了第一名的好成绩。我们付出的是汗水，收获的是希望。和竹笛一起"丰收"的还有我校的无伴奏合唱比赛、跳绳比赛、经典诵读活动、航模比赛、足球比赛。顽强拼搏是北二分人的精神，努力苦干是北二分人的灵魂，我们会将这种精神不断地传承下去，这个秋，下个秋，以后每一个秋，都将会是我们收获果实的季节，我们收获得还将更多更好。

冬

雪花飘飘，像冬天的精灵一样，悄悄地来到了我们的校园，校园穿上了白白厚厚的棉衣，好漂亮啊！下课的铃声刚落，学生们便迫不及待地冲出教室，奔向操场。学生会不会拥挤滑倒啊？不必顾虑！我们的老师早已为学生开辟了"安全通道"，还在易出危险的台阶处铺上了厚厚的垫子。生活部的老师们也早已把校园不安全的隐患扫除了。孩子们放心大胆地打雪仗、扔雪球、堆可爱的雪人，尽情享受着冬天带给他们的欢乐。看着校园里他们活动的身影，老师心里暖暖的。是什么能让天寒地冻的冬天变得不再寒冷？是爱，是北二分老师对学生的爱，那浓浓的、深深的、不需用言语传递的爱。

校园的四季是美好的，更是充满爱的。孩子们，老师会在每一个季节爱护你们，关心你们，因为你们是祖国的未来！

获奖课例

动物说话

教学内容

人民教育出版社二年级上册《动物说话》第四单元《可爱的动物》中一首歌谣风格的创作歌曲，2/4拍，五声降E羽调式，一段体结构。

教学过程

一、创设情境，导入新课（略）

二、新歌教唱、师生互动

1.聆听范唱

师：大灰狼被我们响亮的声音给吓跑了，动物家园又恢复了原来的容貌，小动物们高兴地开起了音乐会，请你仔细听！都有哪些小动物参加了这次音乐会？你们听出来了吗？请大家一起来告诉老师吧。

生：有小鸡、小鸭、喜鹊和青蛙。

师：你们的小耳朵可真灵！

2.学唱第一段歌词（小鸡）

师：小鸡知道自己第一个上场，可开心啦！它高兴地哼起了小曲。

（师弹琴范唱）

师：小鸡说话的声音是怎样的呢？

生：小鸡的个子小，声音也很小。

师：小鸡被大灰狼吓得胆子可小了，我们安慰胆小的小鸡，声音应该怎样啊？

生：要小声唱，声音不能大。

师：还有吗？请后面那位同学来说。

生：声音要轻一些，不能使劲喊。

师：还有谁再来补充？请你来吧。

生：还要再亲切些、温柔些。

师：大家说得都很有道理。那就让我们跟着琴，用柔和亲切的声音来模仿一下小鸡的声音吧！同学们，身体坐直了。

师：在我们的安慰下呀，小鸡们高兴起来、活跃起来了，那我们的声音也要变得怎么样啊？

生：再轻快一些、跳跃一些。

师：你们说得真好。如果我们的声音能再轻快一些、跳跃一些，就更好听了。让我们面带微笑,把小鸡高兴的心情唱出来吧!

师: 同学们,瞧!有三只小鸡已经排好了整齐的队伍,我们一起读一读,老师来听听声音好听不好听好吗?

生: 小鸡说话叽叽叽。

师: 多可爱的小鸡啊,又有更多的小鸡也加入了队伍。

生: 小鸡说话叽叽叽、叽叽叽、叽叽叽叽叽叽叽。

师: 老师想和大家合作一下,我来唱小鸡说话,你们来唱叽叽叽,准备好了吗?

(师生合作念歌词)(小鸡说话叽叽叽……)

师: 同学们,你们喜欢小鸡的歌吗?那就让我们跟随伴奏一起来唱一唱小鸡的歌吧?听听谁的声音像小鸡一样清脆、甜美!

生: 随伴奏演唱歌曲第一段。

师: 同学们唱得声音真好听,小鸡听了高兴地拍起了手。你们会拍吗?有这么多同学举手啊,我们一起来试一试。

(师生一起拍节奏)

师: 同学们不仅拍对了节奏,还把节奏的强弱也拍出来了。你们真了不起,我们用这个节奏来为自己鼓掌。

师: 下面就让我们试着加上小鸡的动作和拍手的节奏来完整地唱一唱小鸡的歌吧。

3.学唱第二段歌词(小鸭)

师: 看着小鸡唱得这么开心,小鸭也唱起来了,请同学们模仿一下小鸭子的声音。

生: 嘎嘎嘎……

师: 从你们的声音中老师听出来,小鸭子的声音比小鸡的声音粗了一些。嘎嘎嘎嘎嘎,老师模仿得像吗?那就让我们用小鸭子特有的嗓音来唱一唱吧!

（师模仿鸭子的声音演唱第二段歌词）

师：小鸡和小鸭唱得可开心啦，它们情不自禁地拍手、跺脚。下面，请大家表演一下小鸭子走路的样子。

（生自由表演小鸭子的动作）

师：大家表演了各种各样的小鸭子，真可爱。请同学们跟上老师的节奏再来试一试吧。

（生有节奏地踏出小鸭子的步伐）

师：小鸭子，你们的步伐可真整齐！

师：小鸡、小鸭在这些地方拍手跺脚，有一个小节还差两拍动作呢，咱们为它们设计两拍动作吧！

（生自由创编小鸡的动作）

师：这位同学为小鸡设计了一个晃头的动作，真可爱！后面同学还想了拍肩膀和点头的动作，也很棒。那小鸭子呢？

（生自由设计小鸭子的动作）

师：这位同学想了一个耸肩的动作，还有同学做了搭肩膀和弹响指的动作，大家的动作都很有趣。请同学们加上这些可爱的动作表演一下小鸡和小鸭的歌吧。

（生表演唱前两段歌词）

4.学唱第三段歌词（喜鹊）

师：接下来该小喜鹊上场了，小喜鹊初次和大家见面，想和大家做一个歌曲接龙的游戏，它想邀请一位同学来帮忙扮演小喜鹊，谁想上来试试？这位同学手举得最高了，请你来吧。

（师请一位学生代表上台）

师：请你带上小喜鹊的头饰，待会儿你飞到哪一组面前停下来，就请那一组同学把歌曲接唱下去。他们组唱完那一句你再继续飞往其他组，听明白了吗? 请其他同学也准备好。

(生接龙演唱第三段歌词)

5.学唱第四段歌词(青蛙)

师：同学们，瞧，谁来了? 请同学们一起加入进来吧!

生：学生跟随老师边做青蛙的动作，边变换速度，边演唱第四段歌词。

师：你们发现小青蛙的速度有变化吗? 是怎样变化的? 你来说。

生：前面慢，后面快。

师：对，这个就叫由慢到快。同学们，想不想试着唱一唱?

(生变换速度演唱第四段歌词)

师：刚才老师听到有些同学在演唱最后一句的时候舌头都不听使唤了，我们再把最后一句唱一下吧!

(师纠正最后一句歌词，生再次演唱)

师：这次舌头和小青蛙一样灵活了。

三、出示课题，演唱全曲(略)

(本节课荣获洛阳市小学音乐优质课大赛一等奖，有删节)

好书推荐

《对生命说是》

任何情境、情绪、事件发生了，请接纳它、尊重它、跟随它! 你的行动会因为你说"是"而拥有强大的力量，你的内心会因为你说"是"而变得无比平静。

不登高山，不知天之高也

◎ 任海娟

岁月的河流缓缓流过，成长的脚印深深留下。蓦然回首，成长的路上，镌刻着欢乐、喜悦，承载着忧伤、哀愁，它们伴随着我一步步成长。从第一次演出不成功、第一次行政听课，到第一次上台领奖。每个"第一次"都在我的心里留下了特殊的记忆。

透过二小看世界

每一次听课，每一次述职，每一次学校活动，都带给我心灵的震撼。第一次听校长说我们学校的特色——跳绳时，就知道它跳出洛阳，跳出河南，甚至站在国家级的舞台上，展示着我校的跳绳表演风采。这让我对跳绳有了极大的期待，终于在去年的教育集团来我校视导时有幸观看了，直面国家级的表演，让我有了直观的感受。只见，平时或文静或活泼的孩子们，成为故事的主角。直绳、线绳、交互绳，一根根彩色的跳绳在他们的手中飞扬、旋转，彼此交织，彼此变换。他们穿梭其间，完成一个个高难度的动作，如同行云流水，给人一场视觉的盛宴。那是一个个精灵，他们那般敏捷、那般灵活、那般柔韧，展现出非同一般的少年风采。透过他们，我仿佛看到一个更广阔的世界。

世界这么大，只有你想不到，没有你做不到。我更应该透过北二分这个更高的平台，使自己得到更好提升。

三人行必有我师焉

北二分的环境，让我勇于审视自己的不足，汲取他人的优点，找到了今后努力的方向！

1.我向有经验的教师请教班级管理的好办法。

作为一名低年级的班主任，我的教学经验和教学方法不足，就经常向资历深的老师请教。学习徐冬霞老师的"先做人再做学问"；学习孔岩老师的"发挥学生榜样作用"；学习齐明明老师教孩子在恰当的时间做合适的事情；学习徐国霞老师的小组捆绑式管理方法，让评价带动每个孩子发展；学习杨彦彦老师的根据学生量化考核、购买奖励牌发给孩子的教学方法；学习郭辉老师的班主任心态调整，要学会观察，学以致用；学习臧君丽老师设立关空调班长、餐桌班长，让每个孩子都是小班长，充分调动孩子的积极性；学习刘春霞老师的每天一条短信帮孩子养成好习惯的教学方法；学习李新惠老师的利用日记架起孩子和老师的心桥；学习翟桂君老师的眼中要有每个孩子；学习杨静老师的让家长感受到老师的用心，让家庭教育和学校教育形成合力的教学方法；学习李莉莉老师与接班老师的同心协力；等等。

2.向课讲得好的教师虚心学习，学习他们巧妙的教学设计、有针对性的评价语等。

在北二分这个人才济济、个个都努力上进的大家庭里，我时时提醒自己必须及时充电，快速提高。2014年元月，学校实施青蓝工程师徒结对，我满怀激动，早早选好了自己心目中的师傅郭辉老师，一个善于挑战、超越自我，遇到困难勇往直前的好老师。她对待工作勇于探索、孜孜不倦的精神深深影响着我，让我一个刚入职三年的新教师，竟然深刻体会到拿到省优质课一等奖的滋味！在接下来的日子里，只要有时间，我就积极、主动地去听她讲课。她注重结合低年级学生特点，课堂结构合理、设计巧妙，课堂环节环环相扣，注意把握每一个教学环节，引导学生感受歌曲的节奏美、旋律美。

我经常邀请郭辉老师听我的课，每一次听课她都会给我提出中肯的意见，针对这节课出现的问题进行讨论，直到想出解决的办法。在师傅的引领下，我不断积累着、学习着、提高着。我反思自己的课堂教学，缺乏培养孩子创造音乐的能力，音乐学科要注重突出音乐学科的特点，从音乐要素（节奏、速度、力度、旋律、音乐）等方面入手来进行挖掘，让学生感受音乐、表现音乐、创造音乐，并开拓学习、积累音乐文化的广阔空间，切实做到"让学生在音乐中感受美、让学生在音乐中学习美、让学生在音乐中创造美"。

3.向电脑专业好的老师请教如何做课件、制作表格，向年轻教师学习微信的有效利用。

课件能呈现生动的视频、漂亮的图片、动听的音乐、流动的旋律等，可以集中学生的注意力，优化课堂结构，提高课堂效率，既有利于教师的教，又有利于学生的学。

可是对于我来说，平常很少用电脑，就更别说课件制作了。于是，我在课堂之余向电脑水平高的老师学习电脑的操作技能。在"老师"的引领下，在我的努力下，不管是电脑操作，还是课堂管理，水平都有了明显提高，让我深刻感受到自我成长的快乐。

向来成功必努力

课堂是学校教学的主阵地，是老师和学生生命交融的主战场，无论什么样的教学理念，最终都得呈现在课堂上。在我坚持不懈的努力下，2015年10月参加区级优质课比赛获得了一等奖的好成绩，2016年4月参加市级优质课比赛同样获得了一等奖的好成绩，因此很荣幸被选去参加6月份的全市音乐优质课片段展示课。

还记得去年第一次迎来市教研室到我校指导教学工作和宜阳县音乐教师到我校参观学习的情景，我第一次在这么多的教师面前讲课，既高兴又担心，怕自己讲不好给学校丢脸，怎么办？我结合自身的特点，选了一节唱歌课。我精心准备，把握教材的重难点，吃透教材，围绕这节课的目标和重点搜集材料，听课，修改。自认为已经"万事俱备，只欠东风"。可结果呢？面对着诸位名师，一些看似新颖的手法，他们已经信手拈来。课堂流程虽然完整，但对学生的关注度不够。从他们的评语中，我知道这一节课仍然是稚嫩的一课。

没有人是天生的强者。我不服输，在课下一次次积累，一次次拼搏，不放过每一个机会。我又参加了区优质课比赛。我也曾怀疑过：我能够完成吗？我能为学校争光吗？如果就此止步，连仰望的机会也没有了。于是，一段永远镌刻在脑海中的记忆开始了。早晨，行色匆匆，踏入办公室，利用上课前的时间上网搜索名师讲课视频，思索，提出自己的疑问；向办公室的老师提问，得到解答；询问其他老师参加比赛的经验，利用每个课间，做初次的准备工作。一天下来，早上倒的水还在桌边。晚上，将一切琐碎抛之脑后，潜心备课，直到沐浴着一片月光入睡。几天时间匆匆而过，初稿备成。我初次试讲，准备了几天的成果要得到检验。弊病暴露出来了，评价语是太笼统，随机应变能力不够，问题不够清晰，等等。为了适应不同性格的学生，我一次次试讲。后来，教案越来越短、越来越精练，精确到每一个字，可每一次改动都是经过了我的深思熟虑。为了精益求精，我从新校区又到老校区讲课。已经不知经历过多少个不眠之夜，已经不知在脑海中进行了多少次演练，已经不知有多少次加班，已经不知……最后，我微笑着，伴随着轻柔的语言和悠扬的琴声说："同学们好，上课！"

市优质课比赛接踵而至。面对全市的精英，我对着镜子，一句一句地练习，更加苛刻地要求自己。最终，从区到市，都取得了一等奖的好成绩。

携手同心共成长

一个人走得快，一群人走得远，在北二分有一群这样的兄弟姐妹在成长的道路上风雨同舟、共筑梦想。在这样的家庭里我是幸福的，也是幸运的。

在这些成长的背后，忘不了我的搭班朱琪老师对我的支持，独自承担起班级一切事务；忘不了美少女战队的姐妹们，在繁忙之余帮我做了很多事情；忘不了郭辉老师及音乐组的伙伴们，一次又一次地在听课之后提出中肯意见。我付出着、成长着、幸福着！

| 名师档案 |

> 任海娟，女，1980年生，中小学二级教师。2015年10月，参加区级音乐优质课比赛获得一等奖；2016年4月，音乐优质课再获市级一等奖，并入选参加洛阳市音乐优质课片段展示课。

| 教育随笔 |

小舞台，大梦想

"精彩两分钟"是从北京第二实验小学总校学习而来的先进校本特色课程。它利用每节课刚开始的两三分钟时间，由学生自己主持，或通过讲述所见、所闻、所感，培养他们观察、想象、表达、交往等能力；或介绍名曲、名家，展示才艺等，提高他们的审美情趣及鉴赏力；或介绍相关的科学家、艺术家生平和经历，为学生树立学习榜样。

"精彩两分钟"的起始阶段我没有给学生提出太高的要求，内容自己定，但有一点要求就是与音乐有关。于是，学生们多是唱一首歌、弹一首简单的钢琴曲，形式比较单一。尽管这是最基础的，我也给每一位学生做出具体的评价并提出建议，使孩子们在锻炼中逐步提高。到后来，我就要求高一点：吹、拉、弹、唱以及讲一些音乐家的故事，或者向同学介绍一些乐器知识等内容，要求学生在课下必须做好准备，确实起到"精彩两分钟"的效果，有的还自制PPT。

经过一段时间的坚持，孩子们有了自己的想法，"精彩两分钟"的形式和内容也变得丰富多样：有名曲欣赏、音乐家故事、乐理知识的讲解等。孩子们在一点一点地发生着变化：从一个人的展示到两个人甚至几个人的合作展示；从形式单一到形式多样；由一种器乐的演奏到几种器乐的配合演奏；由独唱到轮唱、对唱多种演唱的形式，再到能与本节课的教学内容相结合，提高课堂效率。

"精彩两分钟"培养了孩子们的综合能力，也夯实了北二分"倾听、思考、合作、表达"的课堂文化，进一步达到健康、自信、明礼、修身的目标。

获奖课例

理发师

教学内容

人教版二年级上册唱歌课。

教学过程

一、模唱乐谱、激趣导入（略）

二、初次聆听，揭示课题，感受歌曲情绪

1.揭示课题：《理发师》

师：刚才我们唱的是一首歌曲里的部分旋律，如果让你给这首歌起个名字，你会给它起一个什么样的名字呢？

师：其实这首歌曲的名字叫《理发师》，让我们赶快来听一听这首歌吧！

（板书：《理发师》）

2.感受歌曲情绪

师：这首歌怎么样呀？

生：欢快、活泼……

3.师总结

师：这是一首澳大利亚歌曲，歌曲欢快、活泼、有趣。

三、继续学唱，表现歌曲

1.认识拍号

师：那就让我们赶快来听一听这首歌曲吧！

师：同学们来看这首歌曲的拍号是什么？

生：$\frac{2}{4}$拍。

师：那$\frac{2}{4}$拍的强弱规律是怎样的？

生：强、弱。

2.用声势动作表示

师：下面请同学们用自己喜欢的声势动作跟着音乐做一做吧！

3.听歌曲的内容，学习最后一句

①引导学生聆听喷壶的声音。

师：这首歌里除了有剪刀的声音，还有一种什么样的声音？请你们仔细聆听。（只唱后两句，沙沙这句加动作示意）

生：喷壶沙沙沙沙的声音。

②学生试唱，提醒学生唱准节拍。

师：再来一遍，注意最后一个沙是三拍噢。

4.找出歌曲中最强、最高的那一句并学习演唱

师：那么歌曲中哪一句是最高、最强的？

生：哎……就快成功了。

师评价：你们的小耳朵可真灵，跟着琴一起唱一唱吧！（双手伴奏，后两句一起唱，生跟琴唱）

5.聆听歌曲，轻声跟唱

师：让我们轻声地跟着音乐完整地来一遍吧！

6.跟琴演唱

师：让我们跟琴再来唱一唱吧！

7.引导学生，表现歌曲

①引导学生分辨音色，用轻快、有弹性的声音演唱歌曲。

师：现在老师用两种声音演唱歌曲，听完之后告诉老师你们更喜欢哪一种。

生：第一种。

师：那你为什么喜欢第一种？

生：第一种声音轻快、有弹性。

师：这样唱是不是更好听呀，那就让我们用这种声音来唱一唱。

②引导学生体验歌曲情绪并演唱。

师：还有一句老师想请同学们来选择一下，听一听这两种声音有什么不同。

生：哎的那一句唱得比较强。

师：说得真好（就快成功了，心里很高兴），用强来抒发自己的情怀。

师：还有呢？

生：沙沙这一句老师唱得越来越轻。

师：你听得真仔细。

师：让我们用这样的声音来唱唱这两句吧！（注意速度）

8.完整演唱

师：现在让我们有感情地、完整地演唱一遍。

四、拓展乐曲，合作表演

1.引导学生分句表演

师：你们的歌声可真动听，谁愿意来演一演理发师呢？

师：你来。

生：用动作表演前两句。

师：让我们跟着他一起做一做吧。

师：你也来试试吧。

师：让我们跟着他再来一遍吧！

师：那"哎，就快成功了"这一句应该怎么做呢？

师：我发现有的同学是这样做的。（师示范）

师：动起来吧！

师：还发现有的同学是这样做的，一起来吧！

师：最后一句让我们跟着音乐一起来做一做吧！

2.学生用自己喜欢的动作完整表演

师：下面让我们用自己喜欢的动作来表演歌曲吧！

3.分角色表演

师：那顾客呢？下面同桌两个相结合，一个演理发师老爷爷，一个演顾客。演顾客的小朋友请坐在凳子上，演理发师的小朋友请戴上小帽子站在顾客身后，让我们跟着音乐做一做。准备好了吗？让我们开始吧！

4.互换角色表演

师：让我们交换过来再来一遍。

师：你们表演得真可爱！

5.结束语

师：时间过得真快，老爷爷马上就要下班了，让我们唱着理发师的歌和老爷爷说再见吧！

（本节课荣获洛阳市小学音乐优质课大赛一等奖，有删节）

好书推荐

《不纠结的修行》

这部作品十分贴合现下大众心理困境，主要是针对有"纠结症候群"的读者人群。读了这本书我深受启发，尤其是在科技和经济都快速发展的今天，面对工作压力大、生活节奏快的问题时学会该如何当机立断，做出"不纠结的选择"。

结缘书法，书写精彩人生

◎ 齐明明

结缘书法，在磨砺中成长

2014年8月，我调入北京第二实验小学洛阳分校。2015年9月，赵校长告诉我市里的首届书法优质课将要在我校举行，而我要代表学校参加这次书法优质课的比赛。

对于领导的委以重任，我既心虚又忐忑。心虚的是，虽说书画一家亲，可真正去讲一节书法课还是觉得力不从心，从接触书法到现在时间已不短，平时全当陶冶情操，至于书写要领之类的确是没有太走心。忐忑的是，书法这门学科虽历史悠久，但早已被忽视，直至近两年才被重视，而书法课究竟要如何上，大家都在摸索中前行，而我也只能尽最大努力试着做到最好。

于是，在工作之余，我跑遍市区找精通书法的朋友，去他们的工作室听硬笔书法课，汲取其中相通的精华。为了向书法高手请教《九成宫》中笔画捺的精髓，牺牲掉每一个双休日。然而在忙得焦头烂额的时候，八里堂校园小创课的布展、孩子反复高烧也一起来了，当家庭和工作同时需要我的时候，那种心力交瘁让我手忙脚乱。白天除了正常教学，还要外出采购、布置八里堂展区，每天回家时都已夜幕降临。孩子高烧反复不退、喘息性支气管肺炎，由于药物刺激精神异常亢奋，我只能拖着疲惫的身躯照顾孩子到深夜。离赛课时间越来越近，我心急如焚，只能利用十一黄金周到学校加班加点，从课堂环节设置到课堂示范，不放过每一个教学环节，每晚都被门卫师傅催着离校……记得那天在校园里遇到同事，她对我说："你的眼睛里全是血丝。"我才意识到自己有多疲惫。但值得欣慰的是，孩子在渐渐康复，参赛课也在逐渐成形。

还有两天就要比赛了，通过不断磨课、试课，在课堂示范例字中又发现了一些新问题：书上出示范例的三个字"人、天、令"，这三个字虽然易写出效果，但从课的角度考虑，还是有很多不合适的地方，思来想去后，我果断决定把课堂示范的"人、天、令"换为"人、文"。范字写不好就多练，环节改变就重新再背，再讲，再不断地练……在那段辛苦的日子里，庆幸的是班里我的好搭档孔岩一直都在，因为她在，我才能踏实备课、一遍一遍练习示范书写；我的家人在比赛的前一天晚上，还在办公室陪着我备课到晚上九点，那种幸福不言而喻。

所有的辛苦付出换回的终是甜蜜果实，我执教的书法课获得了市一等奖的好成绩，又被选为代表在洛阳市教研室组织的书法教师培训活动中进行观摩示范。当我把证书捧在手里的那一刻，内心沉甸甸的，但是我对自己并不满足，因为我知道在书法这门学科中，我只是刚刚踏上了行程，今后的路还有很长，我还需要不断地努力前行。

砚边感悟，在学习中进步

2016年7月，我有幸参加了河南大学"美丽园丁美术教师培训"。学习期间，聆听了河南省书法界专家学者的精彩讲座，徜徉于书法艺术的历史长河，欣赏历代书法大家的神品杰作，体会书法艺术之精妙，感受中国书法文化之博大精深。

1.加强师德修养，塑造教师人格魅力。

为人师表，应具备丰富的知识，更应具有高尚的道德情操与人格魅力，能以自身无言的榜样力量教给学生做人的道理。静心品读书法大咖们的作品，聆听他们的讲座，无不受到他们人格魅力的感染。

张静老师温文尔雅，饱读诗书名帖，潜心钻研书法，做事严谨扎实，讲座上名家名帖及相关知识从她那儿娓娓道来，灵动大气的书法、谦虚儒雅的为人让她散发出独有的人格魅力。

宗志远教授年逾七十，引用众多经典名作，绘声绘色地解析，教我们如何为人、处事等生活中的大智慧。不管是他的书法，还是他讲课的风格，无不彰显出他的个人魅力。精心准备的授课内容，全面而深刻。每次上课他都会提前半个小时到教室，他还利用午休的时间在微信群里为我们发名家的作品集、技法解析等，他那股认真细致的劲儿打动着我。

每次与各位老师进行交流、求教时，我都深深被他们耐心的、平易近人的态度所感动。"书品如人品"，他们的为人就像他们的书法一样体现出一种大家的风范。在交流中，我感受到一个成功的书法家深厚的文化底蕴、高尚的操守德行、娴熟的技能技巧。

2.终身学习，提升自身书法及理论水平。

作为书法专业教师来说，书法功底和文化修养及理论水平都是很重要的。古代大书法家苏轼曾说："作字之法，识浅、见狭、学不足；三者终不能尽妙。"

①学习了中国书法史，对汉字书体的演变过程有了更清晰的认知。

通过聆听专家的报告，欣赏殷商甲骨、战国简牍帛书、敦煌残纸等文物图片，我了解到汉字由甲骨文、金文、篆、隶等古文字"隶变"为草、行、楷的演变过程。体会到汉字是中华民族智慧的结晶，书法艺术源远流长、博大精深。

②增强了审美能力，提升了人生境界和审美情趣。

书法艺术是可读可识的直观艺术。通过欣赏《汉简》《曹全碑》《张迁碑》《乙瑛碑》《礼器碑》《兰亭序》《圣教序》《祭侄文稿》《雁塔圣教序》《颜勤礼碑》《蜀素贴》等一系列古代书法经典作品，领略王羲之、王献之、赵孟頫、米芾、颜真卿、钟繇、褚遂良、虞世南等古人书法之神采，提高了自身的书法审美能力。在书法艺术的熏陶下，我对书法进一步产生了浓厚的兴趣和无比的热爱，愿不惜一切以精益求精的人生态度致力于书法艺术的探究。

③提高了认识，重新审视了书法艺术对人类的重要影响。

书法艺术是人类智慧和文明的结晶，是文化传承的重要载体。面对书写技能退化的严重事实，弘扬和传承经典的中华书法文化和艺术，教育孩子们周周正正写字，端端正正为人，是时代的迫切需求，既具有现实意义，又有深远的历史意义。

④领悟了一些书写技法。

书法是创造美的艺术，例如在用笔时，"书必入木，则如印印泥，蚕吃草，要力透纸背，入木三分"，行笔时，要"如锥画沙，如印印泥"。正如欧阳询所言："墨淡则伤神采，绝浓心滞锋毫，肥则为钝，瘦则露骨。"南宋词人、书法家姜夔在《续书谱》中说："折钗股欲其曲折圆而有力。"

书法作为一门艺术，不是一朝一夕练就的，需要花费大量的精力和心血。"书道虽深，至诚可达。"我要将学到的知识化为工作的羽翼，作为一名教师更要不断学习，充实自己的同时教会更多的学生，努力为书法的传承做出应有的贡献，书写出精彩的人生。

名师档案

齐明明，女，1983年生，中共党员。曾获洛阳市教学技能大赛一等奖，执教的《做笔筒》《有趣的泥条头像》获得洛阳市美术优质课评比一等奖，《吃虫草》《圆的世界》获洛阳市电教优质课一等奖，《捺》获得洛阳市书法优质课一等奖，论文《领会新课程理念，激活美术课堂》《浅谈低年级美术写生课教学》获得河南省论文评比二等奖。辅导学生美术作品、美术小论文获得省、市级奖项百余人次，连续四届辅导学生美术作品参加洛阳市中小学生艺术节并获得优秀辅导教师奖，摄影作品《飞吧，足球》获得洛阳市阳光体育摄影展一等奖，在洛阳市青年教师才艺大赛中获得二等奖，2012年参加河南省电教馆小学美术同步课堂的录制，2013年所带社团获得市级优秀社团奖，本人获优秀辅导教师称号。

教育随笔

足球赛的后续故事

绿茵场上的比赛即将开始，我马上要安排球员上场了。班里的一群男孩子们把我围得严严实实，一个个争先恐后地举手想要上场：前锋、后卫、中场全部安排妥当，轮到安排守门员的时候，还没有被安排上场的孩子们高举的小手放下了，他们立刻安静下来，我知道他们是退却了——都不想当守门员。因为他们觉得站在球门前当守门员很无聊，既不能进球得分，也不能在球场上驰骋，更不能为班里带来荣誉。

这时我环视了一下四周，只有一个个子小小的、瘦弱的男生说："老师让我守门吧！我想当守门员！"我知道他胆子不大，但还是想让他试一试，我应允了他。

在场外家长专业的指导下，这个孩子把球门守得很好，每一次对方球员踢过来的球他都能牢牢地抱在自己怀里，使对方一个球也进不了。而场下的同学们也对他投来了赞许的目光。最后，我们班以3∶0的好成绩获得了这场比赛的最终胜利。

比赛结束后，我带着孩子们回班休息并总结比赛情况。我表扬了在这次比赛中表现突出的小球员，更赞扬了这个瘦小的男生敢于担当、有集体意识！

我用比赛的事实告诉孩子们，球场上的每一个位置都很重要，缺一不可，更没有主次之分。如果球场上没有一个好的守门员，那么对方会很容易将球踢进我方的球门，大家的努力都会白费，而我们班也无法赢得比赛。这时，不愿守门的孩子们默默地低下了头，看得出他们已经意识到了自己的错误观点。

这次我们班不仅赢得了比赛，还收获了难能可贵的团队凝聚力。我想，在下次的比赛中，我们班的表现一定会更加精彩，班级凝聚力也会更强。

| 获 奖 课 例 |

有趣的泥条头像

教材内容

人美版美术第三册第十一课《泥条头像》。

教学过程

一、情景激趣（略）

二、探究学习

1.奇思妙想第一关——火眼金睛

师：马上进入"奇思妙想之第一关——火眼金睛"。说一说，这几个泥条头像有什么不同？为什么它们的形状不一样？（生答）

师：你们猜得很对，泥条头像是把泥条缠绕在某种物品上制作而成的，这些物品的大小、外形不同，制作出的泥条头像也不相同。同学们想一想，除了用瓶子，还可以用哪些材料来制作呢？（生答）

师：同学们的思维可真活跃，说得可真多，我们还可以用纸杯、纸盒、笔等不同形状、材质的物品来制作。

2.奇思妙想第二关——巧巧手

师：通过同学们的火眼金睛已经对泥条头像材料有了一定了解，现在顺利进入第二关，巧巧手。（出示彩泥和瓶子）想一想，怎样用这些彩泥把瓶子变成有趣的泥条头像？（生答）

师：你可真聪明，这么复杂的过程被你几句话就说出来了。（搓泥条、缠泥条、添加五官、装饰……）

师：但是这些步骤说起来容易做起来难，我们先一起来做动作读一首儿歌，回忆做彩泥的方法。（出示课件）彩色泥巴手中拿；转转转，揉揉揉，压一压，捏一捏；前后交叉搓搓搓；小小彩泥变样啦！

师：复习了制作彩泥的方法，下面我们来进行一个小游戏"搓泥条比赛"，给你一分钟的时间，比一比看谁能把彩泥搓得又长又均匀，而且还不断。（生活动）计时开始……

师：时间到！我们来看一看这位同学搓得怎么样？大家说他搓得粗细不匀，再往细的地方搓下去有什么样的结果呀？对，泥条就断开了。怎样搓才能不断呢？对，搓的时候要轻一点，用力要均匀。我们再看看另一位同学搓的吧，怎么样？同学说还不错，泥条搓得又长又匀。谁的泥条搓的和他一样棒呢？介绍一下经验吧。（生答）

师：我们在搓泥条时，要轻一点，粗的地方多搓一会儿，细的地方少搓或不搓。老师发现有位同学和大家搓的都不一样，我们一起来看一看。他竟然用了两种颜色的彩泥一起搓，多么与众不同啊！看来只要愿意尝试，彩泥也能玩出新花样。

师：搓完了泥条，怎样把泥条缠绕到瓶子上呢？谁想到前面和老师合作演示一下？（生示范）绕圈，按一按，真简单！当一种颜色的泥条缠完了，我们还可以用其他颜色的接着缠，这样五颜六色的更漂亮！（师示范）同学们想一想，除了可以横着缠，还能怎么缠呢？对，还可以竖着缠，也可以斜着缠。

师：下面我们来体验用泥条缠绕瓶子。在缠绕的过程中，你遇到什么困难了吗？是这样的，在缠绕的时候泥条容易断。谁来说说你是怎么解决的。你的办法可真棒，如果泥条断了，就用断的部分和前一部分放在一起按一按，把它粘牢在瓶子上。

3.奇思妙想第三关——模仿秀

师：缠完泥条，泥条头像的基本形就完成了，剩下就是添加五官和装饰了。怎样才能让泥条头像别具特色、滑稽可爱呢？带着这个问题我们进入第三关，模仿秀。先来看这两件作品的人物表情，谁想来模仿一下？（生模仿）

师：一个人除了严肃、快乐，还有很多表情。我们再来看看这六个表情词语，选一个你喜欢的，模仿一下。（生活动）

师：学过了，笑过了，我们再来欣赏一些根据不同表情制作的泥条头像，你觉得哪个更有趣呢？（生答）

师：大家的看法各不相同，有的说第二个最有趣，这个人物是哭泣的表情，不仅色彩搭配得鲜艳，而且嘴角是吊着的，脸上还挂着泪珠呢！有的同学认为第五个最有趣，因为人物表情很滑稽：连眉、大嘴，还有一副大板牙。我们在做泥条头像时，要突出人物的五官特点，而且要注意与头像底色的搭配。现在，我们已经掌握了泥条头像的制作方法，也欣赏了有趣的泥条头像，老师宣布奇思妙想闯关成功！

三、实践体验（略）

四、作品展示交流评价（略）

五、拓展延伸（略）

师：其实我们今天学习的《泥条头像》是根据头像雕塑的形式来做的，在我们的生活中雕塑也是随处可见……我们每位同学只要善于观察、乐于思考、精于创作，那你们都有机会成为未来的创作家。

（本节课荣获洛阳市小学美术优质课大赛一等奖，有删节）

| 好书推荐 |

《美术，另一种学习的语言》

这本书是作者伊莱恩·皮尔·科汉和鲁斯·施特劳斯·盖纳共同撰写的一本有关美术的价值与意义的书。艺术教育始终围绕最高教育目标。学生不仅要学会画画的技巧，更重要的是培养创造力、审美力、动手能力及发展个性。努力使艺术教育与工业发展和科技发展相适应，把美术造型观念和能力渗透到日常生活中去，与一切领域的活动相联系。德国对艺术教育的理解及其观念，让我们深受启发，值得我们借鉴。

N